横浜発 助けあいの心がつむぐまちづくり

地域福祉を拓いてきた5人の女性の物語

横浜市社会福祉協議会［企画・監修］
西尾敦史［著］

ミネルヴァ書房

はじめに

この本の成り立ち

横浜は人口三七〇万人を超える大きな都市ですが、まちのあちこちにはご近所での助けあいや支えあいの地域福祉活動が盛んに繰り広げられています。そのことはなかなか目には見えにくいものの、まちを歩いていると何ともいえないあたたかさが感じられるものです。

そうした横浜のなかでも、とりわけ活発な活動を息長く続けているところがあり、そこにはおだやかで、やさしく、それでいて時として凛と輝くリーダーが存在します。多くは女性の方で、「リーダー」という言葉からイメージする雰囲気とはやや違い、仲間たちとの話しあいを大事にしながら方向を決めていく、やわらかなリーダーシップが共通しているようです。

地域福祉活動を推進する役割を持つ社会福祉協議会ではこうした地域福祉のリーダーの方がたやその活動の様子を知る機会に恵まれており、今回ご紹介する方がたは「知る人ぞ知る」有名な方がたです。しかしこうした活動の見えにくさも手伝ってか、知らない人にはほとんど紹介されることもないのですが、それは何とも「もったいない!」

近年、介護や子育てなど私たちの生活に必要な支援が福祉の制度として整備されてきましたが、一方社会的孤立や子どもの貧困など新たな課題が明らかになりつつあり、地域への期待が語られ始めています。そこでこれまで元気に活動を続けてきた彼女たちの足跡を改めてたどるとともに、今後の抱負を語っていただくなかで「地域」のこれからを考えてみるのはどうだろうか、という企画が生まれました。

取材は横浜市社会福祉協議会の職員として長年地域福祉活動に取り組み、これまでに彼女たちと多くの接触の機会を持ち、今は大学で福祉の後進を育てている西尾教授にお願いしました。リーダーの方がたの活動に至った経緯や想い、継続するなかで起きたさまざまなエピソードを、個人史を交え、さまざまな角度から立体的に語っていただいています。そして最後の章では五人の方がたのベースである横浜のまちの成り立ちと、そこで生活してきた女性を取り巻く環境の変化などを社会学的な分析を加えながら考察し、一冊の本となりました。

紹介したい多くの人がいるなかで、なるべく多彩な活動を紹介したい、ということで五人の方にご協力をお願いしました。

・山尾宏子さん

生協活動から有償の助けあいグループ「たすけあい有為」を立ち上げ、そこから地域に必要とされるさまざまな活動を展開。最近では地域ケアプラザなどを活用しながら「茶卓」と銘打った「お互いさまの縁づくり」を近隣に繰り広げています。

・米岡美智枝さん

自治会長から連合町内会副会長、そして地区社協会長として地縁組織をフルに連携させながらあたたかな支えあいのまちづくりを進めています。子育てサロンが多数ある他、最近では多世代にわたる「みんなの食堂」を開始しました。

・松本和子さん

二三〇〇戸の大規模団地「ドリームハイツ」をベースに必要な地域サービスや支えあい活動を次から次

へと多面的に展開しています。話しあいの取りまとめ方など民主的リーダーシップに定評があります。

・清水雅子さん

介護保険制度の施行の前、横浜市が財団法人ホームヘルプ協会をスタートさせたほぼ同時期に有償の福祉活動「グループたすけあい」を立ち上げ、以降介護保険事業も取り込みながら息長く活動を展開。助けあいの基本を大事にしています。

・濱田静江さん

求められ、必要と思えば新たな分野に果敢に取り組み活動の幅を広げてきました。高齢者ケアから虐待などの子どもを預かる施設まで幅広く手掛け、事業の安定化のため社会福祉法人化。最近では地域のサロンづくりにも取り組んでいます。

まず動く

五人の共通点として、女性である点、そして年齢も六〇代後半から八〇代と幅広いながらいずれの方も、一九六〇年代後半～七〇年代前半の急激な人口増加期に他都市や地方から今の地に移り住んだ経験がある点があげられます。その当時の家庭は夫が仕事、妻が家事や育児を担うという夫婦役割分担が当たり前とされていました。彼女たちは住宅を確保しその地域に住んだものの、新しいまちゆえに日々の生活に必要なものを買うお店もない、子育て支援もなければ高齢者の介護の手立てもない、などの「ないない尽くし」の環境だったといいます。いずれの方も理解ある伴侶に恵まれておられたようですが、生活のまるごとの悩みと対応は地域で生活する妻、専業主婦の「仕事」でもありました。それでもひるまず、まずは率先して自ら動く、そしていっしょに動いてくれる仲間と活動の幅を徐々に広げる。そうしたなかから子育ての場の確保や助けあいの仕組みをつくってこられました。

介護保険制度スタート

紹介する五人の女性は、いずれの方も子育て支援から始まり、やがて親の介護などから在宅ケアの助けあい活動へと自然につながってきましたが、ここで共通して遭遇したのが二〇〇〇年の介護保険制度の施行です。介護の社会化を唱え、全国一律の社会システムとしてサービスが受けられるこの制度は、飛躍的なサービス提供体制を必要としたことから、社会福祉法人だけでなく企業やＮＰＯも介護事業者として参入することができました。

彼女たちは有償の支えあい活動をすでに展開していたので、介護保険制度の事業者となるか否かは大きな岐路ともなりました。制度化はどうしても対象者を限定することになり、支援の内容も細かに規定されてしまう。そのことは生活のなかの困りごとをまるごと捉え、何とか支えてきたこれまでの活動とどう違うのか、また調整できるものなのか。それぞれの悩みや決断、そしてその後の展開はインタビューを読んでいただくとして、介護保険制度の行く末や、はたまた高齢者・障がい児者・児童など、対象ごとの制度ではこぼれ落ちてしまう課題や問題が出てきている今日、もう一度支えあいや助けあいの原点を探ってみるうえで貴重なお話をうかがうことができました。

そしてこれから

今まで、介護保険制度をはじめ障害者総合支援法や子ども・子育て支援法、さらには生活困窮者自立支援法など広範な福祉サービスの充実が図られ、私たちの生活を支える大事な福祉の基盤として多くの人びとに安心感をもたらしてくれました。

しかし今後の年金や医療なども含む社会保障費の増大が懸念されると同時に、こうした制度化、サービス化が進むことにより、私たちは大事な「何か」を忘れてきたような不安も覚えます。地域の支えあいのなかで気遣ってきた一人暮らしの高齢者の家に介護保険のヘルパーさんが入ったことで、それまでのつながりが途絶えてしまった、という話。ごみ屋敷やひきこもりの人の支援はまず行政に任せる、という風潮。

個人的な感想で恐縮ですが、介護保険制度に先立つ一九八〇年代後半に横浜市ホームヘルプ協会に在籍していた折、「グループたすけあい」の事務所で清水さんとお話した時のことが思い起こされます。横浜市の委託を受け、サービスを提供する組織としてスタートしたばかりの横浜市ホームヘルプ協会では、家事や介護は「業務」「仕事」として行っており、本人や家族のニーズに必ずしも柔軟に対応できないことがありました。清水さんたちは「助けあい」が基本ですからそこは「まるごと」に取り組んでくださっており、その「潔さ」に脱帽しつつ、融通が利きにくくても、一定のサービス提供体制をまんべんなく広げていくことも必要ではないかと「すみわけ」や「ケアミックス」を主張したことを覚えています。

あれから三〇数年、介護保険事業は内容も充実し、それとともにこれを担う事業所も増え、まさに普遍的なサービス提供体制が整ったわけですが、まだまだ進む高齢化のなかで、このようなサービスを、事業が行うだけでよいのでしょうか。基盤となるサービスはしっかりと公的な制度で支えられているからこそ、お互いさまの精神、助けあいの原点を大事に、のびのびと地域活動の領域を広げていくことができるのではないでしょうか。

最近では子どもの貧困が課題だといわれていますが、それならばみんなで食事をできる場をつくろう、という動きが今あちこちで動き出しています。私たちのなかの「放っておけない」「困ったときはお互いさま」の

ＤＮＡが脈々と地域で受け継がれているようです。
共助、互助の力を存分に発揮していくためにも、五人の方がたの来し方を振り返りつつ、次を見据えて動き出していきたいものです。

横浜市社会福祉協議会元常務理事
芳賀宏江

横浜発　助けあいの心がつむぐまちづくり――地域福祉を拓いてきた5人の女性の物語　目次

（相蘇渉作成）

第一章　「させていただく」は必ず「ありがとう」で返ってくる

――半径五〇〇メートル地域での「茶卓」の活動　山尾宏子さん

おちゃめなおせっかい

山尾さんは、横浜市港南区にある自宅でご主人と二人暮らし。半径五〇〇メートルくらいの小さな地域で「お互いさま　おじゃまさま」を合言葉とした助けあい活動「茶卓《ちゃたく》」を立ち上げ、地域の困りごとに向き合い、奔走する毎日。

お話をうかがっている間にも電話が入り、来客がある。自宅の玄関横につくった通称「宏子ルーム」では、時おり「茶卓」のメンバーを誘って食事会が開かれる。食事をしながら地域の話題を共有するなかで、相談ごとが出てくる。こんなことが実現できたらね、という話にも発展する。根っからの世話好きな人柄のなかにおちゃめな印象がのぞく。山尾さんが病気で寝込んでいた時には、ご近所の人が勝手に上がりこんで、台所で食事を用意してくれていたこともあったそうだ。

山尾さんは一九八〇年代から生協活動にかかわり、コープかながわが設立した家事援助団体「愛コープ」の初代理事長を務めた。その後、より地域に密着した活動を、と地元港南区で「たすけあい有為《うい》」（以下、「有為」とする）をつくって幅広く活動を続けてきた。二〇〇四（平成一六）年には代表を交代。「茶卓」を立ち上げたのは二〇一三年、八一歳の時だ。

この地域に住んで五〇年。地域で活動を始めて三〇年。「安心して生活できる」、そして「安心して死ねる」、そんな地域になることを願って今も仲間とともに活動を続けている。

第一節　「有為」の立ち上げと活動の広がり

「たすけあいは地域で」「有為」の願い

山尾さんは一九九二（平成四）年、横浜市港南区に「有為」を立ち上げた。生活の基盤のある地元にこだわったのは、自分たちが安心して老後を地域で過ごしたいと考えたからだ。ふだんから人間関係があり、近所の人が訪ねて来てくれる、病院も近いこの地域で老後を迎え、そして過ごしていきたい、そんな願いを自分たちの手で実現したかった。

最初の事務所は、学習塾を利用した間借り。その一年後、アパートの一室を借りワープロと電話を設置して、ようやく事務所の形が整った。

その年の一〇月に、「有為」のニュース（会報）第一号が発刊されているが、そこには「有為」の「願い」が力強く宣言されている。

私たちは地域の中で助けを必要とする方に気軽に援助ができるように、たすけあいの会「有為」を発足させることになりました。ともに、助けあいながら地域に根ざした活動の場となるよう頑張っていきたいと思います。

行政の手の届かない隙間を、プロでない普通のお母さんやお父さん（お兄さん、お姉さん）が、自分のできるところでお手伝いできる、またお手伝いいただける福祉の会にしたい。

「有為」は、いろは歌の「有為の奥山　今日越えて」から来ている。有為という言葉はもとは仏教用語だ。因縁によって起きる一切の事物のことで、無常の現世をどこまでも続く深山にたとえたとされる。そこには、山尾さんの思想ともいえる「生きているということは、何でもありなんだよ」という思いが込められている。同じ住民という立場での助けあいを「何もかも受け入れる形でやっていこう」と志を立てたのである。英語では、“We”（私たち）だし、フランス語では、“Oui”（ウィ＝はい）、生きることへの肯定の意味もある。山尾さんには、「境目のない」（どんな人でも何か役に立つことがある）「制服がない」（自前のエプロンで活動する）会のイメージがあった。そして、「誰でも、いつでも、どこでも、何にでも」を理念とする「有為」の活動がスタートした。

「有為」の原点は「みんな大変なんだ」

「有為」は、サービスを利用する会員も提供する会員も同じ地域に住む住民同士で、買い物、食事づくり、洗濯、留守番、子どもの世話、掃除、通院介助、簡単な介護など、相互の助けあい活動を行う団体である。利用する際には一時間八〇〇円分のチケットを購入する。サービスを提供した会員は、サービスの提供一時間につき七〇〇円を受け取り、差額の一〇〇円は事務局の運営、コーディネートの費用にあてるワーカーズ・コレクティブの仕組みを採っている。

サービスはすべて有償というわけではなく、無償で行う場合もある。どうしても費用を取れないケースもあって、その場合は無償で活動を行う。それは「みんな大変なんだ」という気持ちがあるからだ。もちろん、ワーカーズ・コレクティブの運動が基盤にあるので、無償の労働を事業化して、とりわけ女性（家庭の主婦）の社会的・経済的自立につなげようという目的はあるが、原点は住民相互の助けあいなので、時間単価も議論するなかで八〇〇円に抑えた。

活動が始まった一九九二（平成四）年一〇月には、会員二三名、利用者九名、活動時間二八一時間であったが、寄せられる相談に「どんな利用相談も断らない」と対応していったことで、一年後の一九九三（平成五）年一一月には月六五六時間、一九九四（平成六）年の八月には一一三〇時間と、助けあい活動は急成長を遂げていった。

サービスの複合化・総合化

「有為」の活動は徐々に広がりを見せる。一九九三（平成五）年には高齢者の通院や養護学校への送迎希望が増えたため、送迎サービス「ブリッジ」を別組織として立ち上げ、一九九七（平成九）年にはサービス利用者が昼間通って集う場として複合施設「ころぼっくる」、さらには食事サービス「ゆうげ」を開設した。一九九九（平成一一）年には「有為グループ」としてＮＰＯ法人格を取得。介護保険制度実施後は、介護保険・支援費・精神保健福祉法上の訪問介護指定事業者にもなり、「有為」「ブリッジ」「ころぼっくる」「ゆうげ」とあわせ、五部門の事業を展開するに至る。

このように「有為」の活動が複合化、総合化してきた背景には、相談を断らず多様なニーズを受けとめて切れ目のない支援をしていきたいという方針があった。

「有為」のスタートから二年後の一九九四（平成六）年には、一年間で八六九四時間の活動のなか、家事援助が四一一三時間、高齢者だけの家庭には二九七四時間、障がい者に対しては一一三〇時間の活動を行っている。支援した六四世帯の家庭の状況はさまざまだが、①一見家族とともに暮らしているように見えるが、実は一人ぐらしの人以上に、一人ぼっちだと孤独を感じている人が多い、②五〇歳前後で独り者の男性がどちらかの親

（父または母）を見ているケースが多い、③核家族で地域に融和できていないため頼れる人がいない、④対応できる制度的なサービスがない、と「有為」では当時のニーズの状況を分析している。どこへ行っても相談できない、すき間にあるニーズを持つ人びとが、「有為」を頼みの綱として悩みを持ち込んできていることがわかる。

翌一九九五（平成七）年の会報（六月号）には、こうしたニーズの多様化に対応して、送迎や泊まりを含めて活動を複合化する必要性をまとめている。

（障がいのある人の）施設への送迎を行っています。赤字ですが、切り捨てるわけにはいかないのです。一番手助けが必要なところですから。夜の泊まり、これも今後増加する仕事のひとつだと思います。たとえば①アルツハイマーの患者さんを抱えた家族、②おばあちゃんのためのヘルプに行っている間に、介護していたおじいちゃんが入院（退院まで）、③母八六才胃潰瘍、それを看病していた子五〇才が海外出張（二週間）など、核家族社会のなかでの福祉的支援には、夜の泊まりは重要なサービスとなるでしょう。現在は特定の人しか泊まりには対応できていませんが、夫の協力も得て、誰もがお互いさまで泊まることが出来る状態がつくれたらと思っています。

ここには、多様化するニーズに対して切れ目のない支援をしたいという山尾さんの思いが読み取れる。国の制度はタテ割りでどうしても谷間やすき間が生じる。それをつなげるには、泊まりもできる柔軟な活動が用意される必要があり、それが一人の人をまるごと支えることにつながるという信念が、「有為」の幅広い活動をつくりだしてきた。

送迎のニーズ、引き受けますか？

一九九三（平成五）年には送迎サービス「ブリッジ」が立ち上がっている。「有為」のサービスを始める以前から養護学校の送迎を行っていたこともあり、その必要性は強く感じていた。ただ、そのニーズに応えるかどうかは当初から悩みの種だった。

送迎ニーズの多くは障がいのある子どもと家族からのもので、「老人福祉はいずれの日か自分に来るものとして受けとめられ、少しずつ明るい方向にいくようですが、障がい児の問題は何時になっても自分の事にはならないだけに、私たちが運動として前進させなければ」（たすけあい有為、一九九三）と考えていた。

同じ会報には「どうしましょう　車での仕事　引き受けますか？」という問いかけがある。重度の障がいのある人を自宅から作業所まで車で送迎するという依頼には、何でも断らない方針の「有為」も慎重にならざるを得なかった。本人や家族は大変困っているので対応していきたいが、「事故があった時どうするか？」という危惧への答えが見つからない。メンバー各自の車なので、もし事故が起こった場合は家族にも迷惑がかかる。送迎サービスに対応した保険はなく、加入者の自賠責・任意保険で対応するしかない。引き受けたい気持ちは強いが、善意に甘えて会員の個人の車・保険に任せるというのはあまりに虫がよすぎる。対応回数が増えれば増えるほどリスクも増す、という声も聞こえてきて悩みは深まった。制度的な対応ができるように行政に働きかける必要もある。このような葛藤があって、「福祉送迎保険」をつくるよう要望し、「車での送迎の依頼は原則として受けない、行政に働きかける」という方向性をいったんは確認したものの、最終的には送迎グループ「ブリッジ」を別組織として立ち上げるという選択をした。こうした選択により、必要性を感じ、やりたいと思う人だけが送迎活動に参加することになった。「ブリッジ」が誕生して一年たった一九九四（平成六）年一二月の「有為」の活動は八七九時間、送迎ブリッジは一〇七時間と、かなりの時間が送迎ニーズへの対応となっていることがわかる。

複合施設「ころぼっくる」の誕生

複合施設「ころぼっくる」も、「有為」の活動から生まれた民家活用型の昼間の居場所である。一九九六（平成八）年には「作ろう　地域の宅老所　どなたかお家を貸して下さい（できれば無料で）」という呼びかけを行っている。

「有為」の活動は、利用者の自宅を訪問して行うホームヘルプ活動が中心だが、そのなかで「個人の自宅以外に居場所があれば、効果的で費用も抑えた支援が可能になるのではないか」（たすけあい有為、一九九六）と考え、そこで思い浮かんだのが「宅老所」だった。この「宅老所」というのは、当時全国的に実践され始めた新しい高齢者ケアのスタイルで、民家を活用するなど、小規模だからこそ利用者それぞれのニーズ・希望に臨機応変に対応できるという理念に共感が広がり、宅老所運動と呼ばれるほどの勢いで全国に広がっていた。「有為」では、その利点として、①多くの人とかかわりを持つことができる、②ボランティア（無償）にも参加してもらえる、③新しい仲間づくりや学習の場ができる、④利用額が半額以下になる、⑤一対一ではないので緊急の対応ができる、などを考えた。

山尾さんは、すでに活動を始めていた川崎市の「コスモスの家」を見学し、実現に向けてイメージを広げていった。やはり利用者のなかには、自分の家には入られたくないという人もいる。そこで、「家」のような場所があって「こっちにおいで」といえばお誘いしやすいはずと考えた。思いついたら躊躇せず、すぐ動くのが山尾さん。物件の情報提供を求め、家探しを始めた。不動産屋に飛び込んで「私たちはこんな福祉がしたい」と相談を持ちかけると、とんとんと話がまとまり、場所が決まった。

山尾さんには童話「泣いた赤鬼」のイメージがあった。「心のやさしい鬼のうちです。どなたでもおいでください。おいしいお菓子がございます。お茶も沸かしてございます」。そんな家を実現したかった。

平屋の建物の家賃は一五万円。有為の中心的な役員と分担して家賃を負担し、最初はバザーで資金を集めた。知人が無料で外壁にペンキを塗ってくれ、家具や冷蔵庫やピアノなどはすべて周囲からのいただきもの。庭の草取り、木の植えかえ、水やり、窓にカーテンをつけるなど、全部自分たちの手で準備をした。その後、社会福祉・医療事業団（現在、福祉医療機構）から二〇〇万円の助成金を受けて台所を改修し、食事サービス「ゆうげ」の拠点も併設。車いすが通れる舗道もできた。自前のお金はなくても何とかなる、「窮すれば通ず」という「有為」の信念がそのまま実現したのだ。

写真1-1　「ころぼっくる」開所当時（山尾宏子氏提供）

「ころぼっくる」の活動が始まって

「ころぼっくる」には、障がい児や中途障がいの人、認知症の高齢者など、さまざまな人が集うようになった。ふだんは入所施設で生活していて、定期的に帰宅した際に「ころぼっくる」へ通ってくる人もいる。何の制約もなく、誰でも利用できるのが「ころぼっくる」のよさ。子どもも大人も同じ空間で過ごし、みんなで会話しながらお昼ご飯が食べられるのもよいところだ。自分の家に暮らしているのと変わらない雰囲気があって、ふるさとの匂いがする。お年寄りたちがかつて住んでいた家はこんな佇まいで、まぶたの裏にはふるさとの山や川、周囲の欅《けやき》の木や桜、学校などが浮かんでいるようだ。畳に座るのが好きな人、洋間のソ

写真 1–2　誰もが心安く過ごせる「ころぼっくる」（山尾宏子氏提供）

ファがまるで自分の居場所かのように座る人、それぞれの生活のスタイルにあわせて、自由に過ごすことができる。

　山尾さんは、「行政の制度の枠組みでつくられる施設は立派で設備も整っている。それはそれでありがたいが、もっと小さくてよいから『ころぼっくる』のような手づくりの場所が学校区ぐらいの範囲に点在すればよいのに」と思っていた。

　周囲からは「これで運営できるの？」と心配されたが、開設一年で、毎日誰かの利用があるまでになった。会報（たすけあい有為、一九九八）では「認知症の方といっしょにお散歩をしていると、いつもの忙しさはどこへやら、桜ももう散ってしまい、近くを流れる大岡川に白鷺がいたり、ご近所の方が蕗《ふき》を持ってきて下さったりして、のんびりした時を持つことができます」とその様子を伝えている。

場を共有するところから生まれる力

　対象を限定しない「ころぼっくる」の場では、相互作用が起きる。障がい児者や高齢者がいっしょに過ごすことでそれぞれによい変化が生じてくる。認知症の高齢女性は、子どもの様子を見守りながらも「ダメなことはダメ、しつけなければいけないから」と話し、自分の役割に目覚め、いきいきと過ごしている。高次脳機能障害がある三〇代の男性は記憶が途切れがちになってしまうが、子どもの頭をなで、いっしょにいることで癒されているようだという。養護学校（現在、特別支援学校）に在籍する子どもは不登校になっていた時期があり、その時は平日の午後から「ころぼっくる」にやって来ていた。父親は仕事、母親は病気で寝たきりのため、スタッフが家まで迎えに行き、途中で昼食用のパンを買ってから「ころぼっくる」で夕方まで過ごす。なじみのスタッフばかりなので、安心して大好きな台所へ駆け寄って行ったりと自分らしい時間を過ごすことができる。帰りもスタッフが家まで送り届けるので、両親も安心だ。

この「ころぼっくる」には、食事サービス「ゆうげ」の拠点が併設されている。障がいのある子どもたちは「ゆうげ」の台所が好きで、調理の様子や包丁の音、おいしそうな匂いに誘われるのだろうか、弁当箱におかずを詰める作業を手伝うこともある。そんななかで自然に「ゆうげ」のスタッフと仲良くなり、みんなに居心地の良い場と関係がつくられてきた。垣根のない関係が「ころぼっくる」という場のなかで相互の役割をつくりだし、あたたかい空間を生み出している。

第二節　生活のなかの困りごとと協同

出会いは戦後の東京、玉置眞吉ダンススクール

山尾さんは、群馬県前橋市で生まれ育ち、そこで小学六年生まで過ごした。戦争中・戦後は岡山県津山市で暮らし、女学校を卒業した山尾さんは、一九五五（昭和三〇）年に単身上京した。実家がダンスホールを経営していたこともあり、東京で玉置眞吉氏が主宰する玉置ダンス教室でダンスを学び、資格を得てダンス講師として住み込みで働いた。玉置眞吉という人は、戦前は文化学院に幹事として勤務し、生協運動の父と呼ばれる賀川豊彦の貧民救済活動にも携わっていたことのある、戦後社交ダンス界の草分け的存在だ。山尾さんは玉置

氏を尊敬し、人生のいろいろなことを教わったという。後に生協運動にかかわりを持つようになったのも、玉置氏の影響があったのかもしれない。

当時、社交ダンスがブームだったこともあり、ダンススクールの生徒には大学生が多かった。そこで、生徒だった大学生のご主人と知り合い、その後結婚。山尾さんとご主人とのペアで六大学や東都大学などの大会やコンテストにも数多く出場した。競争することが好きだったのかもしれない。横浜のダンスホール「クリフサイド」でも華やかなコンテストに出場したことを覚えている。

結婚、転居、子どもの誕生

山尾さんが三二歳の時に、横浜市港南区の上大岡にほど近い高台に家を建て、新しい生活が始まった。一九六四（昭和三九）年、東京オリンピックの年だ。そこは一九六〇年代に開発されたばかりの新興住宅地で、まだ家はまばらだった。ダンス講師の仕事を続け、東京に通勤する生活のなかで子どもが生まれた。その当時は子どもができたら仕事を辞めて、専業主婦になり子育てに専念するというのが当たり前だった。しかし家を建て、ローンも組んだばかり。ご主人は駆け出しのサラリーマンで、山尾さんは収入が多いダンス講師の仕事を辞めるわけにはいかなかった。理由は、ローンだけではない。山尾さんは、生徒が大勢ついている花形のスター講師だったのだ。もちろん、山尾さん自身も仕事は続けていたかった。しかし、小さな赤ちゃんの面倒を誰かに見てもらわなければならない。区役所にも行ってみたが、昼の一二時に家を出て帰宅は夜一〇時過ぎという、その時間に預かってくれる保育所は無論なかった。新しい住宅地で、引っ越してきたばかりの山尾さんに近所の知り合いはいない。実家も遠い。困った山尾さんは、そこである行動に出る。なんと、近所の人のなかで赤ちゃんを預かってくれる人を探したのだ。それは、近所の人の行動を見て（観察して）、お願いできそうな人や家族を探すという驚くべき手段だった。

近所を歩いて回っていると、公園で五歳ぐらいの子どもとキャッチボールをしている父子がいた。雰囲気がとてもよく、この家族ならお願いできるのではないかと考えてその家に直接飛び込み、月一万円で預かってもらうよう交渉をした。当然のことながらびっくりされたが、交渉は成立。ミルクやおむつはすべて用意し、洗濯はしなくてよいという約束で毎日預かってもらえることになった。月一万円は安い印象だが、今の一万円とはまったく価値が違う。当時のサラリーマンの平均給料が月額一万三〇〇〇円程度だったことを考えると、かなりの金額になる。「私はどうも困ると知恵が出てくる」と山尾さんは言う。「心臓が強いの」とも。せっぱつまっていても、そこであきらめない。自分でやるしかないからと、行動力でピンチを突破する。「赤ちゃんを預けて仕事に出たのは、一年あまり。本当に助かった。働きたいのなら、そうするしかなかった。でも、子どもと離れるのは、それは切なかったですよ。東京からあわてて帰ってきても、迎えに行くのは主人の方が先ということも多かった。私は夜一〇時まで働いて、家に帰って洗濯して、明日の準備をして……という毎日。とにかく必死だった」のだ。生活のなかの困りごとを助けあいで何とか乗り切る。「私も苦しいんだから、預かるよ。預からせて」という気持ちに、助けあいの原点があり、そこに山尾さんの気概と楽天的な性格の一端をうかがい知ることができる。

街灯がついた、みんなが幸せになった

山尾さんが生活のなかで不都合を感じ、それを改善していくために動いたエピソードがある。それは街灯をつけた時のこと。子どもたちが中学校に通っている頃のことだった。

町は開発されたばかりの地域で、街灯のない暗い道路があった。中学校への通学道路だったが、捨てられた

ゴミが散乱し、ポルノ雑誌が捨ててあったり、昼間でも歩くのが嫌な感じがする荒んだ道で、通称「痴漢道路」と呼ばれていた。実際に痴漢がよく出たという。

山尾さんは、まずは自治会に声をかけ、参加者を募り、ゴミの清掃から始め、その道路に街灯をつけてもらおうと動いた。自治会長に話をし、警察、区役所、いろいろなところに相談して回り、会議を開いた。そして、難しいこともさまざまあったが、ようやく街灯がつき、電気が灯るようになったのだ。「やはり、形になることはうれしい。やればできるんだという自信にもつながった。自分や、自分の子どもたちが嫌な思いをしたことから始まったが、それは地域のみんなも感じていること。みんなに幸せになってもらいたいと考えて動いて、実際に形になったから」。

山尾さんにとって、それは幸せに満たされた、うれしい経験だった。

生協活動に参加、コープに育てられる

山尾さんが家を建てた地域の住民は、みな新しく移ってきた住民で、もとからの地元の住民はいなかった。一番早く住み始めた世帯でも一九六三（昭和三八）年から。時代は高度経済成長期で、周りは圧倒的に核家族が多かった。赤ちゃんは預かってもらえたが、ちょっとしたことを頼みやすい地域とはいえなかった。味噌や醤油の貸し借りも難しい。山尾さん自身は群馬県や岡山県で育ち、ご主人は出身が香川県だったから、向こう三軒両隣の付き合いは当たり前という感覚があったが、地方や下町と違って、新興住宅地ではそれがなかなか難しいんだな、と感じたそうだ。

そんな時代に山尾さんは生協と出会う。近くにコープの店舗ができ、さっそくコープかながわの会員になった。一九七〇（昭和四五）年のことである。生協は協同で購入する家庭班をつくって活動するのだが、当時「一

○○班一○○○○人」の会員による店づくりを目標としていた。そこで山尾さんは協力員となり、地域を歩き回った。そして、地元の自治会の約九○％の世帯を家庭班として組織するまでになった。大都市横浜郊外の新興住宅地には、生協という組織と活動が必要とされたのだろう。

生活のなかの助けあいは、社会のなかでは「運動」になる

その後、山尾さんは生協の理事になる。生協の会議では三か月に一回程度順番が回ってきて社会情勢について発言する。班長のなかから議長が選出され、当番が回ってくるので、議長になった人は学習してきたうえで、社会のなかで問題になっていること、たとえば「福祉とは何か」などのテーマについて話さなければならない。それは社会運動の重要な基盤になり自分を育ててくれた、と山尾さんは感じている。

「生協での助けあいが、地域での助けあい活動の原点」と語る山尾さんが、今の時代に不安を感じていることがある。それは、生協活動の低迷である。店舗も少なくなり、その影響力はきわめて少なくなってしまったような気がするという。今の若い人たちのなかで、生協運動にかかわろうとする人は減っており、ある意味で消費者の立場のみの参加になってしまっているといえる。生活のなかの「協同」、そして社会問題の「学習」、さらには社会をよりよい方向へ変えていこうとする「運動」。生協が育んでいた、こうした役割はどこに行ってしまったのだろうか？　別の受け皿ができて、同じようにどこかで育っているのだろうか？　山尾さんが今一番気にかかっていることである。

山尾さんは、若い人たちが自ら社会のことを学んで、変えていくためにいろんな人たちと動いていけるような議論や学習の場はどうしても必要だと感じている。「私は五三歳で生協の理事会に出ていって、三○年以上活動を続けてこられた。子育てを終えてからでも、まだまだ仕事ができる」。今の若い世代に向けてそう語り

かけたいと考えている。

「助け合いの会」から「愛コープ」へ

コープかながわでは、すでに始まっていた「助け合いの会」（一九八六〈昭和六一〉年～）を発展させ、有償の家事援助活動団体「愛コープ」を立ち上げることになった。

当時は、高齢化社会（高齢化率七％以上、一四％以下）から高齢社会（一四％以上、二一％以下）へと移行し、一九八九（平成元）年には三％の消費税が導入され、ゴールドプラン（高齢者保健福祉推進十ヵ年戦略）が策定された頃。生協のなかでは灘神戸生協が地域での暮らしを組合員同士が支えあう「コープくらしの助け合いの会」を一九八三（昭和五八）年に全国に先駆けて発足させていた。生活協同組合がその名の通り、家事などの生活上の困難を協同で助けあう仕組みをつくることは、自然な流れだった。

また、ワーカーズ・コレクティブという、家事労働の担い手としての女性が、自ら働き、自ら管理運営する事業体を主体的につくっていこうという運動が神奈川を中心に盛り上がっていたという背景もある。このワーカーズ・コレクティブとは、市民が持っている生活技術や経験を活かしあい、自らが住み暮らす地域社会のなかで、お金・知恵・労力・時間を出し合って働く（活動する）、雇用労働ではない「働き方」のことである。働き手（ワーカーズ）は出資者であり、経営者であり、労働者（働き手）でもある。こうした運動の影響もありコープかながわのなかでも、有償の助けあい活動を提供する仕組みの検討が始まった。立ち上げの準備段階には、著名な女性研究者を呼んで勉強会を開き、また団体の垣根を越えてみんなで集まり、情報を得てよく学びあった。

一九九〇（平成二）年には「愛コープ」が誕生し、山尾さんはその初代理事長を務めることになった。この

「愛コープ」のシステムづくりの過程で、一番議論になったのは有償の時間単価だった。最初の設定は利用会員から一時間八〇〇円を受け取り、提供会員には時間七〇〇円を支払うという設定で差額の一〇〇円分は事務局のコーディネートや事務費などにあてられる。以前からボランティアをしてきた人にしてみると、八〇〇円というのは高すぎると感じられる。一方で家事労働など無償労働とされてきたものを価値ある有償労働として確立していくためには、八〇〇円は安すぎると考える人もいた。サービスを安定して継続的に提供するために有償であることは重要なのだが、こうして金額が議論の的となり、また会員がもめる原因にもなった。仕事の価値は高いものがあるし、高めていきたい。しかし住民運動である、協同運動である、そうしたジレンマは常に感じていた。山尾さん自身は「有償も無償も両方ないとうまくいかない。線引きをきちんとするんじゃなくて、アバウトじゃないとね」とその当時から考えていた。

当初、「愛コープ」の活動範囲は神奈川県全域だった。地域にヘルパーがいないことも多く、地元から離れた遠い地域へ支援に出向くことも少なくなかった。広範囲の活動先で地域が見えないことに山尾さんは戸惑いを感じた。地元民ではないために周囲になかなか活動を理解してもらえない。そんななかで自分の住んでいる町で実践したいという思いが次第に強くなり、理事長としての最初の任期である、二年で退任。地元の横浜市港南区に助けあいの仕組みをつくることにした。それが「有為」である。

第三節　「有為」の願い、心がけていること

「有為」の会報には、山尾さんのメンバーに向けたメッセージが頻繁に登場する。そこには「有為」の願いを共有したい、そして、「有為」の日々の活動を振り返り、気づきを通して互いに成長していきたいという思

いがあふれている。そこから、「有為」が大切にしてきた「願い」や心がけてきたことをまとめてみたい。

利用する人の立場に立つ、人の痛みがわかること

くり返し山尾さんが語るのは「利用者の立場に立つ」こと。「私たち家事援助を行う者は」と援助の心がけを伝える。

「利用者が何をしてほしいか、相手の要求にいかに応えるか、が基本にある。私たちは医師でもなければ、家事コンサルタントでもない。利用者の立場は遠慮もあって弱いもの。掃除の仕方一つにも味噌汁一つ作る時にもその家、その家の味がある。少々うるさがられても、『どうしましょうか?』と相手の立場に立って聴くことを大切にしなくてはいけない」と語る。

「利用者にかける言葉は大切。『かわいそう』『きのどく』『たいへんね』『不安ね』、こんな言葉をかけていませんか。どんな人も死の間際まで、言葉は話せなくても聞こえている。何気なく話したことが今までの努力を全部消してしまうこともある」と話す。

山尾さんのなかには、「自分もしてもらう人にならないと利用者の気持ちはわからない」という人間観がある。福祉的支援にあっては、専門職もボランティアも相手の立場に立つことの重要性はくり返し説かれるが、それは相手の立場になることがそれだけ難しいことだからでもある。ある会員の女性はパートナーを失って一人暮らしとなり、「同じ境遇の人の気持ちがわかるようになった」という。援助には人の痛みを感じとることが不可欠だが、自分の人生のどこかで苦しみを味わっていないと、人の痛みはわからないままで、「支援をしていること」への自己満足で終わってしまったり、善意の押し売りになってしまうこともある。

この姿勢は、依頼に応えるかどうかという判断の際に重要な基準となる。山尾さんは基本的には「『有為』

への依頼は断らない」という姿勢を貫いてきた。しかし「お金があるんじゃないか」「家族がいるはずだけど」という見方で依頼を断る判断に傾くことも起こりうる。山尾さんは「家族のことや生活のことを、知らない人に頼んでくる時点で、恥ずかしさを捨てて頼んでいるのだから、応えるのが当たり前」と考えている。実際に、活動が始まってかかわりを持つようになってから、利用者の本音が少しずつ出てくることは珍しくない。

こうして利用者の思いを知ることは、支援をする立場の気づきを促して、人を育てることにつながる。「有為」の会報には、くり返し活動する人の声、利用している人の声が掲載され、また利用会員との懇談会も行われ、紙面で紹介されている。

懇談会では、利用者からの感謝が表明され、依頼があり、苦情も発せられる。「送迎の時、体の調子が悪いとタバコの匂いやペットの匂いが気になる。何とかできませんか?」「土曜・日曜は行政のヘルパーは休みなので、そんな時に働いて下さる人を増やしてほしい」などの声があがっている。ヘルパー（提供会員）も紙面に登場し、思いをつづっている。

「この仕事をやってみて、お年寄りに接して思うことは、人間は最後は人の世話にならなければ死ぬことはできないということです。その時の地位や名誉や財産は関係なく、心から『ありがとう』と感謝できる素直な心を持つことが大切だとつくづく思います。価値観が変わりました」「今を大切に、自分のできる時にできることを精一杯やろうと決めました。自分一人であれこれと悩んでいる時に、仕事を通じていろいろな方と接し、今までとは違ったところから自分を見つめ直すことができました」など、ヘルパーの仕事への感謝の思い、利用者と自分を尊重する気持ちがつづられ、活動を通しての人間的な成長をうかがうことができる。

写真 1–3　日帰りバスハイク・大勢で楽しんだリンゴ狩り（山尾宏子氏提供）

「おせっかい」が必要な場合もある

相手のことを考えずに、こちら側の善意や都合で世話をすることを「おせっかい」というが、孤立しがちな人や家族にかかわる場合には、実はおせっかいが必要なことがある。「利用者の立場に立つ」とは逆のようであるが、「相手の言うとおりにする」こととは違う。相手が望まないこともあるなかで、地域福祉を進めていく（見守りを行っていく）ためには、支援の拒否があるケース、社会的孤立のケースなどに、アウトリーチ（出向く）していく必要がある。

引きこもっている男性に対しても、山尾さんはどんどん話しかけていくし、「引きこもっているからといって、話したいことがないわけではない」と敬遠することがない。実際にその男性は、山尾さんに対してはおしゃべりになったりもする。敬遠されていないと感じるから、話しやすいのかもしれない。

山尾さんは、「有為」の活動とは別に障がいのある子どもと一日いっしょに出かける「お母さん一日ホッとしてね」の活動を港南区で続けてきた。「障がいのある子どもとともに生き、いっしょに遊びましょう」と外出の行事を年に一回は行って、丹沢山麓のキャンプ場などに出かけてきた。親は「うちの子のような多動の子はつまはじきされてしまう。食事に行ってもゆっくりできないし、親がずっといっしょにいて面倒を見ていなくてはいけないのはしんどい」「不憫だから人の目にふれさせたくない。家に閉じこもりがち」となってしまう。そんな親子のために、「一日は親と離れて過ごすことで、楽しく休みの日を過ごしてもらう」活動である。「ほっとしてね」という呼びかけには、ずっと子どもにつきっきりで面倒を見ている親のレスパイト（息抜き）になるように、という気持ちがある。だからといって、障がいのある子どもの親から「こんな行事をしてほしい」とは言いにくい。相手の立場に立って、「こんな場があれば助かるのに」という、親にとっても子どもにとっても貴重な時間をつくりだしてきた。

「してあげる」ではなく「させていただく」

「遣ってあげる福祉ではなく、ともに生きる」が、「有為」の理念。この「遣《や》る」は、最近は「上から目線」の言葉で、適切ではない言い回しと思われているが、山尾さんは「遣る」という言葉は、「遣《つか》わす」だから、決して悪い言葉じゃないという。しかし、やはり「してやる」という意識は支援者にあってはならず、「『してあげる』は傲慢、『させていただく』はきっと返ってくる、自分に、何かとてもよいことが」と、援助の姿勢を説く。

「いつの日か巡って来る自分自身のために、割り切れない、やるせなさを抱えながら、ただひたすら愛を大切にするグループがあってもいい」と山尾さんは思っている。「やっていることはお手伝いさんであり、家政婦さん。それらの職業と違うところは、それぞれの『私自身』が主体で、自主的な働き方であること」だという。

そして、たびたびメンバーに「私たちの仕事に誇りを持っていますか?」と呼びかける。「私たちの仕事はお手伝いの仕事。今、一番必要とされている大切な仕事を担っている。でも、心の奥の方で『お手伝いさん』じゃない！　と叫んでいませんか?　仕事の先端を走っていることを誇りに思えたら、私たちが安心して老後が迎えられるのではないでしょうか?」と問いかける。

困った時は必ず助けが現れる

山尾さんには、「どこか困ると必ず手だてがみつかる」、不思議な経験がある。最初に手にしていたワラから、次々と物々交換していくと最後には高価なものが手に入りお金持ちになるという「わらしべ長者」のような話もよく出てくる。山尾さんの場合、「お金持ちにはなれないけどね」というオチがつくのだが……。困ったなと思うことも数多く起きるが、「窮すれば通ず」でどこからか助けが現れるという。相互の互酬的関係のなかで活動を行っていると「どこからかうれしいことがやってくる」という感覚は、山尾さんのなかでずっと確かな実感を伴って息づいている。「会いたい人に会いたいなと願っていると会える」「これはもう『念力』かもしれない、変な力が働いているとしか思えない」と語る。

「有為」にはこんなエピソードがある。一人暮らしのおじいさんの家へ介護に行ったら、せんべい布団が汚れていた。そこで、「ころぼっくる」にあった布団を持ってきて取り替えたのだが、「ころぼっくる」には後日、不思議なことに布団の寄付があった。そんな不思議な出来事は向こうからやってくる。

「私は本当にいいかげんなの。だから、いつも仲間に支えられてきたのよ」と語る山尾さんは、「あの人はあそこがダメなのよね、と周囲に認められる方が物事はうまくいく」とも感じている。ダメなところを周りが気をつけ、カバーしようとするのだろう。それは長年の活動経験のなかで山尾さんが自らの〝ワザ〟にした、会の運営がスムーズにいく秘訣なのかもしれない。

家族の暮らしとワークライフバランス

このように生協や「有為」の活動に邁進できたのは、やはり家族の協力があったから。山尾さんは、ご主人に「お父さんのおかげ」「こんなに幸せなことはない」と感謝している。ご主人は東京の会社勤めをしている間も、山尾さんの地域活動を応援してきた。東京のビッグサイトで国際福祉機器展が開かれるという情報を入手して、山尾さんに紹介したこともある。「有為」ではグループで機器展に出かけ、大手メーカーが試作していたリハビリ用の音楽テーブルをモニター用に無料でもらったこともあった。

助けあい活動が必要になるのは、プライベートな「私」の生活領域である。「私」の領域に自ら調達できる社会資源がなければ、どこかに頼むしかない。そのどこかを「お互いさま」で創り出すことが「有為」の活動でもある。それでは、山尾さん自身の、山尾さんの家庭の「私」領域はどうだったのだろう。

「おばあちゃん」（ご主人のお母さん）が、二人目のお子さんの誕生以後同居していたので、家族の手があったことは確かである。両親（山尾さん夫婦）とも外に出て不在がちだったから、「今思えば、子どもたちがつらい思いをしたことも、もしかしたらあったかもしれない」と思う。ご主人に対しては、「食事など自分のことはちゃんとやってほしい」と腹を立てたこともある。それでも、「食事の用意は欠かさずやってきた」。「有為」のメンバーからは、「なぜそれだけ尽くすの？」と聞かれたり、「よくやるわね」と思われていた。山尾さんは、「食事を用意しないと、夫の食事はカップ麺ばかりになってしまうので、それはそれで問題」だったと言うが、家族の食事を用意するということが一つの口実になって、生協や「有為」の活動にのめり込みすぎないようにバランスをとっていたのかもしれない。

一家の主婦が地域活動やＮＰＯ・ボランティア活動などに積極的にかかわる時、家族の仕事（家事＝無償労働）の分担やバランスが問題になる。最近では、「ワークライフバランス」が謳われているが、山尾さんの生活のやりくりからは、ワーク・ボランティア・ライフの三者のバランスが必要になるといえるだろう。山尾さんの場合は、ライフ（生活）の子育てが一段落してから本格的にボランティア（社会活動）が始まった。時にはしわ寄せがあったかもしれないが、ご主人の理解とご主人のお母さんの存在があって、バランスを崩すことなく長く活動を続けてこられたといえるかもしれない。

仏教を学びつづけてきた意味

山尾さんはもともと勉強好きで、貪欲にいろいろな分野の勉強をしてきた。活動のなかで話し相手になることもあるため、カウンセリングの勉強に東京の渋谷に通った時期がある。カウンセリングの勉強をすると、心の闇を見つめることにもなる。気がついたのは、「私自身が闇を持っている」ということ。「犯罪のニュースを見ていると、被害者の方ではなくて、加害者、殺した子の方をつい見てしまう」ところがあって、その心の闇に強い関心があるという。「そうしなければならなかったほどの生き方というのは何だったんだろう」と。ただ、実際にカウンセリングの勉強をしてみると、「私は向かないと思った。おしゃべりだから。話している方が多い。カウンセリングは聴かなきゃいけないから」違うと思った。

そんなカウンセリングの勉強の帰り道に、ふと目にとまったのが仏教の通信教育。山尾さんの「心が動いた」。それは浄土真宗本願寺派の中央仏教学院といい、ご主人と二人で一緒に勉強に通うようになり、学びは今も続いている。学習課程、入門課程とあり、専修課程には資格も試験もある。あと一週間ほど通えば、僧侶の資格が取れるところまで来てはいるが、資格を取ることが山尾さんの目的ではない。

人生のうえでも、助けあい活動のなかでも、いろんなことが起きる。望んではいないけれど、つらいことも降りかかる。時には死についても受けとめなければならないこともある。だから仏教の勉強をしている。

山尾さんは、「参加したのがたまたま仏教であって、宗教を信仰するあり方は同じなんじゃないか、神は現れ方、とらえ方が違うだけで、どの宗教も同じなんじゃないか」と感じている。「自然」とは仏教では人間の作為のないそのままのあり方をいう。「ありとあらゆるものが生かされている大きな働きを自然と受けとめよう」と考えるようになった。

月二回ほど勉強会があって築地本願寺まで出かけるのだが、読み聞かせの会に参加した時に聞いた、北海道のカラ松の木の話をよく覚えている。それは、「カラ松の木はずっと生きている。その大木が倒れて、苔が生えて、その苔のところから、芽が出てくる。木が倒れたところに芽が出る」という輪廻につながる話だ。「私たちは、ただ生かされているのだから、何かのお役にたっていればよい。ありがとうと言われる生き方ができればよい」と山尾さんは言う。仏教の学びは、こうして「有為」の精神として生き続けている。

山尾さんの持ち味と心意気

山尾さんのお話をうかがってきて、山尾さん自身の個性や性格、山尾さんたらしめている中心にあるものが、「有為」の活動もまた形づくってきたのだろうと感じられた。そうした活動の精神とでもいうべきものを列記するとしたら、まずは「楽天家」が挙げられるだろう。

常にポジティブで、苦労を苦労と思わないところがある。活動は山尾さんにとってレジャーでもある。躊躇してしまいそうなことも、ためらわない。まず、やってみようと思う。そこからスタートするボランティア精神がある。自分がやりたくてやっているから、人から言われてやるのがいや。人に指図されたくないから、責任も自分が持つ。それだけに、人とぶつかることもある。

次に「面倒見のよさ」がある。面倒を見るのが好きだから、つらい状況にある人を放っておけない。まず、共感し、かかわっていく。「他人にかかわれることが、みんなが幸せになれる道」で、「人のためにやっているから」「自分のためではないから」、それが山尾さんの幸福感の源になっている。

そして、山尾さんの生き方の根底にあるのは、「要らない人はいない」という思想である。誰でも出番がある。「あなたは要らないわよ」と言われたらどんな気持ちになるだろうか。それはとても寂しく悲しいことだ。「そこに居たいんだもの、だから、そこに居させてもらっている。大学の先生なんて、みんな偉そうにしている。教えるという上からの役割しかないと思っている」と筆者には耳の痛い話もあった。

「『ころぼっくる』では、たとえばいっしょに時間を過ごすなかで、布を渡しておくと、喜んで縫ってくれる。話をする人と聞く人とで関係が成立している。利用者からお漬物の作り方を習うなど、いくらでもその人の出番をつくることができる」。「活動が難しいと思っていた人同士でも、うまくマッチングすれば、その人の役割は必ず見つかる」というのは、山尾さんの信念といってよい。

山尾さんが会を運営しリードする手法は、まだまだある。それは、「入ってこない？」と引っ張り込む才能である。山尾さんは、自分のことを「だまし屋かもしれない」とも、「詐欺師」ともいう。誰のところにも出かけて行って話をするから嫌がられない。時には、煙たがられることもあるが、「誘惑してくるね」と言って出かけていく。

「忘れる」こともこうした才能の一つだ。「忙しいと何かを捨てていかなきゃならない。ずっと抱えてはいられないから、忘れたり、今まで持っていたものを誰かに託したり。誰か託せる人が来ると、私は『出ていくわよ』」と山尾さんは退く。活動が広がり継続している秘密はここにもある。

「有為」は生活者の助けあいを「地域のおじさんおばさん」「普通のお父さんお母さん」というような感覚、「しろうと」であることを大切にやってきた。それはずっと変わらない。山尾さんは、「普通の人が生きてきたことを生きてきたようにやればいい」と言う。専門家・行政は要らない。とはいえ、専門家や行政とつながる必要はある。身軽に動いてフットワークよくかかわってくれる専門職は助かるから、「つながっていたい」。それから、「けんかはだめ。エネルギーも消耗する」からだ。「違うんじゃない？」とは言わず「違うんじゃない

じゃないんですか？」という。すると、不思議に柔らかくなる。「主張は曲げないけど」とおちゃめに笑う。

こんな山尾さんの性格、考え方が助けあいの活動の楽しさをつくりだし、会員相互の関係の豊かさの源にもなっているに違いない。

第四節　介護保険で変わったこと、変わらないこと

多くの住民参加型在宅福祉サービス団体にとって介護保険は大きな転機となり、岐路に立たされた。「有為」も例外ではなかった。介護保険に合わせるか、合わせないか？　の選択が迫られた。介護保険のサービス提供システムに合わせることによって、「有為」の性格もまた変わらざるを得ない。山尾さんは「介護保険は魔物」と表現した。それだけ大きな波であった。

ＮＰＯ法人格を取得した「有為」

通称ＮＰＯ法、正式には特定非営利活動促進法は、一九九八（平成一〇）年、長野オリンピックの年につくられた（三月成立、一二月施行）。制定の契機は、阪神淡路大震災。ボランティア団体が避難支援、復興に大きな力を発揮したものの、法人格がなかったために活動上の制約が大きかった。団体が法人格を取得しやすくするために、議員立法によって非営利団体に法人格を付与する法律がつくられた。この法律によってＮＰＯ法人（特定非営利活動法人）は全国に数多く誕生し、急速に増加していく。二〇一七（平成二九）年三月末現在、ＮＰＯ法人は五万一五二六団体が認証を受け、税制上の優遇措置がある認定ＮＰＯ法人も一〇二二団体を数えている。

もう一つ、この法案の成立が急がれた背景には介護保険がある。当時の厚生省は、「保険あってサービスなし」という状態（に陥ってしまうことへの批判）を恐れた。そのため居宅サービスには、従来の行政、社会福祉法人にとどまらず、営利団体、非営利団体を含む多様な提供主体（事業者）の参入を促すことになった。介護保険法の成立は一九九七（平成九）年、施行は二〇〇〇（平成一二）年、その間の一九九八（平成一〇）年は介護保険のサービス提供主体の確保が重要な政策課題として認識されており、ボランティア・非営利団体に法人格を付与する法制化は、介護保険制度の開始に間に合わせなければならなかったのである。

「有為」が、「有為グループ」として、特定非営利活動法人（NPO）の法人格を取得したのは一九九九（平成一一）年。介護保険制度開始の前年のことである。しかし、その歩みは平坦ではなかった。NPO法人となることについて「有為」では議論が交わされ、賛否両論の意見が出た。

その年の会報には、その迷いが克明に記録されている。それはNPO法人格を取得する道が本当によい選択なのかという問いである。NPO法人になったものの、団体運営のノウハウを充分に持っていない、スタッフの身分保障がされていないなど多くの問題が指摘されていた。NPOの働き手の身分保障や報酬・賃金の問題は、介護報酬の水準と無関係ではありえない。ひとまずNPO法人格は取得したものの、介護保険にどのような立場でかかわっていくべきか、模索が続いた。

NPO法人は、小さなボランティア団体でも法人格が取得でき、団体としての使命や理念を会員が共有しやすい組織である。ただ、「有為」では法人格をとるまではざっくばらんな話しあいができていたのだが、法人化後は理事会を開いて議事録を残さなければならないので、毎年度の事業・会計報告が求められる分、自由な議論がしにくくなったと山尾さんは感じるようになり、その後の「有為」の運営にも影を落とすことになる。

介護保険をめぐっての論議

一九九五（平成七）年の会報にすでに「新介護システム」の言葉がある。また、一九九六（平成八）年の一月号では「福祉介護保険なるものが導入される」ので、「有為」の姿勢を考えようという問題提起が行われている。一九九八（平成一〇）年には早くも「介護保険の受託業者にはなりません」と宣言している。しかし、議論は続いた。介護保険法上のサービス提供、たとえば、訪問介護員（ホームヘルパー）として働くためには、介護福祉士とともにホームヘルパーの資格（現在、「介護職員初任者研修」）が必要となった。「有為」では港南区社協の協力を得てホームヘルパー二級養成講座を主催し、多くのスタッフが取得するまでになった。

担い手が資格をとるということは、「有為」のもともとの理念とは相容れない側面も生じることになった。つまり対等な人間関係のなかの、地域のお父さんお母さんという感覚での助けあいと、資格を取得し専門的なサービスを提供する有給の従事者としての姿勢にはやはり大きな違いがあり、山尾さんの悩みは深まっていく。

一年後の二〇〇一（平成一三）年四月には、「この一年を振り返って」という記事がまとめられている。かたくなに介護保険に参入せず、理念を曲げずに頑張ってきて、理事会でも話しあってきたが、結論はなかなか出なかった。ホームヘルパー二級の資格を取得した人も増えたが、経験や技術が急に伸びるわけではない。介護保険サービスと保険外の活動との格差が出てきてしまう。よこはまあいあい基金（横浜市が設置した地域で支えあう市民活動団体に対する助成制度）の助成金は団体数が増加したことで徐々に減額されてきたので、運営も苦しくなっていった。

同じ港南区には、ワーカーズ・コレクティブから出発した「たすけあい心」があり、すでに介護保険の居宅サービスの事業者となっていた。この「たすけあい心」の理事長を招いた勉強会では、「介護保険に移行しても同じ会から来てくれる、自分でケアマネを選択できる」などの利点があり、助けあい活動と介護保険事業の二本立てで進めているという内容の報告もされている。

そして、介護保険制度施行後から三年たった二〇〇三（平成一五）年。ついに「訪問介護事業所　有為」を開設、事業所指定を受け、介護保険・障害者支援費・精神保健福祉法上の制度的なサービスを開始した。この決定は、二〇〇二（平成一四）年一〇月のＮＰＯ法人「有為グループ」の総会でなされた。

介護保険が始まったことによる変化

では、山尾さん自身はどう考えてきたのか。

山尾さんはヘルパーの資格も取っていない。「みんなが『参入しましょう』と決めたのは理事会。私自身はずっと反対していて、決定の理事会にも出席していない」という。なぜ、反対だったのか。

介護保険事業者になるとどうしても介護保険制度に合わせてしまい、制度上の枠組みが当然の前提になる懸念があったからだ。生活は線引きできないはずなのに、生活のなかの援助が切れぎれになってしまう。介護保険の要介護認定を受ければサービス費用の一割の負担ですむ。認定を受けた利用者にとっては負担が軽くなるが、認定から漏れる人は実費となってしまう。住民参加型の団体の多くは介護保険の事業者になり、財政は安定した。「有為」のような地域密着のＮＰＯ団体のなかには、売上が年間一億円を超えるようになったところもある。団体運営の点ではよいことでもあるが、山尾さんはそれに伴って「担い手の意識も変わってきてしまった」と嘆く。「時給八〇〇円ではなく、一二〇〇円はもらいたい」という意識に変わってしまい、もともとの理念、出発点が忘れられてしまった。それが、山尾さんが危惧した介護保険による一番の変化であった。

介護保険以前から助けあい活動を行っていた団体のなかでも、介護保険事業と保険外の事業を併存させ、運動の理念を堅持して、生活全般の支援を継続させてきた団体も少なくない。「有為」もその一つだ。ただ、全体としては、巨大な介護保険のシステムのなかに、NPO団体の当初の思いや運動性といったものが上手に吸収されてしまい、運動体として問題を顕在化させたり、行政や社会にアピールする活動やネットワークの力は小さくなっていったのかもしれない。

この運動性をつくりだし、保持していこうとする原動力となる要素として、①生活のなかの困難（社会のなかの問題）、②それを認識し変えていきたい主体（当事者）、③問題を共有する連携や協働の場（ネットワーク）などが想定される。①の問題・困難は高齢化や家族の縮小により深まっているものの、②の当事者は、サービス提供の事業者となってしまい、③にあたる協働の場や機会が小さくなり、消費者と提供者に分断されるような状況が生じたといえるかもしれない。

「有為グループ」は、介護保険の指定事業者になって以後も、サービスの多様な展開を続けていく。二〇〇四（平成一六）年には、送迎サービス「ブリッジ」を廃止し、「ころぼっくる」と配食サービス「ゆうげ」の活動拠点を分離。二〇〇五（平成一七）年には「ゆうげ」が横浜市の「高齢者食事サービス」の指定事業者になる。二〇〇六（平成一八）年「ころぼっくる」は再移転し、二〇〇七（平成一九）年、幼児預かり「サロンド・ベイビー」を開設、二〇〇八（平成二〇）年には、介護予防デイサービスを廃止。二〇一二（平成二四）年には設立二〇周年を迎え、翌二〇一三（平成二五）年、その役割を終えたということで配食サービス「ゆうげ」を廃止した。

第五節 「茶卓」 半径五〇〇メートルぐらいの地域で

ボランティアの原点にかえる

山尾さんの住む地域に、横浜市東永谷地域ケアプラザができたのは一九九七（平成九）年六月のこと。自宅から歩いてほんの二〜三分、地区センターも併設されていたので、いろいろなプログラムに参加したり、関係は持つようにしていたが、助けあいの活動に関してはあまりつながりはなかった。そんな山尾さんに地域ケアプラザから呼びかけがあったのが、二〇一三（平成二五）年のことだ。

地域ケアプラザの地域包括支援担当の職員が、住民から「ちょっとした困りごと」の相談を受けることが多くなり、長年、さまざまなボランティア活動に携わってきた山尾さんに話を持ちかけたのがきっかけだった。「有為」で培った幅広いネットワーク、豊富な地域の人脈を持つ山尾さんは、その呼びかけを意気に感じた。「それならば」とさっそく地域の民生委員・児童委員やデイサービスの看護師、ボランティア活動をしている人などに声をかけ、地域のなかでお互いに助けあう活動を立ち上げることになった。それが「茶卓」。二〇一三（平成二五）年一二月のことである。

グループの立ち上げを準備するなかで、地域ケアプラザ職員と集まったメンバーは近隣地域の地図を広げて検討していた。山尾さんが思い描いていた、お互いがちょっとした困りごとを助けあえる「身近な地域」は、半径五〇〇メートルくらい。ちょうどそこにあった茶托の丸い円の大きさぐらいで、助けあいの活動範囲を表すために、地図の上に茶托をポンと置いてみたことがネーミングの由来になっている。

「茶卓」には、困っていることを地域の人に助けてもらい、代わりにその人が得意なことを生かして地域の人を支える仕組みをつくり、気心の知れた仲間になってお茶を飲み、おしゃべりを楽しみながら囲む「卓袱《ちゃぶ》台《だい》」のような存在になろうという思いがある。「茶卓」の「卓」にはこの「卓袱台」の願いも込められているのだ。

「茶卓」と「有為」の違いは、「有為」は山尾さん自身の思いが非常に強かったが、「茶卓」は「地域ケアプラザがやろうと言ってくれたから」始めることになったという点である。地域ケアプラザが山尾さんの背中を押したのだ。

「茶卓」のメンバーが手伝うことができる活動メニューとしては、掃除や洗濯、料理、買物などの家事、話し相手や朗読、外出時の子どもの預かり、草取り・庭の手入れ、屋根の小修繕、家具の移動・固定、不用品の片付け、電球交換など。専門業者や遠くにいる家族を呼ぶほどではないが、自分ではちょっと難しい……そんな時が「茶卓」の出番。山尾さんがメンバーと日程調整を行い、都合のつくメンバーが活動する。

写真 1-4　家具の移動にも快く力を発揮する「茶卓」のメンバー
（山尾宏子氏提供）

介護保険では対応できない「手伝いのついでにおしゃべりを楽しみたい」「作った食事を一緒に味わいたい」といった依頼にも応えられる。相談先は、東永谷地域ケアプラザ、または港南区社協で、利用料は、一時間五〇〇円。ワンコインで利用することができる。「有為」の最初の頃の利用料金は一時間八〇〇円だったので、それよりはずっと安い。まったくの無償ではないが、無料だと遠慮が生じるし、担う側も持ち出しが多く負担に感じる。五〇〇円は交通費の実費程度、お礼のしるし程度の意味あいで、「茶卓」の基本的な姿勢は、お互いさまの無償の活動。

山尾さんは、地域での助けあい活動の原点に戻ったと感じている。

「お互いさま　おじゃまさま」の精神

「五〇〇円は安いようだけど、たとえば午後の三時間ゆっくり活動し一五〇〇円。半日一五〇〇円は高齢者にとっては、なかなかの金額になる」、だから適度な、ほどよい設定なんじゃないかと山尾さんは考えている。

「地域でボランティアを始めて二〇年。身近な地域で『茶卓』を始めてみて、いろんな人がいるから難しいし、また面白い」という。「もっと多くの人がボランティアをできるようになれば地域はだいぶ変わるのに」とも思う。新しく引っ越ししてきた人もお誘いして、ご近所の人が一人二〇軒ほどの担当地域を受け持ってもらうことができれば、いろいろな困りごとにも応えられる。実際に訪問して手伝った場所とメンバー宅の位置を地図上に示す地域支えあいマップを作成するなかでは、「近隣で行き来する関係を広げていけば、自然と助けあえるようになるのでは」という意見が出された。ただ、やはり難しさも感じている。「実は今までのなかで一番難しい。どこまでやったらいいのか」という線引きが悩ましいのだ。

地域ケアプラザを経由した「茶卓」への依頼も増えてきている。それに応えるかどうかは、定例会で会員みんなが協議する。庭の道路脇の木を伐ってほしいという依頼があって、会では危険なので対応しないことになったが、山尾さんは「何とかできないか」とも思っている。

身近な地域で、できる人が入れ替わり立ち替わりやれば、介護保険や医療保険を使いながら在宅で二四時間を支えることも可能になると山尾さんは期待する。そのためには、人のよいところ、個性や持ち味をよく知り組み合わせ、活用するコーディネーターが重要だと考えている。足が悪くても料理はできるメンバーがいたり、料理は苦手だけれど掃除は得意なメンバーがいるなど、「茶卓」のメンバーがそれぞれの役割を発揮できればそれほど心強いことはない。「地域には神様、仏様がいる。八百万《やおよろず》以上にいてくれる。自分がやらなくてもいい。できる人に頼めばいい」のだ。

支える側、支えられる側を線引きしない「お互いさま」も「茶卓」の特徴だ。庭木の手入れを依頼してきた一人暮らしの高齢の女性が手芸好きと聞いて、バザーに出品するマスコットづくりを手伝ってもらうことにした。依頼者の困りごとに応じるだけでなく、その人の特技を生かして逆に手伝ってもらうことで、依頼者も「茶卓」の仲間になっていく。メンバーの大半は七〇歳を超えている。自分たちができなくなったときのことも考えているので、他人事ではなく自分事《じぶんごと》である。

「将来的には、在宅で死ねるような『茶卓』にならなきゃ」と感じる。どこでどうやって死ぬのかは自分にとって大きな問題。だから在宅で助けあって死ぬことができるような「茶卓」にしていきたい。もちろん、「茶卓」だけですべて支えることはできないことも知っている。専門職はできる仕事の範囲がそれぞれ決まっていて、医療行為のように介護の資格ではできないこともある。

写真 1−5　男性も笑顔こぼれる「茶卓」の“おじゃまさま”（山尾宏子氏提供）

その時に、地域に「訪問医療があったらな」と思うことがある。訪問医療、訪問看護を地元でやってもらうためには「医師の教育のなかに、研修やインターンで地域を回るというのができないかと思う。地域にかかわりながら、地域の支える力もわかるような医師がいればよい。往診医として、夜中にも来てくれて看取るまで付き添ってくれる医師がいたら、それは素晴らしい」と山尾さんは在宅で安心して死ぬことができる地域を思い続けている。

「茶卓」のこれからと山尾さんの願い

「茶卓」は、毎月第四月曜日、地域ケアプラザで定例会を開いている。会員みんなで勉強し、話しあっていくことを大事にしている。それぞれの自宅で、手作りの食事を持ち寄り、食事を通しておしゃべりする会を楽しみながら行っている。自宅で安心して逝くことができる地域をつくるために「茶卓」を通して自然なつながりを深めている。制度やサービスも利用しながら、そのすき間を地域で埋められる人が入れ替わり立ち替わりで支えていく。「茶卓」の願いは徐々に地域に浸透してきている。

山尾さんは、「愛コープ」「有為」そして「茶卓」と、地域の助けあい活動に長くかかわり、そのなかで横浜市港南区に幅広いネットワークをつくってきた。今でも全国の住民参加型在宅福祉サービス団体の協議会に出席している。地元の地域に根ざしながら、文化的な活動や、専門家、行政とも幅広い橋を架けるようなつながりをゆるやかに広げてきた。

横浜市港南区には、地区連合自治会町内会が一五連合あり、一五の地区に地区社会福祉協議会（以下、「地区《ちく》社協《しゃきょう》」とする）がつくられている。その地区社協ごとに、住民相互の助けあいをボランティアで行う「福祉ネットワーク」という活動を行っている。「茶卓」は福祉ネットワークではないが、他の地域団体とも連携を持っている。

港南区のもう一つの特徴は、在宅福祉サービスを提供するいわゆる住民参加型団体が二一団体もあることだ。港南区社協では、こうした団体の定例会を開いている。住民参加型の団体と地区社協の福祉ネットワーク事業との合同会議やケアマネジャーとの合同会議も開いて、福祉ニーズを解決する共同の体制（プラットホーム）をつくりだしていこうとしている。

合同会議のなかでは、「子どもの夏休み中も私は仕事がある。知的障がいのある息子をどこかで一週間、昼問預かってもらえないか」との発言があり、その場で「それじゃあ、団体の場所を借りて、みんなで交代で面倒をみましょう」という話がまとまり、「有為」と別の団体とで交代で対応したことがあった。このように制度では対応できないすき間のニーズに対しても、助けあい団体間の協力があれば何でもできる状況になってきている。長年の活動のなかからつくりだされてきた自然な協働の体制が、心強い地域社会をつくりだしている。

そして、地域ケアプラザとの連携はいっそう緊密になっている。地域ケアプラザに「認知症の独居の女性で、失禁により寝具が汚れ、非常に寒いので健康が心配な方がいる。無料の寝具丸洗いに出すと二週間はかかる。収入は年金のみで購入はできない。清潔な寝具があれば当面しのげるので、緊急で何とかならないか」との相談が入り、「住民参加型団体連絡会」のメンバーに協力を求めたところ、提供の申し出がいくつもあり、その日の夜には十分な量を調達できた。山尾さんは、「困っている人に対応するのは自分たちの役目。だけど相談の多くは地域ケアプラザに行くようになり、自分たちに届く相談が減ってしまった。今回のふとんのことだって、私たちが何とかするから、困っている人がいたら、真っ先に知らせてほしい」と言っていた。

写真 1-6　「茶卓」の食事会では甘味もおしゃべりも進む（山尾宏子氏提供）

それほどまでに地域の困っている人を放っておけない気持ちを常にもっている。「お互いさま　おじゃまさま」の「茶卓」スピリットは健在。だから、連携が重要になる。緊急かつ制度対応が困難な課題に、山尾さんたちが地域で広げてきた柔軟に対応する活動の力が生きてくる。制度の狭間の課題を解決するためのサービスやネットワークを、ともにつくりだすための協働の本領はこれからだ。

山尾さんは、八〇代半ばを過ぎてますます意気軒昂。二〇一五（平成二七）年には病気もしたが、その思いから生まれる情熱は、地域の人たちの心に火をつけて、山尾さんが願うあたたかい地域社会という希望が少しずつかたちづくられてきているように思える。

第二章　この町を子どもたちの「ふるさと」に
——羽沢西部自治会長としての住民とのまちづくり　米岡美智枝さん

普段着の地域プロデューサー

横浜市西区・羽沢西部自治会長として、そして第4地区社会福祉協議会の会長として住民とともにまちづくりを進めてきた。町を歩けばあちこちから声がかかる。いつも自然体でゆったりしているように見えて、悪徳商法の業者と毅然と対決したりもする。みんなが知らず知らずのうちに楽しみながら動いてしまうのは、米岡さんの不思議な魅力とプロデュース能力のなせる技なのだろう。

そんな米岡さんが地域にかかわりはじめたのは、小学校のPTAに携わったことがきっかけ。防災のまちづくりをすすめる「一本松まちづくり協議会」、高齢者の見守りをすすめる「ふれあい会」、地区の活動団体の活動を知ってもらうイベント「みんなのまつり」など、地域のなかに人と人のつながりをつくり、助けあうにはどうしたらよいかを常に考えている。

この町は米岡さんが生まれ育った地域ではない。けれど、この町で生まれ育った子どもたちが「ここが自分のふるさとだ」と思えるような町にしていきたいと願い、活動を続けてきた。

高低差のある坂に囲まれた町に、人びとの生活が息づいている。野毛山動物園の近くということもあり、ライオンの声も聞こえてくるという。

第一節　自治会を基盤として強まる防災・福祉の活動

羽沢西部自治会の活動

米岡さんが会長を務める羽沢西部自治会には七〇〇世帯ほどが暮らし、そのうち五〇〇世帯程度が自治会に加入している。少子高齢化が進み、世帯数も少なくなり、人口減少が顕著だ。町内には五〇ほどの班があるが、班長を務める人が徐々に高齢になり、班のなかにはすべてが高齢者世帯というところもある。危機意識も手伝って「自治会活動自体を楽しく、また住民のみなさんに活動の様子を伝えていかなきゃ」と、二〇一六（平成二八）年度の自治会総会では、パソコンのパワーポイントを使って事業報告を行った。活動の折々に撮りためた写真を入れて映し出すと、知っている人が写っていることもあるので、みんなに楽しく見てもらうことができた。「住民への伝え方にも工夫が必要なことを実感した」という。

自治会ではごみ集積所の管理や資源物の回収なども重要な活動であり、ごみ出しが困難な高齢者への支援も考えていく必要がある。横浜市では軽トラックのごみ収集車が導入されたのだが、その収集車が来たのも羽沢西部の町内が一番早かった。自治会から区役所に要望して実現したものだ。

また、防犯灯もＬＥＤに換えることができた。防犯灯はそれぞれ二〇メートル以上離れて設置することが市の補助金が出る条件となっているが、羽沢西部の場合、路地が曲がりくねっており、それだけ離れてしまうと光が届かず真っ暗になり意味がない。そこで自治会として要望を出し、区役所の職員も現場を見に来てくれて、実情を理解してもらった。自分たちの暮らしの問題を公に向かって発信し解決していくには、自治会はとても重要な役割を発揮する。そこに自治会の存在意義があると考えている。

「一本松まちづくり協議会」の展開

自治会活動の柱は、「防災」「防犯」「福祉」の三つだと米岡さんは考えている。なかでも「防災」のまちづくりに力を入れてきた。羽沢西部自治会は、地区内の高低差が二六メートルもある傾斜地にある。階段や坂道、崖、幅の狭い私道が入り組んで行き止まりも多く、緊急車両も進入できないところがある。災害に対して脆弱な地域で、住民たちはいざという時「どうやって避難したらいいんだろう」という不安を抱えていた。そこで、隣接する西戸部二丁目第一自治会と「一本松まちづくり協議会」をつくり、刺激しあいながら防災活動に取り組んできた。動き始めるきっかけは、区役所からの呼びかけだった。

二〇〇四（平成一六）年の春、区役所から「木造建ぺい率（敷地面積に対する建築面積の割合）が二五％を超えると火災での焼失率が急激に高くなるが、市の調査ではこの地区は三五％もある木造密集地域で、防災上大変危険。行政が支援するので、防災のまちづくりの勉強会を始めてみないか」という打診があった。何となく不安は感じていたものの、具体的な数字を示されて実際に危険性が高いことが理解できた。

当時は西戸部二丁目第一自治会の会長も女性で、女性同士話がしやすかったということもあり、自治会合同で勉強会を重ねて、二〇〇六（平成一八）年六月に「一本松まちづくり協議会」を設立。横浜市の「いえ・みち　まち改善事業」の指定を受け、両自治会が協力してさまざまな防災まちづくり事業を展開、一〇年以上にわたり実績を積み上げてきた。

最初に取り組んだのは立体模型作りのワークショップ。西戸部地域は道路が複雑なうえに全体的に坂が多く、町の全体像がわかりづらい。自分たちの町を他人に説明するのが難しいので、まずは自分たちの町を知ることから始めることにした。自治会館に住民が集まり、市から派遣された防災まちづくり支援ＮＰＯのスタッフと区の職員に教わりながら立体模型の作業を行った。厚紙を切り、糊で貼り付けたりする共同作業を通して、町の全体像が徐々に姿を現すとともに、それぞれの自治会の役員の間に信頼関係がつくられていった。いっしょに作業をすると、人となりがよくわかる。「まちづくりが動き出した感じがした」という。

その後、アンケート調査やワークショップを重ねて、二〇〇八（平成二〇）年には「一本松まちづくり協議会」の「防災まちづくり計画」を策定。国土交通省の住宅市街地総合整備事業の適用を受け主要避難路に面した擁壁築造工事も行った。

二〇一二（平成二四）年には防災マップを作成し、全戸に配布することができた。この防災マップは石を使用したストーンペーパーでつくられ、濡れても破れず、少し重みがあって風にも飛ばない。地域防災拠点の場所や避難経路などの他に、初期消火箱・消火栓がある場所、貯水タンクの位置などの情報、道の幅員から坂道の斜度、階段の段数・斜度、擁壁のある場所などが詳細に記入され、住民の日常の生活感覚と長年の活動の成果が反映されたものとなっている。この防災マップを使って、町内の住民に参加してもらうウォークラリーも開催した。チェックポイントは、防災のまちづくりで整備した井戸や階段や道路になっていて、改善・整備内容を知り、災害時の避難を意識してもらえるようにしている。

写真 2-1　既存の井戸を生活水としても復活（米岡美智枝氏提供）

こうした「一本松まちづくり協議会」の活動を通して、西戸部二丁目には地下水、湧き水、雨水などを貯水タンクに溜め、手押しポンプで溜めた水を流すことができる防災小屋「わくわくハウス」が完成した。一方、羽沢西部には災害復旧時に炊き出しや情報発信などを行う場所として、長年の念願だった「三角小広場」を整備することができた。

写真 2–2　羽沢西部に整備された、災害時に役割を果たす「三角小広場」（市社協撮影）

防災まちづくり、一〇年たって気づいたこと

勉強会を始めた頃はなかなか先が見えなかったが、お互いの自治会を知り、わが町を知り、課題を洗い出し、先進事例の見学も行った。この一〇年の間に法律も整備されてきた。

視察先の事例からヒントを得ることもある。いざ、避難する際には「この道を逃げてください」と呼びかける必要があるが、道に名前がついていないと的確に伝えることができない。そこで、他都市の事例を参考に、町内の道路に名前をつけることにした。道路の名前をみんなで考えて、最初は表示（サイン）を電柱に張り付けていけばよいと考えたのだが、電柱は東京電力の所管、そう簡単にはできないことがわかった。区役所の職員は米岡さんたち住民の発想に目を丸くしていた。こんな調子で防災活動に取り組んでいくなかで、行政の仕組みも少しずつ理解することができるようになった。道路に名前をつける試みは、これから重点的に取り組んでいくことにしている。

こうした防災活動を進めるなかで米岡さんが気づいたことは、住民それぞれに思いが異なること。道路・擁壁の整備においても同じ道路沿いの住民が同じ気持ちだとは限らないことを知った。拡幅が必要になった道路の出入口の住民は「何で奥の住民のために家を引っ込めなきゃならないの」と考え、逆に奥にある家の不安や不満もあれば、当然住民の利害が衝突することもある。しかし、「町内には上手に調整してくれる人がいて助けられている。やはり、そこはふだんの人間関係が大事になってくる」と米岡さんは感じている。

災害時の脆弱性を抱えた地域ではあるが、その不安を共有しているだけに住民がまとまりやすいという利点もある。不安があるから、防災のまちづくりへの理解も高まり、取り組みを進展させることができた。何より「一本松まちづくり協議会」の活動を通して、「いざという時にお互いに助けあうことができる人間関係が形成された。これは、現実の災害に直面した際の、そして災害から地域が立ち直っていく際に必要な、何よりの財産になる」と米岡さんは考えている。

「ふれあい会」の取り組み

地域で高齢者を見守る「ふれあい会」の活動がスタートしたのは一九九五（平成七）年のこと。横浜市西区の独自事業（個性ある区づくり推進費）で、「自治会町内会単位で結成され、ひとり暮らし高齢者等を見守り・訪問する活動です。温かみのある近隣関係を築き、誰もが安心して暮らせるまちづくりを目指す」（横浜市西区、二〇一六a）ことを目的としている。二〇一六（平成二八）年二月末時点で、区内に五三団体が結成されている。見守りの対象は、①一人暮らし高齢者世帯、②高齢者のみの世帯、③家族が仕事などで昼間は高齢者だけになる世帯で、対象の世帯数を基礎として助成金が交付される。

「ふれあい会」には登録が必要で、会員登録には本人の承諾が必要となる。周囲が見守った方がよいと感じていても、本人の承諾がないと登録はできない。一人暮らしの高齢者の家を訪問し、「ふれあい会」の紹介をして入会を勧めるが、強制はしない。承諾をもらえない場合は、周りが声かけをし気をつけるようにしている。見守り活動は週二回程度、元気で暮らしているかどうかを外から見守る（朝になると雨戸が開くか、夜になると灯りが点くか、新聞がたまっていないかなど）。訪問活動は月二回程度、自宅に訪問して身体の具合などを聞くなどしている。高齢者に何か変化があった場合、また、食事の支度や洗濯をするのが難しくなっていたり、介護保険や福祉・保健のサービスが必要だと思われる場合には、民生委員・児童委員や地域ケアプラザの地域包括支援担当に連絡をすることにしている。

西区全体の「ふれあい会」の結成の割合は自治会町内会の五〇％ほどだが、第4地区自治会連合会（以下、「第4地区」とする）では一六自治会中一一自治会（六八・七％）が「ふれあい会」を結成している（二〇一六〈平成二八〉年二月末）。自治会としても重要な活動だと考えているが、同時に課題も感じている。それはマンションの見守りである。第4地区には、大規模なところは少ないもののマンションが増えてきている。新しいマンションで自治会ができ、いったんは「ふれあい会」もつくられたが、「見守ってもらいたい人がいない」という理由でなくなってしまったところもある。マンションには表札も出ていないところが多く、ご近所・お隣さんの関係ができていないので、見守ることが大変難しい。ただ、「小さな子どもがいる場合もあるので、子育てサロンなどを紹介し、それをきっかけに地域とつながって、自治会活動にもかかわってもらえるとよいな」と米岡さんは考えている。

食事会も見守りに重要な役割

「ふれあい会」では、食事会も行っている。

第4地区では、以前から民生委員児童委員協議会が中心となって地域ケアプラザを会場に食事会を開催してきた。ただ、家から遠い人は参加しにくく、参加者が固定化し人数も少なくなっていた。参加者のなかには「地域ケアプラザには、おめかししないと行けない」と考えたり、敷居が高いと感じている人もいた。家族や周りの人も「認知症があったり、ごはんをポロポロこぼす人は行かせられない」という遠慮があった。

一方、「ふれあい会」の食事会は自治会館を利用するため会場も近く、普段着で気兼ねなく参加できるという面がある。現在では第4地区のなかでは九自治会町内会が食事会を開催している。参加費（二〇〇～三〇〇円）をもらうことで、「ふれあい会」の会員であるなしにかかわらず幅広く参加してもらえるようになった。会員以外の高齢者の状況や健康状態も実際に見て把握できるようになり、また、介護が必要な人にも配慮しながら対応できるようになった。

羽沢西部自治会の食事会は地域の真ん中あたりにある町内会館で、月三回開催している。毎回一五人ぐらいが参加しており、自宅にひきこもりがちな高齢者が外出して、他の住民と会話を楽しむ機会になっている。この食事会を楽しみに自宅から一時間近くかけて、杖をつきながら通ってくる人もいて、会館の二階への急な階段も頑張って登り、食事とおしゃべりを楽しんでいる。欠席した人には、自治会役員が気にかけて安否確認を行っており、見守り活動の一環にもなっている。

米岡さんは、毎日の食事がとても大切なことだと考えている。

「震災の時、高齢者の体は冷たいおにぎりを受けつけなかったといいます。やっぱり、高齢者が一番困っているのは食事じゃないかと思います。年中コンビニでは飽きちゃうし、一人でご飯を食べているとダメなんですね。しゃべらなくなるから。だからみんなでいっしょにおしゃべりをしながら食べる。顔を合わせるというのが大事かなって」。

食事は自治会館の厨房で毎回二〇食ぐらいを作る。ご飯は一・六升炊きのガス釜で炊く。みんなで食べるという雰囲気のなかでは、嫌いなものでも食べてくれる。「ふだん、一人で食べているのは淋しいんだな」と米岡さんは感じている。役員が家で作ってみておいしかったから、次にこれを食事会に出そうというような気軽な感じで、「あまり気取った場にしないで、おしゃべりを楽しく」することが大事だと考えている。秋になると、「サンマを焼こうよ」と野外で開催することもある。

「サンマは焼く前に頭をとっちゃうんだけど、それが参加者には不評なんです。生ごみの片付けが楽になるのでやっているんだけど、頭がないのは見た目がよくなくて。また小さく見えてしまうので喜ばれない」と話す。

若手の役員にカレーを作ってもらって、子どもたちといっしょに外で食事会を開いたこともある。このように食事会を外で開くと、行事のような楽しい雰囲気ができるので、折々に取り入れるようにしている。

「みんなのまつり」が第4地区社協をしらしめた

一六の自治会町内会で構成される第4地区社協では、年一回大きなイベントを三月に開催している。二〇〇一（平成一三）年度から年一回コンサートや落語会を開催し、第三回からは会場を一本松小学校へ移して、自治会町内会を始めとする地区内の活動団体の「活動紹介パネル展」を行うようになった。回を重ねるうちにパネルも増えていき、今では四〇を超えるパネルが展示されている。

二〇〇七（平成一九）年には名称を「社協のつどい」から「みんなのまつり」に変更した。当時は、「社協」の知名度が低く「社協とは？　どんな活動をしているの？」を言葉で説明するより『みんなのまつり』をやっているのが社協なんだ」と知ってもらいたいと考えた。その成果もあって年々来場者が増え、二〇一四（平成二六）年の「第一二回みんなのまつり」にはスタッフを入れて五三〇名の参加者があり、二〇一五（平成二七）年の第一三回では七〇〇名を超えた。

会場の体育館には、パネル展示の他、みんなのまつり商店街・お食事処・子育てひろば・地域作業所のブースなどがところ狭しと並ぶ。またスタンプラリーを取り入れ、参加者がさまざまな企画を楽しんでもらえるよう工夫した。

さらに、ごみ減量のためリース食器（カレー皿、おでんどんぶり、とん汁どんぶり、箸・スプーン）を利用し、各店舗で各自のパック等の回収の協力もお願いし、環境にも配慮したイベントになっている。また、子育てひろばを拡大、遊具の工夫・充実を図り、子ども連れの若い家族の参加が目立つようになってきた。

第二節　生活のなかの原点　横浜市西区羽沢西部

子どもたちを通じてできた地域とのかかわり

米岡さんが、横浜市西区に越してきたのは一九六〇年代後半～七〇年代前半、結婚後しばらくしてからのこと。ご主人は大学の同級生で、コーラスクラブのメンバー同士だった。ご主人は今も男声合唱団で歌い続けている。結婚後、ご主人の両親が転勤になったことで六年間勤めた仕事を辞めて専業主婦になり、ご主人の実家、西区での新しい生活が始まった。仕事を辞めてしまったことは、今思えばもったいないことをしたと思うが、その時は意外にあっさりしたものだった。長女が生まれたのが一〇年目で、それから、三人の子どもをもうけたが、子育てではそれほど困ることもなく、誰かの助けを借りることは考えなくてもよかった。

子どもといっしょに近くの野毛山公園に散歩に行くと、同じくらいの年の子ども二人に会う程度。その頃は子育てサロンも地域ケアプラザもなかったので、地域とのかかわりができたのは、子どもの幼稚園や小学校がきっかけ。子どもを通して、その成長とともにだんだん地域との関係ができていくんだなと感じた。

子どもが小学校にあがると、自然な成り行きでＰＴＡの役員を引き受けることになった。専業主婦だと話すと、必ずといってよいほど頼まれることになるのだが、さすがに「逃れられないな」と思い、「子どもがお世話になっているので、何かお役に立てることをしなきゃ」という気持ちで、最初は委員から始まって部長になり、三人目の子どもの時にはＰＴＡ会長を務めた。

ＰＴＡの活動から自治会・地域活動へ

地域で活発に行動している人のなかには、そのきっかけがＰＴＡだというケースが少なくない。地域のことに関心を持ち、地域社会に人間関係をつくっていける人は、ＰＴＡにも、自治会活動にも、ボランティア・ＮＰＯの活動などにも積極的にかかわろうとするだろうから当然ともいえる。ＰＴＡの組織的な活動がその後の地域活動を培っていると見る人もいる。米岡さん自身も「自治会活動は、地域に何もつながりがないところから始めて、与えられた役をすぐにこなせるかというと、それは難しい」と考え、自分にとっても「今から思えば、ＰＴＡが自治会活動の訓練・準備運動になっていた」と感じている。「組織というのはどんな組織でも、人が動くという点で共通している。書類の作成が一つのポイントで、いろんな書類をつくらなくてはいけない。ペーパーワークは慣れるとたいしたことはないと思うけれども、経験がない場合はなかなか難しいことだ」と話す。

羽沢西部自治会の特徴

横浜の臨海部の丘の上に広がる、都心部に近い高台の既成住宅地を「臨海丘の手」エリア（横浜市政策局、二〇一三）というが、第４地区もこの特徴を備えている。「閑静で風通しや日当たりが良く、眺望もよい。その上、坂を下ればすぐ繁華街や商業地であり、買い物や交通の便も良い。いわば都心居住と郊外居住のいいとこ取りができる」（同前掲）地域性がある。米岡さんは「この辺は電車も時刻表を見ないで乗れるし、バスはどんどん来るし、タクシーは来るし、本当に便利なところ」だという。

しかし、このエリアの暮らしやすさは、高齢化がすすむと逆に不便さやリスクにもなる。「子どもたちが独立して、地区内に高齢者だけの世帯が増えていく。後期高齢者になれば、誰もが足腰が弱くなり、坂を下り、買い物に行くのにも難儀するようになる。繁華街に近接しているがゆえに、地区内にはもともと商業施設がないケースも多く、都心の買い物難民になってしまうリスク」（同前掲）も高くなる。こうした現象は、米岡さんの住む羽沢西部の町にも起きている。

戦前・戦後を通して、都市計画もない時代に住宅が建てられてきたために、傾斜地に老朽化した木造住宅が密集しており、道路も狭く急坂や階段も多い。最近は、他県から「一本松まちづくり協議会」の見学に来る方がたも増えてきたが、横浜の「みなとみらい」のイメージとまったく異なる町並みに驚かれることがある。

自治会加入率は少しずつ減少してきている。交通の便がよい地域であることも手伝って、賃貸アパートや新しくマンションが建つのだが、世帯数の多いマンションが自治会に加入しないことが加入率減少の原因となっている。

最近では「外国籍の人が多くなった」とも感じる。一人がアパートを借り、五、六人で住んでいたりもするので、住民の把握はますます難しくなっている。戸建ての古い木造住宅はほとんどが高齢者世帯。建て替えが必要な家屋も多いが、高齢になると必要な資金以前に、家を建て直すのに必要な気力と体力が減ってしまう。不動産屋からの売却勧誘のチラシはたくさん入るが、売却はなかなか進まない。地元の銭湯が次々と廃業したので、遠くの銭湯に、行きはバス、帰りはタクシーで通う高齢者もいる。最近は要介護認定を受けている高齢者の多くがデイサービスでお風呂を済ませているようだ。

羽沢西部自治会の自治会長に

米岡さんが地域福祉にかかわるきっかけは、何といっても住んでいる羽沢西部自治会の自治会長になったことだ。どの自治会町内会でも会長のなり手がなく、引き受けてくれる人がなかなか見つからないという問題があるが、米岡さんには、ＰＴＡの会長や学校開放の会長をしていた経験があったため、前任の自治会長が「次はこの人にしよう」と、決め打ちのようなところがあった。「地域とのつながりがあって、一番敷居が低いのが私かなと思って引き受けた」のは、二〇〇〇（平成一二）年のことである。それからは、「古い方たちばかりの間で、認めてもらえるか不安だったが、周りのみなさんが上手に助けてくれた」おかげで続けてこられたという。

二〇〇二（平成一四）年、第4地区のなかには、一六名の会長のうち女性が三人いた。連合町内会長の発案で副会長一名を女性から選出することになったのだが、三人のなかで一番若かった米岡さんが、選挙の結果選ばれた。二年後に着任した新しい連合町内会会長から「地区社協の会長もやりなさい」と言われ、それがどのような役割であるのか、社会福祉協議会がどのような組織なのか、よくわからないまま引き受けることになった。

女性が自治会長になるということ

女性が自治会長になることは少ない。連合町内会長となると、その割合はさらに少なくなる。それは問題ではないかと米岡さんは感じている。

横浜市の自治会町内会・地区連合町内会調査（二〇一六〈平成二八〉年）によれば（横浜市市民局、二〇一七）、会長の性別は男性が八七・四％と女性（一二・四％）を大きく上回っており、二〇〇八（平成二〇）年同調査の男性会長の割合（八八・四％）とほとんど変化がない。全国調査によれば、女性会長の割合は四・九％（二〇一五〈平成二七〉年）であり（内閣府、二〇一六）、全国平均に較べると上回ってはいる。福岡県の調査（福岡県、二〇一五）では、自治会長以外の「その他の役職」に女性が就任している割合は「その他」（五三・〇％）、「会計」

（三〇・八％）、「監事」（二二・二％）、「副会長」（一六・九％）の順に多く、「自治会の意思決定に携わる役職には女性はあまり就任していない傾向がある」（同前掲）と分析されているが、横浜市においても同様の傾向があるといえるだろう。米岡さんは、「副会長までは女性がなっても、会長となるとグッと少なくなって」しまうことを残念に感じている。ボランティアグループは圧倒的に女性リーダーが多いが、自治会町内会となると女性会長の割合は少なくなってしまう。組織のなかで実際に活動し、現場で支えているのは女性が多いから、「支えている人と上に立つ人はいっしょの方がよい」と感じることが多い。「西区は古い地域なのかもしれないが、年功序列の男性社会のなかで代表の立場に立つ可能性は少なく、この壁を崩すことは現状では至難の業だと思う。でもベルリンの壁のように、どんなきっかけで現状が変わるかわからないから」とにこやかに話す。

「会合では、女性がいるかいないかで、だいぶ雰囲気が変わる。女性がいると対立が激化することがないし、もし対立や問題が起きてもうまく調整できたりもする。大人しくしていないで、女性にもどんどん発言してほしいと思う。リーダーシップは男性と女性とで、その質が違うような気がする。女性リーダーはやわらかく引っ張る。バランスをとっていくためにも、女性がもっと当たり前に活躍できる雰囲気をつくっていかなくては」と米岡さんは感じている。

ただ、「女性会長だと不便だな」と思うこともある。たとえば、相手が男性（会長・行政の人）だと「ちょっと二人で飲みながら話そう」というわけにはいかないこともあるからだ。

「平等で風通しがよい」横浜の土壌

それでは、横浜市にはまだまだ封建的な雰囲気が残っているのかといえば、米岡さんは「横浜は自由で、地域社会のなかにも上下関係が見られないところ」だと感じている。「横浜はもともと漁村で田舎なんですね。

東京みたいに大名屋敷だとか、由緒あるところがないんです。あったとしても豪商の別荘ぐらい。大きな権力がなかったんだと思う。だから自由なんです」と。

横浜は、開港までは横浜村で、東海道からも離れた小さな漁村だった。海の近くまで山がせまり、入り組んで、坂を降りたらすぐに海、というような環境だった。「みんな同じ。身分とか出身とか、あまり問われない。そう思ったのは、主人の転勤で別の地方の都市に居た時です。その地域では何か一つ物を言うのも大変で、町内の会合でもみんなほとんど口をきかなかった。きけなかった、というのが正しいのかも。偉い人だけがしゃべって、息苦しさを感じた」という。「発言権がない場合もあって、それにひきかえ横浜は、誰でも遠慮しないでものを言えるし、横浜って自由だなあって、すごいところだなと感じた」のだという。

今、横浜で地域をベースに活動をできている楽しさも、歴史的にもこうした「平等で風通しがいい」土壌があってこそだと米岡さんは感じている。

第三節　社会福祉協議会は「地域の横糸」になる

米岡さんが地区社協の会長になって一五年。一時期民生委員・児童委員を務めたことはあったものの、福祉に関してはわからないことばかり。手さぐりで勉強しながら、いろんな人と出会うなかで、少しずつ自らが考える地区社協が見えてきた。当初、勉強のためという気持ちもあり、いろいろな会合に出席し、ボランティア講座などにも積極的に参加するように心がけた。西区は精神障がい者支援のボランティア活動が活発で、講座に参加し大いに影響を受けた。その時に障害者地域作業所、障害者施設や商店街の人たちとつながりができ、その後も「みんなのまつり商店街」に継続して参加してくれるようになった。

米岡さんは、常に謙虚な姿勢を崩さない。先頭に立ってぐいぐいと引っ張っていくタイプのリーダーではない。自然体で動いていて、派手なことで目立とうという気持ちはないが、主張する時はする。必要だと思うことはやるが、人に言われても納得できないことはやらない。しかし、あまりぶつかりあったこともない。好きに楽しくやらせてもらってきたという。

「リーダーは知識や経験を持って、いろんな方を知って、その人たちを呼んで自分の地域を高めることをしないといけない」と考えてきた。また、地域の状況と担い手の気持ちや動きをとらえることが大事で、「自分」が、ではなく「地域」が、「地域の団体」が、「地域の住民」が自分たちの問題として取り組めるようにすることで、地域の力が高まるのだと考えるようになった。だから、人との出会いや関係性を大切にし、それを力にして物事を前進させようとしてきた。

地域のまとめ役としての「横糸」になる

米岡さんが考える社協の役割は「地域の横糸」になることだ。社協自らが活動を行っていくのではなく、地域にあるそれぞれの団体が活性化することが大切だと考えている。

もともと社会福祉協議会は、その名の通りさまざまな機関や団体、住民が参加してつくっている協議会であり、事業体でも、会社組織でも、個人商店でもない。地域のまとめ役、調整役、刺激役となることが肝要で、その意味で学習の機会と情報交換の場づくりは大きな役割を果たしている。

地区社協の中心行事「みんなのまつり」でも、「ふれあい会」や地域の団体などの活動紹介が重要だと考えている。それはお互いの活動を知ることで、単純に頼みごとがしやすくなるという面があるからだ。たとえば、どこかの団体で餅つきをやっていれば、臼杵の貸し借りなどのやりとりが始まるかもしれない。

「ふれあい会」も基本的には自治会単位の取り組みだが、第4地区では「ふれあい会」の交流会を定例開催している。活動の情報交換をするなかで、問題や課題、取り組みの方法を共有していこうと考えているからだ。自分だけでやろうとせず、地区社協が横糸となって団体や取り組み同士を紡いでいくことで、地域の力が全体として強くなり、助けあえるようになることを目標としている。

災害時の要援護者支援のために

近年は、行政施策のなかにも地域住民の協力がないと進まないものが多くなっている。その代表的なものが、災害時の要援護者支援だ。地域防災計画の策定・推進は行政の責務であるが、行政職員だけがすべての住民の避難救援を担うことはできない。当然、自助や近隣の住民による共助が必要になる。たび重なる自然災害では、自力での避難が難しい高齢者・障がい者の犠牲が多いことから、最近では災害時の要援護者の把握の必要性が叫ばれ、日頃からの要援護者の把握と情報共有が重要な課題となってきている。横浜市では、二〇一二（平成二四）年から、市（区）が把握する災害時要援護者名簿を、協定を締結した連合自治会町内会と共有している。

羽沢西部自治会では、今のところ名簿の提供を申請していない。それは、「日ごろの人間関係、ふれあい会での見守りなどで地域の要援護者はある程度把握している」と考えているから。「自治会で把握できない方がたは自治会に加入していない単身世帯の方がたがほとんどと考えられるので、しばらくは自治会で把握している方がた、新たに把握できた方がたに対応していこうと考えている」という。

同じ行政の事業でも「ふれあい会」の活動は、やはり地域のなかでつながりを結ぶ基本的な活動であり、必要だと考えるからこそ協力して行っている。一方、災害時要援護者名簿はいったん引き受けたら「できません」と返すわけにはいかない。地域にとって、住民にとって必要かそうでないのか、判断の軸はそこにある。

地区社協主催の研修会を開く意味

「地域の横糸」になるために、学習は重要な機会になると考え、地区社協主催の研修会を年に数回実施してきた。

二〇一三（平成二五）年度は、「横浜市民生活白書から読み取れるこれからの高齢者社会と介護事情」と題して、白書の執筆者である横浜市政策局政策課担当係長から地域の後継者探しの困難さを統計的に解説してもらった。地域活動の担い手を確保することは常に重要な課題である。横浜市の自治会町内会の調査（二〇〇八〈平成二〇〉年）においても、運営上の課題について「役員のなり手が少ない」が七六・二％、ついで「役員の高齢化」（五九・四％）、「会員の高齢化」（五八・八％）、「役員の負担が重い」（五四・八％）などとなっている（横浜市市民局、二〇〇八）。こうした悩みの背景が人口構造や家族構造の変化にあることを学ぶ機会にもなった。

介護保険の勉強会では「第4地区では銭湯が激減し高齢者が苦労している」「介護認定がない人が入浴サービスを利用できないか？」「介護サービスを必要としない（非該当の）高齢者には、介護保険料の減額・健康祝い金などがあると励みになる」「地域支援事業への移行は、地方税の負担増にならないか？」など、さまざまな疑問が出され、介護保険と地域の高齢者のこと、その思いやニーズについて学ぶ機会となった。

米岡さんは「私は素敵な人たちと出会って、いろいろ教えていただいてきたので、その人間関係を大事にして、地域のみなさんにも話を聞いてもらいたい。自分ではうまく話せないけれど、外部から来てもらって、この地域に刺激を与えてもらいたい」と考えてきた。興味深い地域実践をしていたり、その発想や考え方がすごいなと思ったりする人がいると、人脈を生かして話に来てもらい、自分の地域の住民にもよいところを吸収してもらおう、役立てようと考える。NPO活動の使命感、その志の高さに強く影響を受けてきたので、NPOで助けあいの活動や介護保険のサービスにも取り組んでいる「ワーカーズわくわく」の（「市民セクターよこはま」の理事長でもある）中野しずよさんにも来てもらったことがある。中野さんは、地域での看取りケアにも取り組んでいる。以前だったら、「看取り」と聞いただけで、地域の人たちは驚いて引いてしまうところだったが、地域にとって切実な問題にもなってきたこともあり、参加者にしっかり受けとめてもらうことができた。ちょうどよいタイミングで話を聞けたのではないかと思っている。

先進事例を通して初めて違う世界を知り、それを自分の勉強だけでなく、みんなで共有する。「私はむしろ通訳で、今の第4地区に何が必要かを考えて、そのタイミングで勉強会を開く。こうした刺激を受けて取り組む人が増えてくれればいいいな」と考えている。自身の役割を「触媒」と考えているのだ。

一つの活動は他の分野にも生きる

図2-1は、「地域の安全を考える」というテーマで羽沢西部自治会長として話した時、米岡さんが作成した図である。自治会内の各分野で取り組んでいる項目を挙げてみると、三つの分野で線が交差し、強い相互関係があることが明らかになった。地域の安全は日常的な自治会活動と「防災」「防犯」「福祉」分野での取り組みがあって初めて保障されるということがわかったのだ。災害時の安全な避難路を確保することは、要援護者、高齢者や障がい者の避難支援に役立つ。高齢者や障がい者を把握して支援することは、日常的なつながりを育み社会的孤立を防ぐという福祉の課題にも重なる。災害時には地域で炊き出しをすることが想定されるが、日頃行っている食事会、餅つき、まつりの屋台のノウハウが役に立つ。また、いざという時の生活水を確保するために井戸を復活させたら、猛暑の夏には二つの井戸の近隣の人たちが井戸水で打ち水をしてくれた。

防犯活動としては、夜間の安全のために防犯灯の維持管理に気をつけている。交番とも連携し、いろいろな情報交換をしている。高齢者が巻き込まれやすいオレオレ詐欺、悪質訪問販売の被害を町内から出さないよう

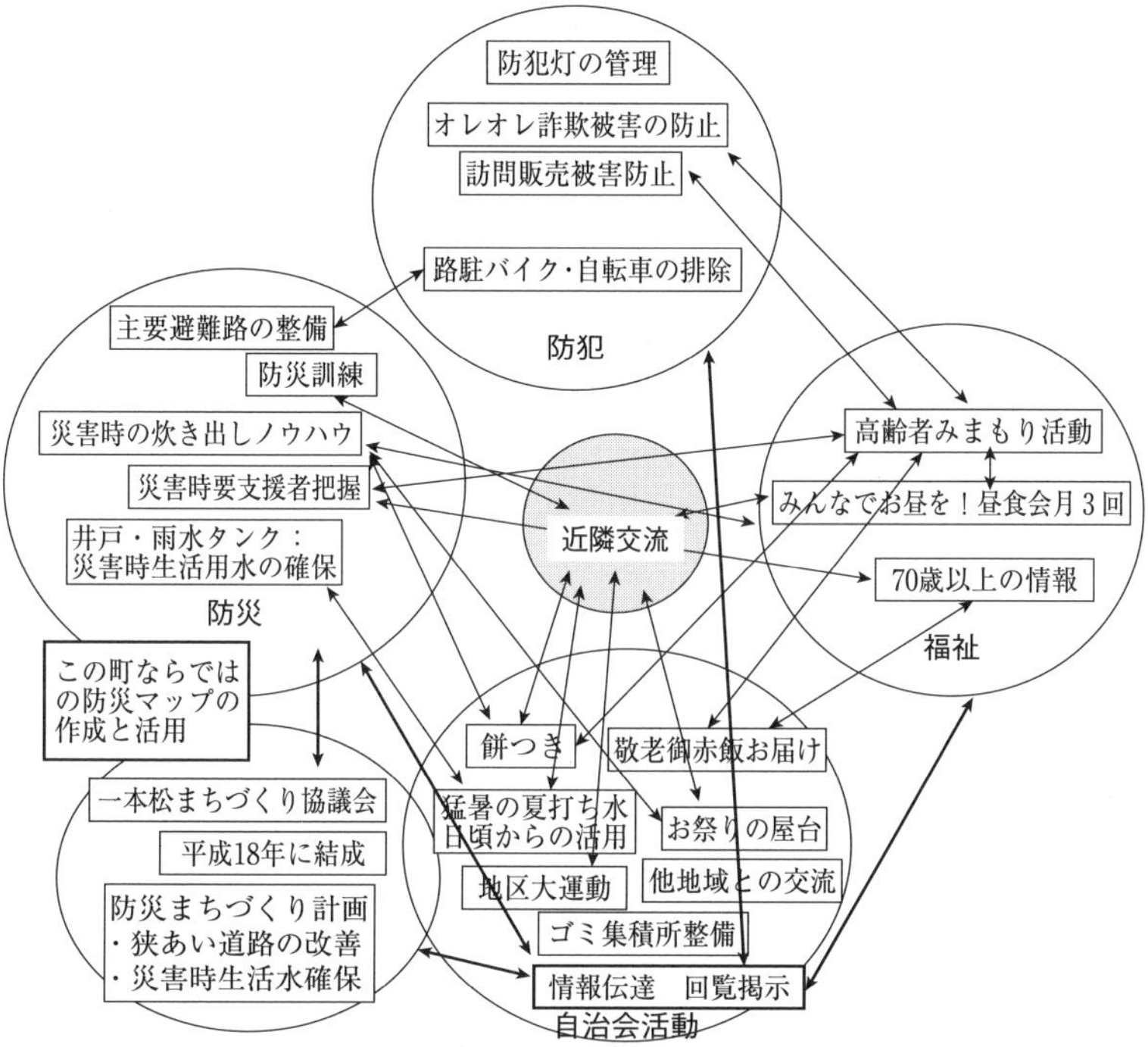

図 2-1　講演「地域の安全」を考える　資料（米岡美智枝氏作成）

に、食事会などで毎回話をしている。以前は、町内に悪質商法がかなり入りこんで来て、よく被害の連絡が入ったが、最近は情報も伝わり詐欺防止の取り組みが進んできたせいか、被害の話はあまり聞かなくなった。

こうして、自治会の日常の活動の一つひとつが絡み合って「地域の安全」はより強く築かれていくと考えている。まちはぜんぶつながっているのだ。

本音を言いあえる自治会の雰囲気

米岡さんは、第4地区にかかわるなかで、変化を確かな手ごたえとして感じている。自治会長や役員たちが柔軟になってきたし、新しいことに躊躇なく取り組んでくれる。ノリがよい。話し合ってどうするかを考えるより、まず「やろうか」と投げかけると「やろうよ」というレスポンスが返ってくる。自治会長たちも「そういうものだ」と思っているので、地区社協に「協力するのが当たり前」で拒否感がなく、知らないうちに動きだす。そんな確かな変化が感じられる。「私が羽沢西部の会長として実践してきているノウハウもあり、自信を持ってお願いできるし、伝えていける」から、自治会での「防災」「防犯」「福祉」を地区全体に広げていくことが使命だと感じている。

また、第4地区では、年一回は自治会長の一泊旅行を行っているが、それもこうしたノリのよい雰囲気づくりに役立っているのではないかと思っている。自治会長がそろって参加して、当然、一杯飲むので本音で語り合う。しかし話題は地域のこと、自治会のことで、真剣に熱く語る。特定の人が話し過ぎず、お互いの話を聞くために「一つのペットボトルを手に持った人だけが話す権利がある」というルールを決めて話しあった。その時は地区の連合会長といえども例外は許されない。ルールに従って、みんなでペットボトルを取りあって真剣に討論するのだ。「自治会の福祉は自治会がやらなきゃ」という意識が第4地区のなかでは高まりつつあり、それをつなぐ地区社協の存在価値、大切さが理解され始めていると感じている。

第四節　高齢者のケア、地域で取り組んでいること

三つの団体の活動を調整する

地域で見守りを行うにあたって、羽沢西部自治会では民生委員・児童委員だけでなく、自治会の役員、シニア会（ことぶき会、老人クラブの名称）などで役割を決めている。また、一人の高齢者を重複して訪問しないよう、担当者を決めているのも特徴だ（図2-2）。

「人手も足りないので、一人の高齢者に二人が訪問する必要はないんじゃないか」と担当を分担し、各対象

者に責任を持ってしっかり対応できるように、気になる世帯については民生委員・児童委員が担当する。民生委員・児童委員としては対象が絞れるので余裕をもって活動できるという利点もある。

こうした調整は、一時、悪質な訪問販売が横行していた時期に「いろいろな人が入れ替わり立ち代わりかかわるのはよくない」と話しあったことがきっかけになった。認知症がある高齢者は、なぜその人が家に来たのかわからず、本当は警戒しなければならない人にも警戒しなくなってしまうことにもつながる。しかも、訪問している人同士の連絡がしっかり取れていればよいが、その連携がないと、意図していなくても相手を混乱させてしまうことにもなる。担当を決めることは、責任を伴うことであり、それを重荷であると受けとめられてしまうことも考えられたが、それでも「担当する人は一人に決めた」という。

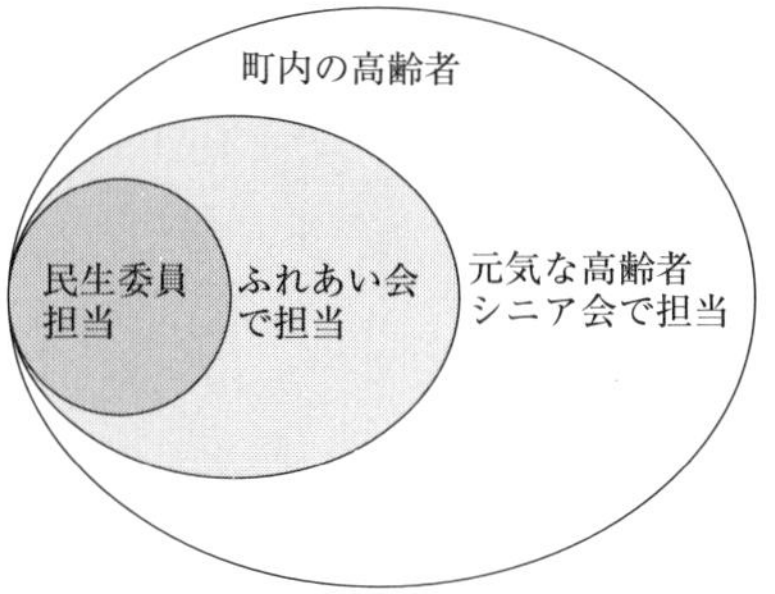

図 2-2　町内高齢者の見守り体制（米岡美智枝氏作成）

担当は以下のとおり。
健康面での心配や気になる問題がある高齢者：民生委員・児童委員
健康には問題がないが消極的な高齢者：ふれあい会
元気な高齢者（シニア会に参加している人）：シニア会（友愛活動）

実は、見守る側の高齢化も進んでいて、どちらが会員なのかわからない場合もある。見守る人が見守られる人よりもずっと年齢が上ということも起こりうるが、担い手になることでしっかりする場合もあり、見守り・見守られという相互の関係で成立しているのだな、と感じている。なかには、見守られるのは「嫌だ、遠慮します」と拒否されることもあるが、そういう方に対してもちょっと離れたところから見ていて「危ないな」と思ったら手をさしのべる。見守る側の連携ができていれば、さりげなく見守ることができると考えている。

敬老の品の配布にもひと工夫

敬老の日の行事（敬老会）は各自治会で実施している。第4地区で敬老会の開き方について情報交換をしてみたところ、記念品にもいろいろあることがわかった。その代表はお赤飯だが、和菓子も人気で、他にも手作りカレンダーや防災グッズを渡したり、「あんしんカード」（災害時や緊急時、駆けつけた人に必要なことがわかるように、緊急連絡先などを記載しマグネットで冷蔵庫に貼っておくカード）の確認や配布を行っているところもあった。こうして情報交換してみると、その配布方法を従来のお届け方式から記念品を引き換えに会館に来てもらうよう変更した自治会があることもわかった。

会館にはイスとテーブルをセットし、お茶を用意して話ができるようにしたところ、ちょっとしたサロンになり、参加者と見守る側の交流の場になって、その後の見守りにもつながった。主催者としては、直接名前と顔の確認ができ、参加者にとってはお茶処で久しぶりに友人などと会話を楽しみ、外へ出て人と会う機会にもなった。

そこで羽沢西部自治会でも、羽沢稲荷にお茶とお茶菓子を用意して、ちょっと話ができるような場をつくった。このお稲荷さんはコンビニの近くにあって、神社というほど広くはないが、ちょっとした社と鳥居と広場があるので、地域のみんなが親しんでいる場だ。防災訓練や夏祭りなど、町内の行事の集合はたいがいお稲荷さんと決まっている。

米岡さんはこの敬老会の機会に、「私も初めて、来られた人の顔と名前が一致することもあった。『わあ、久しぶり』とか言って、高齢者同士話している。長い時間お茶を飲んで帰ってくれるから、その方が楽しいのかなって」と感じている。

専門職や地域ケア会議につなげる

地域で支えていくのが難しい場合には、地域ケアプラザ、行政や専門職に伝えていく。

地域ケアプラザでは、最近「地域ケア会議」が開かれるようになっている。地域ケア会議とは、地域包括ケアシステムのなかで、高齢者個人に対する支援と、それを支える地域社会の支援の両方を協議しながら展開するための会議だ。気になる高齢者の個別検討が行われるため、町内の高齢者のケースが検討される時には自治会長にも参加の呼びかけがある。

地域の高齢者の状態を見守っていると、介護保険についても疑問が生じることがある。たとえば、一人暮らしで退院して間もなく、生活に不安を抱えている方がいた。入院中に要介護五の認定を受けていたが、退院後、実際の状態はもう少しよくなっているにもかかわらず、区分変更をしていないので「要介護五」のまま。要介護度が高くなると通所介護などのサービス利用単価も高くなってしまうので、認定調査を再度行ってもらうようにお願いしている。

また、ずっと一人暮らしで自立して生活してきた人への対応で議論したこともある。その人は石油ストーブが好きで、ストーブを使って暮らし続けていきたいと願っているが、ケアマネジャーは「ストーブは危険だからダメ、灯油は入れません」と言う。そう言われても、その人は石油ストーブが大好きで、使いたいと思っている。危険防止を優先するのか、今までの生活スタイルを尊重するのか。判断は難しいが、地域の住民としては、その人の意向を尊重してほしいし、そのうえで見守り体制をつくってもらいたいと考えている。

時には悪徳業者と対決

地域の高齢化が進むと、なかには認知症のある高齢者の一人暮らしや夫婦ともに認知症という世帯も多くなる。悪徳商法の被害に関しては、もともと人がいい人、ご主人が亡くなったばかりの人、認知症の夫婦などのリスクが高いように米岡さんは感じている。生活する側に不安があり、周囲も心配しているような場合、その不安に付け込むような詐欺商法が、かなり目立った時期があった。

「お風呂場を改善しませんか」と言ってきたり、「上の方で下水工事をしてお宅に汚水が流れ込んだので下水升を見せてください」という人が来たり、羽沢西部の町内にも怪しいと思える人が出回っていたのだ。

実際に、業者と直接対決したこともある。連絡があって駆けつけてみると、業者と道でばったり。「この町内では商売をしないでください」と言うと「僕たちは正当な商売をしているのに、何でそういうことを言うんだ」と、路上で険悪な状況になった。「男同士だと怖いかもしれませんが、私は女性ですから。意外と肝が据わっているというか。自分のことだとできないかもしれませんが、その人のためにと思うとできちゃうのかも」と米岡さんはいう。

道端でやりあっていると近所の方が窓を開けて、加勢してくれたこともある。「そういうことがあると、もう来ないですね。引っかかる人もあまりいなくなりました。『あそこに変な工事屋が来ているわよ』というような情報が周りから入ってくると、近くの人に見に行ってもらったりしている」という。

このような詐欺商法への対処の勇気には驚くが、自分たちの町の高齢者は自分たちで守るという自治意識、支えあい意識が高いからこそできるのだろう。米岡さんは「道を歩いている人は誰なのかだいたいわかる」という。住民でない人がふらふら歩いていると、それが区社協の職員でも「この人誰だろう?」というような顔をされるのがこの自治会。町自体は基本的には住宅街なので、通勤や通学などで人びとがただ通過するという性格の町ではない。近隣関係が希薄になっている大都市でも、町内で見守りができる土壌はこうしてつくられている。

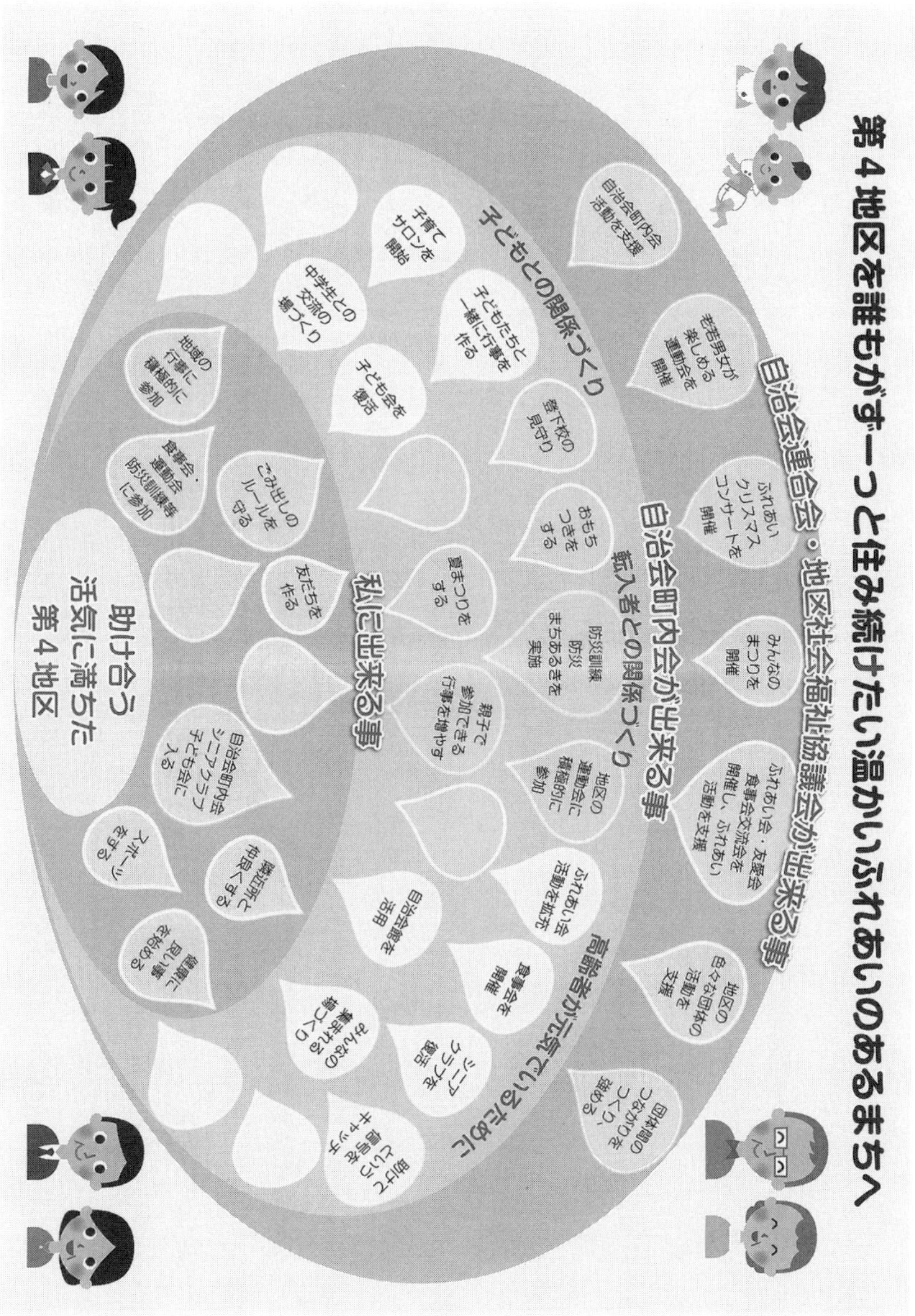

図 2-3　第４地区の地区別計画　第３期にこまちプラン（西区地域福祉保健計画）（横浜市西区、2016）

コンビニエンスストアとの連携

町内には、一軒だけコンビニエンスストアがある。スーパーがないので、高齢者にとってはこのコンビニが命の綱といっていい。豊富に生活用品が揃えられ、最近では野菜なども置かれるようになったから、コンビニに一日に三度行くという高齢者もいる。この店舗は以前は町の酒屋で、家族経営の形が続いていることもあり、親しみやすく町の住民にとっては拠りどころとなっている。売上も大変よい優良店らしい。地元の若い人もアルバイトとして働き、気軽に声をかけてくれるあたたかいお店だ。

このコンビニと連絡を取りあい、ケアが必要な高齢者が来た際に、容態などに異変がないかさりげなく見てもらい、共有するという取り組みも行っている。「また同じものを買って行ったよ」と知りあいの人に伝えるなど、気になる人がいたら様子を連絡してくれるのだ。高齢者には商品を自転車で配達してくれたりもする。こうした連携は、高齢者に対する悪質な訪問販売の阻止やオレオレ詐欺の防止にも結びついている。

第五節　地域が変わってきた、地域社会の今と未来

住んでいる自治会を基盤にまちづくりに取り組み二〇年近く。米岡さんは、町や人びとの暮らしの変化を感じつつも、「地域力」が少しずつついてきていると確かに感じている。地域社会は人間が生きるステージ。切れ目のないつながりを大切にし、一人ひとりの生活のスタイル、お互いに生きる尊厳を大切にできるような支えあいの地域をつくりたい。米岡さんは、そのために自治会、社会福祉協議会が力を発揮する、そんな未来に希望を抱いている。

地域福祉保健計画を生かす

地域福祉計画は、二〇〇〇（平成一二）年の社会福祉法改正（地域福祉計画は二〇〇三年から）によって、地域福祉推進の柱として市町村が策定する行政計画ではあるが、地域住民、福祉事業者、団体が参加・協働して策定推進する計画である。横浜市では、「地域福祉保健計画」として、市域、区域、地区別の三層構造で、すべての地域にわたって計画がつくられ、これまで二期（約一〇年間）にわたって推進、すでに三期目に入っている。大都市にもかかわらず、身近な地域（地区）の計画がきめ細かくつくられていることは横浜市の地域福祉の特徴ともいえる。

西区の地域福祉保健計画「にこやか　しあわせ　くらしのまちプラン」（愛称「にこまちプラン」）の第三期計画は、二〇一六（平成二八）年からスタートしている。地区別計画作成にあたっては、第4地区では地域懇談会を重ね、第二期の取り組みの振り返りを行い「地区別目標」を作成した。懇談会では、自治会町内会からの住民と地区支援チーム（区役所・区社協・地域ケアプラザ）もあわせて総勢五〇名以上が一堂に会し、グループに分かれて協議を行った。

第4地区の地区別計画の目標は「第4地区を誰もがずーっと住み続けたい温かいふれあいのあるまちへ」というシンプルなもの。単位自治会町内会がベースになっているので、第4地区全体としての計画はあまり具体化させないで、自治会ベースで計画を立てることにした。第4地区の地区計画というよりも、一六自治会の一六種類の計画で構成されるような形である（二〇一七〈平成二九〉年四月より一五自治会町内会になった）。自治会ごとの目標に向かい計画を実行し、その成果は「みんなのまつり」などの機会にパネル展示で発表し、共有するようにしている。計画づくりを機に、各自治会で「ふれあい会」の活動の「質を高めよう」と、住民の意識が高まってきたこともよかった点である。計画は地域の活動を振り返り、これからを考える契機にもなる。五年後、その先の未来に、第4地区にどんな社会資源が誕生しているか楽しみでもある。

子育て支援は地域で

横浜市西区では、二〇〇〇年以降、人口の社会増のなかで新しいマンションなどに子育て世代が住み始めた時期に、子育てサロンが取り組まれるようになってきた。孤立しがちで悩みを抱える母親たちに、心の余裕と明るさを持って子育てをしてもらいたいと願い、第4地区社協として「子育てサロン・親子ひろば情報」を毎月のカレンダーの形にして配布している。

地区内には三つのサロンが活動をしている。月曜日から金曜日まで、平日はどこかのサロンが開いていることがカレンダーを見るとわかるので、毎日参加することもできる。母親たちに自治会を意識してもらおうと、カレンダーに地区の行事の案内を入れることもある。自治会町内会が開催することで、若い子育て世代にその存在を知ってもらい、会館を持っている自治会には子育てサロンの開催を勧めている。カレンダーで情報が早く伝わるようになってきたせいか、「みんなのまつり」に来てくれる若い母親も多くなってきた。

子育てサロンに出てみると、米岡さんはお母さんの孤立感、不安を直に感じるという。その不安が子どもにも伝わってしまうのではないかと心配にもなる。

「私（米岡さん）たちは『かわいい』って抱っこしたり、赤ちゃんを触ったりする。お母さんの方がカリカリしていると、赤ちゃんの時期はほんの一瞬だから、『今だっこしないでいつするの?』と思ってしまう。サロンはお母さんのための場所で、お母さんがほっとできる居場所になればいいな」と願っている。

子どもは一人っ子が多く、大家族はまずいない。マンション住まいで、表札は出さず、お隣さんのこともわからない。父親は会社で忙しい一方で、幼稚園でも、小学校でも、最近はウィークデーにも入学式や卒業式にお父さんが出てくることが多くなった。それは時代の変化としてはっきり感じる。米岡さんたちの時代は、父親の参加はほとんどなかった。最近では、「イクメン」が推奨されているが、では母親も父親も余裕を持てる状況があるかというと、やはり厳しい。「出世が遅れるのは嫌だ」という思いもある。それは、長時間労働の遠因にもなっており、そのため家事・育児に時間を取れないことも多い。最近の母親は、わからないことは何でもスマートフォンで調べる。お母さんたちの知識や情報量は多いが、情報の多さに惑わされてしまってはいないか心配になる。身近に祖父母など近親者がいてくれるとよいが、核家族で実家から離れている場合が多い。ご近所で子どもの面倒を「ちょっとお願いします」と言えるぐらいの関係があるとよいが、マンションだとそれも難しい。米岡さんは「ママさんが自転車で前と後ろに子どもを乗せて走っている姿を見ると、サーカスみたいだと思ってしまう」という。「一人だけで頑張るのではなく、やっぱり、地域での子育て支援が必要」だと感じるのだ。地域に「良い加減」を知っている「いいかげん」な高齢者がいると安心だ。必死になっているお母さんと地域の高齢者とが出会う場所があればとも思う。

学齢期の支援につなげる子育て支援

第4地区では、子どもに対する支援に力を入れていこうと考えている。子育て支援は広がってきているものの、子どもが学齢期になると、子どもだけでなく親との関係も途切れてしまう。学校に上がっても、地域の子どもとして切れ目のないかかわりができないかと考えてきた。

子ども自体の数は少なくなってきている。地区にある一本松小学校は全校で一一クラス。各学年二クラスずつはあるものの、六年生は一クラスだけ。二〇一六年は、羽沢西部自治会では卒業して中学生になった子どもが一〇人、新一年生はわずか五人になった。

最近では共働きの家庭が増えており、親も昼間はほとんど地域にいない。働いている世代に時間や余裕がなく、地域活動に参加してもらうことが非常に難しい。子ども会のノウハウも受け継がれず、何をどのようにやったらよいのかわからないまま、結局は自然消滅してしまうというパターンが多くなっている。

地域の活動の多くは、これまで主に専業主婦、女性が支えてきた。共働きが増えてきている分、米岡さんたちはこれからを心配している。一方で、ますます地域活動の必要性は高まっているので「やりたいという気持ちのある人たちをどうやって支えていけるか」思案しているが、打開策がなかなか見つからない。「年寄りが頑張らなきゃいけないのかな」とも感じている。

「『子ども会』に子どもが集まらないのは、自分（親）も行かなきゃならないと思うから。役員が回ってくるのが嫌で、面倒だから」であり、親の世代の生活が変化し、今までのやり方ではやっていけないことだけははっきりしている。親の意識から変えなければとも思うが、そこまではなかなか難しい。まず、子どもに直接かかわって、伝えていくことを優先しようと考えている。

毎年二月に開いている餅つき行事の当日は、子どもも大人も大勢来てくれる。とくに若い父親の参加があると、うれしく頼もしく感じる。若い人からお年寄りまで、つき手には困らない。そこを自治会につなげられるようなことができないかと思う。西区は子ども一人の世帯が多く、二人目が生まれると郊外に越してしまう。地域での子ども同士のかかわりをどうつくっていくかが課題になる。

第４地区では、二〇一五年（平成二七）度の末、地区社協の事業として「いちご狩り」を行った。希望者が一〇〇人を超えたので二日に分けて実施して、いろいろな面で収穫が多い行事となった。参加費が子どものおこづかいでまかなえる額で、保護者の付き添いが求められず、信用できる主催者であれば喜んで子どもを送り出してくれることがわかった。

この行事のリーダーの一人は、ＰＴＡの役員経験があり、登下校のボランティア「学援隊」に参加している女性だった。リーダー自身の子どもはもう小学校を卒業してかなり日はたっているが、小学校の遠足の時にも付き添うなど、子どもたちといつも接し、つながっていたことも大きかった。

みんなで駅まで歩き、電車に乗って移動し、到着した駅からさらに歩いていちご農園に行くというルートで行った。子どもたちは何と一万五〇〇〇歩も歩いた。一年生も頑張っていて、上級生は下の子どもの面倒をよく見ていた。家族でいちご狩りを行ってもこんな関係はできない。参加費を安くできたのは、子どもの住む自治会町内会から一部、補助金を出してもらったから。子どもたちに自治会を知ってもらいたい、親にも知ってもらいたいという思いから行った「仕掛け」だ。

ジュニアリーダーを育てたい

こんな行事が、子どもたちの心に思い出として残ってくれればと願う。「自分が大人になった時にやってくれるかな」という期待もある。

今後は、いちご狩りの行事に未就学の子どもたちも含められないか考えている。三月のこの事業を三か所ある子育てサロンの卒業旅行のように位置づけてもよいのかもしれない。子育て世代から自治会を意識してもらい、その後に切れ目なく関係をつなげていきたい。

小学生の間は、まだまだ地域との関係が強くあるが、中学生になると急に弱くなってしまうところがある。地域の行事の手伝いやボランティア、福祉教育など依頼されることに子どもが参加するだけでなく、子どもたちが主体的に考えて行動し、いっしょにつくっていくことができるような場を考えている。

やはり、子どもたちの活動は高齢者が声をかけてもダメで、当事者である親世代が「やらなきゃ」と思って

写真 2-3　食べる人作る人みんなが幸せ「みんなの食堂」（市社協撮影）

もらうことが大切なのだが、そこも難しくなってきている。そこで、子ども自身がリーダーになり、よい循環が生まれるようにとキャンプを行った。夏休みに小学生三三名が参加し、保護者スタッフを含めた総勢五五名で三ツ沢公園青少年野外活動センターへ一泊二日で出かける予定が台風で中止になってしまったが、一二月に実施することができた。子どもには所属自治会町内会より一人一〇〇〇円の助成金を出してもらい、久しく中止状態となっていたキャンプを復活させることができた。

地域食堂が「みんなの食堂」になった

子ども食堂が最近たくさんできてきているが、「高齢者といっしょの食卓で『これも食べなさい』と言われると、子どもも喜んで食べるような、食堂みたいな場所ができるとよいな」と米岡さんはずっと思い描いていた。子どもは子どもだけ、高齢者は高齢者だけではなくて、いっしょに食べるような場所をつくれたらと考えたのだ。

そんな地域食堂の第一歩は、二〇一六（平成二八）年の夏休みに「みんなの食堂」として実現した。会場は地区内の自治会館と一本松小学校。第4地区には一〇か所ほど自治会館・町内会館があるので、小学校の家庭科室も借りながら順番に食堂を開けばいいというアイデアだ。これなら特定の場所がなくても食堂が開ける。「おじいちゃん、おばあちゃんといっしょにご飯が食べられるところがあると、子どもたちだけじゃなくて、きっとみんな楽しいんじゃないか」。こんな夢を語っていると、お隣の自治会長が「じゃあ、流しそうめんやるよ」と話に乗ってきた。

初めての「みんなの食堂」は全一〇回。自治会が主催する回、地区社協が主催する回と、会場だけでなくそれぞれ担い手も異なっている。メニューもその回の主な担当者が考えて、準備から当日の運営までを担当する。カレー、タコライス、焼き肉丼など、それぞれ趣向を凝らした。スタンプラリー形式にして、すべての回に参加すると賞品がもらえるというのもちょっとした工夫だ。

米岡さんが担当した第4地区社協が担当の回でのメニューは、ミートソーススパゲティ。地域の防災訓練で行っている「麺を前日から水に浸しておく方法（茹で時間が一分で済む）」をこの場でも実践して、単にスパゲティを作るだけでなく、いざという時のための訓練につなげるという米岡さん流の「ちょっとしたプラスアルファ」が加えられている。

「みんなの食堂」は地域の誰にでも開かれた食堂であるが、「孤食」「貧困」も視野に入れている。子どもたちにさりげなくアプローチし、状況把握をしているのだ。

ある日、市社協の担当職員が「みんなの食堂」を訪れた。地区会館前には、目印であるオレンジ色ののぼり旗が風にはためく。

写真 2-4　「みんなの食堂」はこののぼり旗が目印（市社協撮影）

二〇一六（平成二八）年八月一一日から始まった国民の祝日「山の日」。子どもたちも高齢者もいる。小学校の校長先生、町内会の会長、行政職員……。いろんな人びとが出入りし、おしゃべりに花を咲かせる。

米岡さんが思い描いた「みんなの食堂」は、みんながいっしょにご飯を食べる地域の居場所。子どもたちが、地域で自然に高齢者と出会う場、そんな思いをさりげなく周りに伝えながら、たくさんの人びとを巻き込んでいく、その見事な「そそのかし力」で実現した「みんなの食堂」は大成功！　次は冬休み、その次は春休み……と、セカンドステージに向けて、みんなで作戦を練っている。

こうした子どもの活動を育てていくためには、助成金をうまく確保し、広報にも積極的に取り組んでアピールしていく必要があると考えている。西区では、主に西区役所、西区社協、市民から一億円の遺産を寄贈され設立した「にこまち助成金」があり、活用することができる。助成金を受けた活動は、一般にも広報されるので、簡単にやめられない。

ただ、「このような助成金制度を活用するのはＮＰＯが多い。書類を作って提案する時の、助成金をもらうための見せ方やアピールがうまい。これが地域の自治会などでは難しいということがある」という。「地域には専門家がいないので申請するまでの事務が難しく、いざ活動が始まってから、会計処理や報告書作成なども出てくるので、町のおじさん、おばさんではうまくいかないことも多い」のだという。この点は自治会町内会の課題であり、社協や行政の地域への支援課題でもあるといえる。

地域にみんなが集える場所をつくる

羽沢西部地区には自治会館はあるものの、二階建てで狭く、広間のある二階へは急な階段で高齢者が登ってくるのが大変。道路からフラットでバリアフリー、お年寄りや障がい者も、みんながふらっと立ち寄れる場所があるとよいとずっと願っている。羽沢稲荷やコンビニはあるものの、自由に集ってお茶を飲んだりする場所がほしい。「平屋でいいから会館をつくって、地域の居場所、みんなの場所があれば、かなり地域が変わるのかな」と米岡さんは思っている。「公園も一か所もなかったので、つくってほしいとずっと要望してきたが、できる見通しが立った。いろいろな季節に花が咲いて、お花見もできるようになったらよいな」とも期待している。

気がかりな高齢者のお宅を時々たずねると、おいしいコーヒーを入れてくれることがある。「食事会とか、コーヒータイムなどは、そのお宅を借りてできないかな、テーブルクロスなども、おばあちゃんたちが洗ってくれたりするのでは」と想像を広げている。「あの人たちがやっている」のではなく、自分もかかわる、おしゃれしないで普段着で行ける、そんな居場所があれば、すごいことができるかもしれないと夢を広げている。

米岡さんは「アイデアはいっぱいある。特別支援学級の子どもも参加できて、隣のおばあちゃんが『私のあげるよ』と言ってくれるような関係ができる地域食堂。建物は小さくてもよいので、夫婦連れでちょっと立ち寄れる、子どもたちにもご飯を作ってあげられるような、そういう常設の場所がほしい」と願い続けている。

「当たり前」の関係づくり

米岡さんは「人と人との普通の関係が大事だ」と思っている。「それが、地域のなかにできていかないといけない」という。これは、認知症のことを正しく理解しようという講座に関しての意見である。

認知症の理解者を地域に増やしていくことは、偏見を減らし、本人や家族が地域のなかで安心して生きていけることにつながる。学校の教室でも子どもたち向けの講座が行われていて、それは重要な取り組みだと思っている。

ただ、子どもたちは、実際に高齢者といっしょに住んでいないので、初めて高齢者を認識する機会が認知症講座だということも少なくない。「それはさびしいなって思って。やさしくて、隣から『これ食べな』って言ってくれるような存在、それがお年寄りで、地域の日常の関係のなかで出会ってほしい」と思う。地域で出会って、かかわりがあり、名前を知っていて、自分のことも知っている存在、「そのおばあちゃんが認知症になってしまうこともあるんだ」、そういうつながりの経過のなかで認知症を理解してほしい。だから「最初から認知症の病気の説明から入るのはどうなのかな」と感じている。

福祉施設や病院や介護サービスの場面にはない、地域のよいところは、障がいや病気のある人を対象者と見るのではなく、お隣の～さん、～ちゃんという、当たり前の関係で付きあえるところだ。地域に普通の関係をつくりだせる、そのような地域のあり方を米岡さんは思い描いているのだろう。

この町を子どもたちのふるさとに

父親の仕事の関係で、米岡さんの子ども時代は転居が多かった。だから、子どもたちが育っていったこの地域が自身にとってもふるさとだと感じている。

「自分のふるさとはどこと聞かれると、やはりここ」だと思う。子どもたちのふるさとでもあってほしい。世帯を持って地域から離れていった子どもが、夏祭りに自分の子どもを連れて戻ってきてくれる。地域で育って、家族で地域のお祭りに帰ってくる。それはとてもうれしいこと。「もうあなたはお母さんになったの?」と驚いてしまうことがある。子どもにとって思い出のある地域に、やっぱり戻ってきてほしいと思うのだ。

そんなふるさとをつくるために、今日も米岡さんは町のなかで生き、町の人たちとかかわり続けている。

第三章　必要なものをみんなで創りつづけてきた

――団地「ドリームハイツ」での住民主体の地域活動　松本和子さん

松本さんがいると、周りが長屋になる

横浜市戸塚区にある大規模団地、ドリームハイツ。団地内に多彩な住民活動・地域活動が花開いていることでずっと注目を集めてきた。

一九七二（昭和四七）年に入居が始まり、若い核家族世帯を中心として人口約七八〇〇人の町が一挙に誕生した。しかし、公共施設はなく、生活インフラの整備は遅れる。絶対的な幼稚園不足のなかで、松本さんは公園で同じくらいの年の子どもを遊ばせている親たちに呼びかけ、幼児教室「すぎのこ会」を立ち上げる。住民主体でゆりかごから墓場までの必要なサービスや資源をつくり出してきた。

松本さんは、社宅からドリームハイツに移り住んだが、関西出身なこともあって、社宅でも団地でも、自分の周りはすぐに長屋になると笑う。

住民のニーズが変化するなかで、時代の節目節目に住民のニーズを調査し、行政やコンサルなど外部の力も借りてビジョンを語り合うためのネットワークをつくりだす。「私」自身の思いが「私たち」のニーズになり、地域活動に発展し、「共」を形成する。「公」と接点を持ち、「公」にも影響を与え続けてきた、地域活動の先駆者である。

第一節　「すぎのこ会」がドリームハイツの地域活動の原点

ドリームハイツの建設が見えていた

松本さんは、結婚するまで大阪にある事務器の商社で働いていた。ご主人の仕事の関係で横浜に越して来た時、東京支社で続けて働かないかという話もあったが、ご主人は反対した。「会社で奥さんが働いている人はいない」といわれ、「何が何でも働きたいとは思わなかった」。しかし「すべてを捨てて、こっちに来たストレスもあったし、さびしくて上京する新幹線で泣いていた」という。

当時は高度経済成長期。サラリーマンの給料も毎年上がっていた時代だったので、男性が外に出て働き女性が主婦として家庭を守るのが当然の家族分業スタイルだった。だから専業主婦になることにあまり疑問は感じなかった。

最初は戸塚区上倉田の社宅だった文化住宅に、その後は戸塚区原宿の鉄筋の社宅に移り住んだ。社宅で暮らしていた時代に長男、次男、長女と、子どもがそれぞれ二歳違いで三人生まれ、近くにドリームハイツが建っていくのを見ていたのだという。松本さんは大阪で青春時代を過ごしたので、「もともと大阪のおばさんみたいなところがあるんですね。社宅に入っても、どこにいても、すぐ私の周りは長屋みたいになる。何かあると隣近所にすぐ声をかけちゃう」ような性格がつくられたのかもしれない。ご主人は、「子どもが小さい時は『モーレツ社員』で、土日も夜も仕事。社宅ではみんなそうでした。だから、子どもの預かりっこをしたり、交代で映画を見に行ったり、食事を食べさせたり、子育てをいっしょにやっていた時代なんですね」と社宅時代を振り返った。社宅でフリーマーケットをやったり、絵本をいっしょに購入したりもした。「個人的に、べ平連（ベトナムに平和を！　市民連合）の活動に出かけていって、ぜんぜん会社のことなど気にしないでやっていた」が、今思えば、「夫は会社で睨まれていたかも。社宅にありがちな夫の仕事の上下関係と奥さんづきあいの関係なんかも、私自身はまったく気にかけていなかった」という。

ドリームハイツを選んだのは「広くて安かった」ことが第一の理由だった。「4LKで七八〇万ぐらいだったか、安かったんです。見学もしないで申し込んで、補欠で当選。その当時は抽選が当たり前で、倍率も高かった。当選した人が辞退して回ってきた」のだ。ただ、家を買って、入居してから後悔することもあった。「周りに何にもないんです。お店もなかったし、小学校と幼稚園が一つだけ。交通もとっても不便だった」と振り返る。同じ時期に一挙に入居したので「男性は通勤に苦労して、私たちは買い物に苦労して。お医者さんもスーパーも保育園も何にもなかったんですね」。周りはみんな子育て世代で、松本さん自身も子育て真っ最中だった。

ドリームハイツの誕生と発展

大規模高層団地、ドリームハイツの入居が始まったのは一九七二（昭和四七）年から一九七四（昭和四九）年にかけて。オイルショックの前後である。横浜市戸塚の北西部にあたる泉区と藤沢市に接する丘陵地に位置し、JR戸塚駅からバスで二〇分ほど。当初は渋滞が常態化し一時間かかることも珍しくなかったが、国道一号線・原宿交差点の立体工事が行われて、近年は戸塚駅以外にも多数のバス便が出て便利になった。周辺には多くの緑地や公園、農地など自然が残っており、ゆったりとした空間が多い。住宅は横浜市住宅供給公社（七六四戸）と神奈川県住宅供給公社（一五〇六戸）による分譲の集合住宅であり（以下、「市ハイツ」、「県ハイツ」とする）、二三棟に約二三〇〇世帯、およそ七八〇〇人が入居した。

当時の世帯主年齢は三〇歳代が多く、子どもの年齢が幼稚園から小学校の低学年ぐらいの家庭が一般的だった。何もなかった地域に突如、人口約七八〇〇人の町が誕生して、病院も商店も保育園もない「ないない尽くしの生活環境」で暮らし始め、「陸の孤島」と自嘲気味に語りあっていたが、その後、徐々に医院、商店、保育園、銀行、郵便局などが整えられた。

「ドリームハイツ」という名称は一九六四（昭和三九）年に開園した遊園地「横浜ドリームランド」に由来する。ドリームランドは二〇〇二（平成一四）年に閉園され、跡地の一部には二〇〇七（平成一九）年、横浜薬科大学が開校している。

「すぎのこ会」の始まりは「わが子のため」

ドリームハイツの近くに幼稚園は一つだけあったものの、入園希望の幼児は非常に多かった。ドリームハイツの子育て家族は「幼稚園に入るのが大変で、願書をもらうのに二晩徹夜。夫と交替で。嘘みたいでしょ」と笑う。もちろん、当時は笑いごとではなかった。

一九七五（昭和五〇）年当時のドリームハイツの一五歳未満人口割合は三六％で、住民の三人に一人が子ども。幼稚園、保育園の圧倒的な不足があった。松本さんは「徹夜で並んでまで行かせる幼稚園って何だろう」と疑問に感じて、結局は申し込みをしなかった。

松本さんには「一歳と三歳と五歳の子どもがいたので、まず、わが子たちのため」にどうにかできないかと考えた。そこで、公園で同じくらいの年の子どもを遊ばせていた親たちに声をかけて、「幼稚園が必要だ」という、ほとんど知らない者同士が集まった。「制服や高額な入園費用をかけなくても、子どもは友だちと自然があれば育つのでは」と考えた親は、松本さんだけではなかった。掲示板にも呼びかけを貼って、集まったのは一二人。そこから「すぎのこ会」はスタートしたのである。

当時は、人口が急増したニュータウンに住民が自主的につくった幼児教室ができつつあって、注目されていた。「千丸台団地（保土ヶ谷区）に自主幼稚園ができたと聞いて見に行ったら、集会所を借りて住民が自主的に保育をやっていた。それで、自分たちでもできるんじゃないか」と考えて、幼児教室（今では「幼児教室」というと、英会話などのお稽古ごとのイメージがあるので、設立後二〇年たつ頃には「自主保育」と呼び、最近は「手づくり幼稚園」と呼んでいる）をつくるために、動き始めた。

「たけのこ会」から「すぎのこ会」へ

最初は「乳幼児がいっぱいいたので、三歳児のグループ『たけのこ会』を立ち上げた。二一〇人もの子どもが集まって、集会所やホールを借りて保育を行い、それでも足りず、二部制でやっていた」。三歳児が成長し次は四、五歳児の保育場所「すぎのこ会」をつくることにした。松本さんたちは「建物がなくても、青空の下でもいい」と思いながらも、「まずは、家探し」から始めた。「子どもをおんぶしながら空家を探して、農家にもあたったけどダメで、たまたまドリームハイツ二期工事で使っていた飯場が取り払われるから、『聞いてごらん』と教えてもらいました。地主さんに聞いてみたら、幸いにも貸してくださる」ことになった。場所が決まったら次は園舎である。中古のバスを横浜市から八万円で買い取り、運転してきてもらい設置した。

「すぎのこ会」は、こうして林を切り開いた空き地に、中古バス一台の園舎で一九七五（昭和五〇）年四月にスタートした。一九八五（昭和六〇）年には、県ハイツの集会所が園舎になったが、一貫して完全民間の幼児教室として運営してきた。横浜市からの助成が得られないかと何度も役所に足を運んでかけあったが、「一切ダメで、消耗して帰ってくる日々だった」という。だから、「全部手づくりで、お金も親が出しあった。一番大変でしんどかったのは『すぎのこ会』ができる時だった」と振り返る。しかし、実際に活動が始まると、「子どもたちも成長するし、仲間もできるし、楽しいことばかり」に変わっていった。

「すぎのこ会」で育った聞く力、支える力

松本さんの地域活動の原点は、「すぎのこ会」。

「私の原点だし、地域の原点でもあるんです。そこで、子どもも育ったけれども、親も育った」という。親も育ったというのは、「幼児教室は民主主義の原点といわれていたが、確かにそうだった。すべてが初めての手づくり幼稚園で、明けても暮れても話しあいと実践。保育料のこと、保育者のこと、保育内容、運動会の目的や種目なども、全部話しあって決めた。そのうち話しあいも上手になり、何より聞くことが上手になった。いっしょに実践するなかで支えることも上手になった」という意味だ。「親が一二人いたら、意見はバラバラ、時間はかかりますね。それは手づくりのよいところでもあり、大変なところ」でもあった。

最近、ドリームハイツの地域活動を振り返り、今後の展望を話しあう機会があった。驚いたのは、現在ドリームハイツで活動している団体、「おやこの広場　ぽっぽの家」「地域給食の会」「いこいの家　夢《むー》みん」「ボランティアバンク・えん」なども、代表はみんな「すぎのこ会」ＯＢの親だということ。つまり、「すぎのこ育ち」という発見だった。そして、「たまたまなのかもしれないんですけど、ドリームハイツにある地域活動団体の多くが、トップダウンじゃなくて、みんな話しあって運営している団体」だということが再確認できたという。

最初の頃の「すぎのこ会」は、幼稚園や保育園に行く子どもの多いなかでは少数派だったが、徐々に子ども

写真 3-1　はじめのはじめ、「すぎのこ会」最初の園舎（松本和子氏提供）

も増え、地域に「すぎのこ会」出身の子どもたちが目立つようになる。子どもたちが小学校に行くようになると、小学校の先生からは「クラスに二人以上『すぎのこ会』出身の親がいると、クラスが違うね」と言われた。クラスが変化するのは「保護者懇談会なんかがあると、どこに行っても『すぎのこ会』出身の親が活躍して、リードして周りを変えていく。人といっしょに何かをやることが苦手じゃない親が多かった」から。人が育ち「この地域にもすごい影響を及ぼしているな」と感じて、「やっぱり、『すぎのこ会』が私の、そしてドリームハイツの原点だったな」と改めて松本さんは感じている。

松本さんは、最初は親として「すぎのこ会」の設立と運営を支えたが、その後「下の子どもが卒園して小学校に上がったら、保育をやりたくなって」、今度は保育者として働いた。保育士の資格も苦労して取得した。「すぎのこ会」は、認可外なので保育者の資格は問わないが「やはり保育の勉強は必要だと思う。資格はなくてもそれぞれの保育者は熱心に勉強して、子どもの言葉の本（村田道子『せんせいがうまれたときかいじゅういた?——子どものことばから子どもの世界へ』小学館、二〇〇二年）を出したり」もしてきた。

子どもたちから親が学び、育った

「すぎのこ会」には、区役所から「障がいのある子どもを入れてほしい」と依頼されることもあった。保育所に障害児数に応じた職員加算制度もなかった時代、区福祉事務所のケースワーカーが「障がいのある子どもを何とかしたい」と受け入れが可能なところに頼みに来る。「毎年一人くらいはいたんですね。そのなかに大変なお子さんもいて、友だちの髪の毛を引っ張ったり、ぶら下がったり。引っぱられた子の親が、怪我させたら訴えるという話も出て……。ちょうどその頃、関西で子どもが川遊びで流され、ボランティアでやっていた子ども会の指導者に責任があるという裁判の判決がでて、弁護士さんに相談に行ったりした」という。その障がいのある子どもに保育者を一人つけるかどうかで、かなり激しい議論になり、親たちの意見も対立した。親たちの間には受け入れたいという気持ちと、不安だという両方の気持ちがあり、「みんなでいろいろなところを見にいったり、教えてもらったり、研修会に出たりして勉強をし」、毎日のように話しあいをした。「途中はすごくしんどかったけど、最後はその障がいのある子どもを中心に、親もまとまっていった。何より子どもから教えられた。それは『すぎのこ会』にその子がいて、よいかかわりもあるわけです。親たちにとっては危険に感じられても、そこに子どもが寄っていったり、手を貸したり、子ども同士の姿がある。散歩に行って、その子が動かなくても、遅れても待っていたりとか。そんな子ども同士の姿を見ながら親が理解していった。いっしょにいることが両方にとってよいということがわかったのです。私たちは、その子から教わって、子どもたちに勉強させてもらった。それはすごい力で、大切な勉強をしたと思います。統合教育の理念がいわれるようになったのも、もう少し後でした。まず、現実のその子がいたから」みんなが学んで、変わっていった。

「その子は普通学級に入れなかった。その頃はまだ、個別支援学級がなくて私たちは学校に交渉に行ったりしたんですけど、結局、養護学校に行く」ことになった。そこで、「すぎのこ会」が考えたのは、「せめて週一回は地域でいっしょに過ごせる場があるといいな」ということ。水曜の午後は園庭が空いていたので、親子で参加できるプログラムを始めることにしたのである。

「『すぎのこ会』ではいっしょだったのに、小学校に上がったらバラバラになってしまうというのはおかしい。

写真 3−2　子どもたちが廃材でつくり上げた“お城”（松本和子氏提供）

地域から親も子も離れないようにと、みんないっしょに過ごす会」をつくった。それが毎週水曜日だったので、「水曜の会」になった。

「すぎのこ会」のOBが力を発揮

「すぎのこ会」の親は、今でもつながりが強く、ドリームハイツの地域活動のいろいろな場面で出会うという。「最近、『すぎのこ会』の最初の頃の仲間に再会すると、不思議なつながりというか、いっしょにつくってきた仲間が、今度は老後を助けあっている」と感じる。大人になった「すぎのこ会」の卒業生に出会ったり、お世話になったりすることもあるという。「卒業生が美容師になり、今日はそこに行って髪を切ってもらってきました」と松本さん。夏祭りには、「すぎのこ会」の卒業生が多く、同窓会のように集まり、プレイパークには親になったOBが子どもたちを連れて遊びに来てくれるのを見ると、ドリームハイツがふるさとになっているなと思う。

松本さん自身のお子さんは、一番上は幼稚園に行き、真ん中と下の子は「すぎのこ会」育ち。真ん中の子が「すぎのこ会」の一期生で、下の子は現在「おやこの広場　ぽっぽの家」のスタッフをしている。運営は「『すぎのこ会』のOBが多く、たまたま頼まれてスタッフになった。子どもたちの世代が今度は担い手になっている」のだ。「すぎのこ会」の父親たちも、子どもたちが遊ぶ砂場などを造る作業に参加していたが、一九八四（昭和五九）年に「おやじの会」を結成し、現在も歌やプレイパークを中心に活躍している。

後から制度がついてくる

ドリームハイツの隣にある苗場保育園は、一九八一（昭和五六）年、国際障害者年に開設された。元園長の青木マリ子氏の「すべての人びとはこの世に必要があって生まれてきている」という理念から、設立当初から障がい児も受け入れる統合保育を行ってきており、松本さんはそれをずっと応援してきた。保育園を卒業して学校に上がってからも、放課後に通える居場所「つぼみの広場」をつくったのだが、それは制度ができるずっと前のこと。「障がいのある子どもの保護者にとって、放課後や長期休みというのは、一番大変だったから」だ。それが後に制度化され、二〇一二（平成二四）年には児童福祉法に位置づけられた「放課後等デイサービス」事業になっている。

「必要があって、まずは場をつくって、訴えていった。そうすると制度が後からついてくる。お金も後からついてくる。『苗場保育園』も『おやこの広場　ぽっぽの家』も同じ流れ。ニーズから活動が生まれて、そのなかから生まれた制度は助けになるし、有り難い」と振り返る。今は制度もサービスも整ってきて、企業が事業に参入することもある。しかし松本さんは「利用できるサービスができて、助かることはよいことなんだけど、そうすると地域とは離れてしまうところがある。そのあたりは悩みどころ」だと感じている。

写真 3-3　ならもも　よころたき　さんこま　♪あち、なこ♪（松本和子氏提供）

自治会とはつかず離れず

ドリームハイツには、県と市にそれぞれの管理組合があり、役員は男性が主に担っている。県ハイツと市ハイツの二つの自治会があるが、いずれも一九七四（昭和四九）年に発足。交通問題、消費生活、幼稚園問題、文庫活動などに取り組んでいく。そして、住民同士の親睦を図る夏祭り、運動会、敬老会、フリーマーケット、文化祭などが自治会の大きな年間行事だった。

「すぎのこ会」の準備中、松本さんは自治会の必要性を感じて、自治会をつくる動きに加わった。やはり、対外的には自治会という名前が必要なことがある。地域全体に広報したい時、横浜市にバスの購入を交渉する時など、自治会の承認が必要になる。だから、自治会とは「つかず離れず」で努めてよい関係をつくるようにしてきた。その後何度か自治会役員にもなったが、「住民は、ほぼ同じ時期に越してきて、同じような生活スタイルを持っている。世代的にもそれほど離れていないのでやりやすい」と感じている。「ただ、今は一斉に高齢化して困っていますけどね」と笑う。

このようにドリームハイツは、まず生活の不便があり、それを解決するための住民活動を手づくりしてきたからこそ、仲間同士でお互いに支えあう関係が育まれた。子育てや地域生活の積み重ねを通して、「支えあう」という地域意識が、今日にいたるドリームハイツの力強い自治意識を育てたといえるだろう。

第二節　助けあいの原風景　戦後の舞鶴、そして大阪

松本さんは、一九四二（昭和一七）年、神戸の生まれ。空襲で焼け出されて住む家をなくし、京都府の舞鶴市で子ども時代を過ごした。一二歳で小学校を卒業するまで舞鶴にいて、その後の一二年間の思春期、青春時代は大阪で過ごした。「地域にこだわるのはどうして」と聞かれることがあるが、「自分が小さい頃、舞鶴に居た時代に、地域のみんなが助けあい、私自身が助けられて育った経験」があって、それが当たり前だった松本さんの原風景があるからだ。

舞鶴の暮らしに原点があった

「父は船乗りで、世界を回っていたんですが、戦争で徴用されたのでしょう。物資を運ぶ船が沈んで、フィリピン沖で亡くなった。母は父が戦死したといわれても、どこかで生きていると信じていてショックは受けなかったそうです。それから母が三人の子どもを育てたんです。それで、本家の裏の一軒に住まわせてもらって、子ども時代は舞鶴で過ごした」のだという。

舞鶴は日本海に面したかつての軍港だが、松本さんが育ったのは港から離れた山と畑の村。「昔は村中が、それこそカギも何も締めておらず、畑に入って怒られたりとか、隠れんぼすると他所の家のかまどの奥に隠れたりできた。どこの家もわが家みたいだった」という子ども時代を過ごした。「地域で子育てをしよう、というような時代ではなくて、地域の大人はみんなが働いていて、そのなかで自然に子どもたちが育てられた。叱ってもくれるけれども、助けてもくれた。それが当たり前でした。舞鶴が私の地域の原風景になっていますね」と話す。

思い出すのは、台風でお寺が被害に遭い、お坊さんが亡くなった時のこと。松本さんにとって初めて見る人の死だった。災害があるたびに、大人が総出で川の氾濫を防ぎに行き、その間、子どもたちは大きな家にみんな集まって待っていたのを昨日のように覚えている。

「私の弟が三歳の時に、お寺の石段を真っ逆さまに転がり落ちて、頭を打って大けがをしたことがあったんですけど、それもお医者さんじゃなくて、近所の人がタマゴをつけて何とか治療してくれた」という経験もある。そんな子どもの頃の記憶が鮮明で「地域の助けあいがあって、育てられたという思いがある。だから、恩返しができたら、という気持ちは常にあった」というから、その思いが今にいたる松本さんの地域活動を突き動かしてきたといえるだろう。

大阪で青春時代を過ごす

松本さんは、小学校から中学校に上がる時に、母親の勤め先の関係で大阪に転居した。「大阪にいたのは中学生の時から二四歳まで。だから、大阪で青春時代を過ごした」という。育った地域によって言葉も変わる。「ふだんの生活や外ではあまり出ないけど、主人としゃべると大阪弁、母としゃべる時は舞鶴弁。大阪に移った時、舞鶴弁だと笑われるので、一所懸命大阪弁は覚えましたけど、やっぱり消えてしまいますね。でも関西弁は好き」だという。

松本さんの母親は「国家公務員で少年院とか拘置所、婦人補導院などで働いていたんです。女手一つで子どもを育てていくのに、公務員を選んだそうです。大阪に来てからは、少年院の同じ敷地内に私たち家族の住居もあって、少年が脱走したりすると、笛が鳴り、親は探しに出かけたりしていました」と思い出す。

地域性の違いは、よく感じるという。「関東と関西の違いは大きいですね。横浜が一番長いので、横浜も好きになりましたが、関西はやっぱり庶民的。たまに帰っても、近所の人がすぐにあいさつして声をかけてくれる。電車で何か尋ねると、みんなが寄ってきてくれてあれこれ教えてくれる。基本的におせっかい。関西はすぐ近づきになる。人間同士の距離が近い。関東は人口が多いせいかよそよそしいと思った」という。

関東と関西の人の違いのなかで、関西の人のよいところは共通点を見つけるところだという。「よく言われますが、関西では百のうち、一つが同じだったらつながれる。私も人とやりとりをしながら、共通点を探そうとする。共通点があると共感し、つながりやすい。違いから入るとつながりにくいですよね。そこで、関西との違いを感じたかな」。こうした共通するものを探すことは、多様なドリームハイツの地域活動のなかで、団体内や団体間で協働して課題に取り組む話しあいにも生きているのだろう。

六〇年安保の後、地域に入る

松本さんは、大学生の時に六〇年安保闘争を経験する。「安保はすぐに終わってしまうんですが、学生運動が挫折した後、地域での活動につながっていきます。地域で『未来』というグループをつくって、自分たちで空き地にプレハブを建てて拠点にし、子どもたちを集めて勉強を教えたり、仲間で勉強をしたり。この『未来』という存在が、私にとっては大きいかな」と振り返る。

「未来」のリーダーは「佐野章二さん、ビッグイシュー日本版を立ち上げた人で、深く考え、よく勉強している人です。私は、ただぶら下がっていたという感じでしょうか、大学を卒業するまでかかわっていましたが、『未来』が私のもう一つの原点になっているなという感じはします」という。自分たちの拠点で、夜中じゅう話すこともあった。「よく母も許してくれたなと思ったり」もする。

「母はクリスチャンで、祖父母の代からの自由と平和を求める家風があり、『自分たちが戦争に反対しなかったから、今、苦労している。だから、反戦運動は私の分もやりなさい』と応援してくれていた。よくぞ自由にやらせてくれたと思います」と学生時代を振り返る。

「『未来』では、文集を出したり、演劇をやったり、みんな議論好きで、議論することが当たり前。私は聞き役でしたが、セツルメントみたいな雰囲気だったかもしれませんね。対象は子どもが中心だった。最近、『子どもの貧困』が話題になっていますが、私自身、子どもへのかかわりを再開し始めました」と話す。ドリームハイツでの松本さんの子どもへのかかわりも、「未来」の活動の延長線上にあるのかもしれない。その後、松本さんは大学を卒業し就職するが、教会で出会ったご主人と牧師の仲立ちで二四歳の時に結婚し、関西を離れ横浜での生活が始まる。

仕事ではなくて地域活動

松本さんは、三人目の子どもが小学生に上がってからは、保育者として「すぎのこ会」で働くようになった。「今、娘が『おやこの広場　ぽっぽの家』のスタッフをしているんですが、娘がそれを『仕事』って言った時、ちょっと違和感を感じて、私は『仕事』と思ったことは一度もなかったなと気がついた。『仕事』ではなく、かといって『ボランティア』でもなく、その頃から『地域活動』と言っていたんです。『地域活動』としか言えないものだった」と思っている。松本さんのなかでは「生活も仕事も地域も全部ずっとつながっている」のである。

「主人が四か月前に亡くなったんですけど、その時に日頃会わない子どもたちといろいろ話しました。思い返すと、子どもが小さい頃は『すぎのこ会』で忙しくしていて、きっと子どもたちをほったらかしだったと思うんですね。『すぎのこ会』の時間は切れないので、帰宅してもずっと続き、電話しながら子どもが私の膝で寝ているなんてこともよくありました。『だから、謝りたいんだ』と言った時に、子どもたちは『そんなに俺たちは悪い子か。そういうことは言ってほしくない』と言うんです。周りにどう見られようと、自分は今の自分でよいと思っているんでしょうね。それぞれ自己を肯定していてくれることはうれしかった」という。

「家庭では、子育ては基本的には母親がやっていて、それが普通の時代。だから近所同士助けあってきた。『すぎのこ会』でも、よその子も自分の子どもみたいに育てたので、大きくなってからもどの子も可愛い。そういう時代だった」のだ。「わが子が中学生になった頃から、思春期の問題も、反抗期も、進路のこともいろいろあって、主人は子どものことにもいっしょに相談にのってくれて、頼りになった」という。

松本さんに当時の休日のすごし方を聞いてみると、「休日？　ぜんぜん、ないですね」と即答された。「育児に休みなんてないでしょ。息抜きするとか、リフレッシュするとか、そんな感覚はぜんぜんなかった。大変な時もあったけど、子どもといる時間がすごく楽しい時間だったので」というから、充実した毎日だったことは間違いない。仕事とプライベート、生活と活動が渾然一体となって、その舞台である地域が生きて動いていて面白い。しかし、「地域は大変だな」と思うこともあるという。

「地域は生活がまる見えで、ばればれ。子どもが悪いことをしたらみんな知っている。買い物すると何を食べているかもわかる。みんな知られているので、開き直れば介護も育児もみんな手伝ってくれる。支えあう力も、わずらわしさも含めての地域」だなと思っている。松本さんにとっては、「地域は結局、よいことの方が多かった。プラスマイナスでは断然、幸せだったと。子どもたちも、『お母さんはいつも好きなことをやっているから、ぼくたちにも好きなことをやらせてくれ』と言った」という。よいこと、つらいことも含め、家族の暮らしもぜんぶ地域にあって、そこを精一杯生きてこれたことが、今も松本さんを支えている。

第三節　ドリームハイツの住民の変化とネットワークづくり

子どものことを語る「地域のつどい」

ドリームハイツの母親を中心とした地域活動は、多様な広がりを見せる。「たけのこ会」「すぎのこ会」「なかよし幼稚園」「苗場保育園」などが行っていた勉強会で「子どものことを語りましょう」という声があがり、子育てを中心とした生活課題をテーマに活動団体が話しあう場として一九八五（昭和六〇）年に、「地域のつどい」が始まった。

そして「地域のつどい」は、一九九三（平成五）年に横浜市の都市計画局（現在、都市整備局）の「横浜地域まちづくり推進事業」の助成を受けたことで、行政からの資金援助だけでなく、横浜市内の他の団体との交流の機会が広がった。さらに「福祉のまちづくり推進事業」の指定を受けて、全市的な勉強会、ワークショップにもつながっていった（川辺・大平、二〇一〇）。「すぎのこ会」の親として、また保育者として活動してきた松本さんにとっても「地域のつどい」は転機となった。「それまでは、ドリームハイツのことしか知らなかったんですが、その時に初めて、まちづくりや環境のことを市域でやっている人たちと出会って、そこですごく変わりましたね。いろんな人が頑張っているし、多くのことを教えられて刺激になった」のだ。他地区の地域活動を見学したり、自分たちの活動を冊子にとりまとめたりする作業を通して、より大きな視点で物事を見るようになった。

その経験から、「まちづくりって外の風を入れて、異なる視点を取り入れていかないと、活動が固定化したり、マンネリ化してしまうこともある。だから、福祉以外のいろんな分野のまちづくり活動とつながることで、私たちの団体、地域の課題や将来が見えてくる」ということがわかってきて、「次のリーダーの人にも外に出る大切さを伝えるように」してきた。

横浜市のいろんな人とのネットワークから教わったことの一つが、会議の議事録はすぐ次の日に送られてきて、会合に欠席しても参加者と同じ情報を得ることができ、共通の土台に立てる、という手法。「それはその後ずっとドリームハイツでも見習うようにしている」と松本さんは話す。

地域の高齢化と介護の問題

子どもを支えるネットワークができ、子どもたちは育っていくが、当然、親世代も年齢を重ねるので、今度は自分の親の介護の問題が切実な問題として迫ってくる。一九九〇年代になると、高齢者の問題に対応し、支えるためのグループが次々と立ち上がっていった。

一九八九（平成元）年にはまず、「地域給食の会」を立ち上げた。「知りあいの先輩が京都にある調理学校に行って、勉強して帰ってきたら料理教室を開こうと考えていたのですが、ドリームハイツに帰ってきたら、地域の高齢者が何人か亡くなっていた。病気になったら食事が一番大切なのに、食事をきちっとしないから、弱ったり亡くなっていたことにショックを受けた。その人から相談を受け、『地域のつどい』に『食事を支援する団体をつくりませんか』と呼びかけると『食事づくりは主婦なら誰でもできるし、何より生きていくのに食事はもっとも大事だから』と賛同を得られた。それで『すぎのこ会』ＯＢやその仲間に参加してもらって」活動を開始した。

松本さんは、「日々の運営を担い、高齢者の方と接するようになると、今度は他にもいろいろ課題が見えてくるようになった」という。こうして、新たに見えてきたニーズや課題が、さらに次の地域活動にもつながっていく。「地域給食の会」では、当初は会食と配食の両方を行ってきたが、現在は会食だけになっている。配食については、業者が参入し、生協などの宅配、介護保険のヘルパー等、地域資源も増えてきたという背景からだ。

ドリームハイツの完成から二〇年、一九九四（平成六）年には、管理組合の会合での雑談がきっかけとなって、介護・介助・家事など福祉サービス全般を行う「ふれあいドリーム」が発足している。一九九八（平成一〇）年にはＮＰＯ法人となり、現在はふれあい活動（制度外の家事・介護等のホームヘルプサービス）に加え、介護保険事業（訪問介護）、障害福祉サービス事業などを提供する事業者となっている。

両親の介護　地域の支えがあったからこそ

松本さんには、ご主人の両親を介護していた時期があった。両親は大阪に住んでいたが、呼び寄せてドリームハイツのすぐ横にある戸建の平屋の賃貸を借りて住むようになった。高齢になってからの転居は、環境も変わり大変だといわれるが「二人ともこちらの生活を楽しみ、老人会でも中心になったりして。父の方は絵を習いに行くなど、地域の仲間もできて晩年を幸せに暮らせた」と振り返る。

しかしその後、介護が必要になった時に、「私は車がなかったので、病院に行く時は仲間の車で連れていってもらったりした。介護と育児は一人ではできないというが、本当にその通りで、みんなに助けられた」のだという。

「母親が寝たきりの状態になって、その時に社協の集まりで活動を発表する機会があり、どうしても家を離れなければならない時に、その間、ヘルパーの資格がある人が見てくれたんです。訪問看護の方も寄ってくれて、本当にみんなに助けられて乗り切ることができた。これもドリームの地域の力、つながりに助けられている」と感謝している。

ドリームハイツの長期ビジョンづくり

ドリームハイツができて二〇年、住民の高齢化が身近な問題となり、大規模修繕の必要性も高まって、地域の将来を展望する必要性が多くの住民に認識されはじめた。一九九三（平成五）年には、住民アンケート調査が行われた。その結果、「自治会設立二〇周年を記念する事業」としてもっとも要望が多かったのは「ドリームハイツの長期ビジョンの策定」だった。これを受けて、それまでの活動を相互に協働させ、さらに活動の輪を広げるために、一九九五（平成七）年に県ハイツ自治会では、長期ビジョン特別委員会を発足させた。松本さんが代表になり、「地域のつどい」のメンバーも多く参加し、さらにまちづくりの専門家にも参加してもらった。

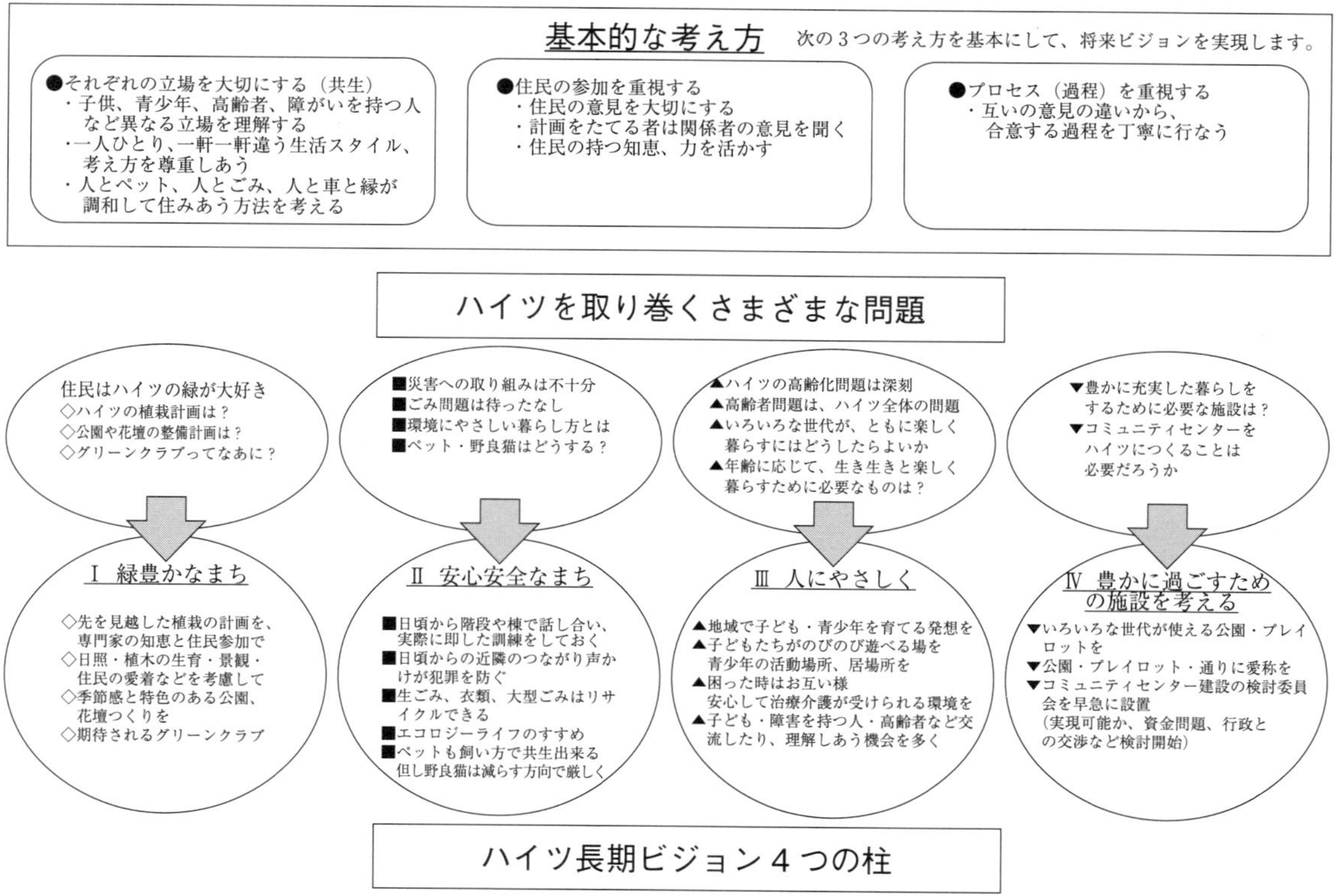

図3-1　基本的な考え方と4つの柱　県ドリームハイツ長期ビジョン答申（県ドリームハイツ自治会長期ビジョン特別委員会生活環境部会、2000）

委員会では、定期的に話しあいと調査を積み重ね、サークル・高齢者へのアンケートやヒアリング調査（一九九六〈平成八〉年）、全戸アンケート調査の実施と報告書作成（一九九六〈平成八〉年〜一九九七〈平成九〉年）、住民との意見交換会（一九九七〈平成九〉年）、他都市の住民参加型施設ヒアリング調査（一九九八〈平成一〇〉年）などに取り組み、一九九八（平成一〇）年には最終報告をまとめている。一九九六（平成八）年のアンケート調査は自治会加入者に対する回収率が八二・六％と非常に高く、住民の関心が高かったことを示している。二〇〇〇（平成一二）年三月には、最終的な答申を発表。答申には、ハイツを取り巻くさまざまな問題に対して、①緑豊かなまち、②安心安全なまち、③人にやさしく生き生き暮らせるまち、④豊かに過ごすための施設を考える、という四つの柱を立てた。まとめる際には、委員会メンバーだけの「あの人たちの考えだから」とならないように、ハイツ住民との意見交換会を持ち、ビジョンを示し、出された意見を取り込んで作成したという（図3-1）。

第四節　常設の居場所づくりと介護保険の影響

ドリームハイツでは、住民の高齢化とともに、一九九〇年代にさまざまな活動団体が立ち上がった。一つの団体が必要な活動メニューを広げて拡大していくのではない。地域の生活のなかで生じた必要に対して、住民主体の活動が始まり、多様な団体が誕生し、それらがゆるやかな連携を形成してきたことに特徴がある。

常設の居場所「いこいの家　夢《むー》みん」

「ふれあいドリーム」では家事、介護を支えることができるようになり、食事を支える「地域給食の会」もできた。しかし、活動のなかで「会う人会う人、精神的にさびしい」ことが見えてきた。「高齢者に電話をしたら一時間、立ち話をしたら引きとめられて一時間という具合」で、利用者の孤独感をひしひしと感じることになった。そこで、「ふれあいドリーム」では、こちらから定期的に高齢者に電話をしたのだが「それはあまり好評ではなかった」という。「人は自分がしゃべりたい時にしゃべりたいんです。だから、行きたい時に行って、ゆっくり話ができる場所、何かができる場所がほしいという声を受けて、常設の談話室（サロン）をつくろうということになった」のだという。

その場は、一九九五（平成七）年に準備会が発足、一九九六（平成八）年、ドリームハイツの一室を賃借し、「いこいの家　夢《むー》みん」（以下、「夢みん」とする）としてオープンし、実現することになる。

立ち上げの際には、「よこはまあいあい基金」の拠点整備費の助成金を受け、オープン後まもなく民間助成金も決定し、サロンの物品購入などに利用することができた。

「夢みん」の場所は、まずは空家になっている一階の住戸を借りたが、一年後にその場所を購入することになり、みんなで相談してお金を集めることにした。必要なお金は二一〇〇万円。一五〇〇万円は住民から借入金を集めて、残りの六〇〇万円は銀行から借りた。地域福祉活動の拠点を住民が所有し運営するのはきわめて珍しいことだが、所有したことで「夢みん」は「自分たちの拠点」になった。活動に応じてさまざまに使え、不便なところはリフォームするなど、自分たちの持つ拠点であることは活動の継続、発展に大いに役立ち、「われわれ意識」が非常に強い場所になった。

団地内の住戸なので、間取りも自宅と同じ。自宅のリビングにいるような感覚でくつろぐことができる。曜日によって喫茶、介護予防型デイサービス、パソコン教室、認知症予防教室、囲碁、ビデオ上映会、カルチャーサロンなどさまざまなプログラムが実施されてきた。常勤の職員がいるわけではないので、運営委員の

写真 3-4　新しい「いこいの家　夢みん」の入口にて著者と（市社協撮影）

ほかにボランティアを募り、拠点の当番、広報誌の配布、お菓子を作る人……など、「できることをできる人が協力する」方法で運営してきた。

介護保険制度が始まる時に、「夢みん」は横浜市からの打診もあって、介護予防型通所サービス事業の指定を受けることになった。二〇〇〇（平成一二）年にNPO法人格を取得し、それまでの交流事業と介護予防を二本柱として活動を行うようになった。横浜市からの介護予防型通所サービス事業の委託料は、会全体の収入の七四・六％を占めるようになり財政規模は拡大したが、事業委託は六年間で打ち切りとなった。「六年の間、事業指定の条件として看護師の配置もし、他にもいろんな条件をクリアし、そのおかげもあって『夢みん』も充実した活動を展開できるようになった。でも、行政が事業を打ち切ったらそれで終わり、とはならないのが地域の強み。人件費はまたボランティア価格となったが、介護予防を含め質は変わらず、継続した」という。

転居を余儀なくされた「夢みん」

「夢みん」は、団地一階の住戸で一八年間活動を続けてきたが、二〇一五（平成二七）年に引っ越すことになった。その理由は近隣住民からの要請だった。

「やはりどうしても大勢の人の出入りがあって、音が気になる。一日四〇人ぐらい出入りしていたので、ドアが急に開く、うるさい、外に出てもしゃべっている、音楽の音も気になる、という声があった。ずっと我慢してくださっていたと思うんです。そんなことが積み重なって、一階に『夢みん』がある階段（自治会の「班」の単位）の住民みんなの反対を受けてしまった」。おそらく背景には、「団地全体が高齢化し、仕事を退職されたりもして、日中も家におられる時間が長くなったということがあったと思います。集合住宅のなかのサロンというのは、音の問題が大きい」と実感させられた。

松本さんたちとしては、自分たちの所有する拠点にはこだわりたかったが、結局、団地棟から道路をはさんだ空き店舗に移ることになった。「新しい場所は、借家なんですね。以前の住戸は売却しました。引っ越す時はつらかったけど、移った結果、利用者も増え、気苦労がなくなって結果的にはよかった」と思っている（図3-2）。

「市民セクターよこはま」の設立

松本さんの介護保険施行前後の大きな転機は、やはり一九九九（平成一一）年、「市民セクターよこはま」をつくったこと。「市民セクターよこはま」は、横浜のさまざまな地域で、自ら在宅福祉などの活動を実践してきた人や団体が中心になって立ち上げた市民活動への中間支援ＮＰＯで、「市民一人ひとりが主人公として、幸せと豊かさを実感できる自立した自治意識を持った市民社会の実現を目指す」ネットワーク組織である。一九九五（平成七）年から、横浜市社協・横浜市ボランティアセンターで横浜市内の在宅福祉活動団体のリーダーたちが出会い、ＮＰＯ法成立と介護保険開始を前にした一九九八（平成一〇）年「市民セクター構築のための研究会」を立ち上げ、一年後に「市民セクターよこはま」が設立された。

松本さんは、「ＮＰＯやボランティア団体、市民団体など、そうそうたるメンバーが集まって、私たちのた

図 3−2　いこいの家　夢みんの多彩なプログラム（「いこいの家　夢みん」パンフレット）

めのセクター、自分たちの会じゃないかということで、熱く語り」あった研究会当時から参加し、セクターの設立趣意書の文案を中心になってまとめ、「市民」にこだわった主張を入れた。それは今もずっと引き継がれている。

「多くの人はワーカーズコレクティブや生協などのつながりがあるなかで、私だけが無色だったので、推してくれた人がいたんだと思うんですけど」、「市民セクターよこはま」設立時から理事長を五年間務めた。

「その頃は、社会では福祉の大きなうねりというか、介護保険施行の前夜で、ＮＰＯ法ができたり、横浜市では協働のための横浜コード（横浜市における市民活動との協働に関する基本方針）ができたりと、社会の大きな変化がありました。私もドリームハイツで活動しているだけでなくて、社会の大きなうねりのなかの一滴になりたいと思って参加した」のだという。

「やはり、市民セクターって大きな役割を果たしてきたなと感じます。事業主体としても拡大し、市民の影響力が高まりました。行政との関係のあり方も変わりつつあるなかで、市民セクターを通じて行政ともかかわり、いろいろな委員会にも出させてもらって。あの頃はとても燃えていましたね」と振り返る。

市民セクターに入って、団体間の共通の課題も見え、市へも対等に提案できるようになって、行政の姿勢もまた変わっていった。「ドリームハイツのこれから先の方向を見誤らないためにも、外に出ることが大事だとずっと感じていましたが、やはり、外からの風、視点を通して、ドリームハイツの活動を確認することができ、地域にも大きなプラスだった」という。

横浜市行政の姿勢の変化は、「協働」が理念として打ち出されたこともあるが、やはり市民セクターの存在が大きいと感じている。「それまでは、給食の会で行政に要望書を持っていっても、担当者が受け取って、あっさり終わってしまっていた。でも市民セクターとして団体がまとまって研究したものを持っていくと、ずらっと課長以下が並んで対応してくれて、話しあうことができた。市民がまとまるとこれだけすごいんだ、という自負も手伝い、よく勉強し、意見書をまとめ、市民も力をつけていくことになった。行政の方も制度を変える前には、市民の意見は？　と市民セクターに聞いてくれるようになった」ほどの大きな変化があった。

「ふらっとステーション・ドリーム」誕生

二〇〇五（平成一七）年、ドリームハイツには、新たな地域福祉の交流拠点が誕生する。戸塚区の地域福祉保健計画策定のための懇談会のなかで、住民が気軽に集える場所へのニーズが明らかになったことが一つのきっかけとなった。横浜市の市民協働提案事業の募集に応じて選ばれ、その年の暮れに、コミュニティカフェ「ふらっとステーション・ドリーム」が誕生した。

広さは約九〇平方メートル、三五席。薬局退去後の空き店舗を活用し、「食」を中心としながら、居場所、講座の開催、相談窓口などの機能を持つ交流拠点として、月平均一二〇〇人の住民に利用されている。当初は高齢者支援の三団体の連携により運営されたが、二〇〇七（平成一九）年には独自にNPO法人格を取得、二〇一二（平成二四）年には寄附者が市民税の控除の対象となる指定NPO法人に横浜市で初めて指定されている。

ふらっとステーションが目標としているのは、参加者同士のつながりをつくることで、さびしく暮らしている人が出会い、かかわりを持てるようになること、病気になったり、困ったことがあった時に、相談できるようになることである。基本的な活動は、カフェサロン。ランチメニュー（五〇〇円、二〇一六〈平成二八〉年より六〇〇円）があり、日中は誰でも好きな時に来店しコーヒーやケーキを楽しむことができる。利用者で目立つのは男性の姿。ダンスや体操などをした後、立ち寄ってお茶を飲みながら休憩する。一人で食事をしたり、読書をしながらお茶を楽しんだりする利用者も多い。近所の小学生たちもおじいちゃんやおばあちゃんに連れられて、また子どもだけでやってきて「お水を飲ませてください」という場所にもなっている。授業を通した小学校との交流も生まれている。

週に一回は知的障がい者の作業所のメンバーが昼食を食べにきていた。作業所で作ったクッキーや作品を販売したり、知的障がいのある女性メンバーは配膳のボランティアを行ったりする場所にもなっている。

利用者の楽しみ、自己実現を支援する小箱ショップ、壁面には絵画・写真などを展示するギャラリー、学びの場としてのカレッジの機能もあり、各種の講座が開催されている。また、情報収集・発信の機能もあって、情報チームメンバーにより地域資源台帳が作られている。住民一人ひとりの「～したい」というニーズに着目し、地域のさまざまな情報を集めた台帳で、情報チームは定年退職後、地域の活動に参加した五〇代から七〇代の男性が中心になって活動している。

第五節　ドリームハイツの未来へ向けて次の世代へ

「ドリームハイツ地域運営協議会」の発足

松本さんの最近の大きな転機は「地域運営協議会」である。二〇〇七（平成一九）年に二つの自治会（県ハイツ自治会、市ハイツ自治会）と五つの地域活動団体が参画し、住民主体で地域課題の解決に取り組むことを目的とする「ドリームハイツ地域運営協議会」が発足した。

きっかけとなったのは県ハイツ自治会が「住民アンケート」の実施を区役所に相談したこと。自治会も高齢化し人材不足で、自治会単独では調査の実施が困難と判断、資金面や情報面で行政の支援を要請したのである。ハイツへの入居が始まってから三〇年が経過し、「人口流出」「少子高齢化」「一人暮らし高齢者の増加」などの課題が切迫しており、これらの解決を図るには一つの団体だけでは難しく、ハイツ内の各種の団体が協働して取り組まなければならないという認識が背景にあった。そして、横浜市では、地域の課題を地域の団体が集まって解決していくための地域運営の仕組み「エリアマネジメント」が予算化され、市の施策「身近な地域・元気づくりモデル事業」にドリームハイツが選ばれ、その推進組織として、「地域運営協議会」が立ちあがったのである。

県ハイツ自治会では、市ハイツ自治会とも課題を共有し解決に具体的に動ける機会になり、また、複数の地域活動団体が連携する仕組みづくりのチャンスだと感じていた。また活動団体の側も、ドリームハイツの課題解決には合意形成が必要で、自治会との協力が不可欠と考えていた。戸塚区役所からはドリームハイツ地域の統計を提供してもらったが、予想よりも早いスピードで高齢化が進行していることがわかり、区と危機感を共有することになった。独居の方が四八一人（総務省統計局、二〇一〇）もいることがわかり、要援護者の見守りなど高齢者支援の必要性の認識が高まった。自治会と活動団体が、共通の地域課題について話しあう場ができたことで、さらに住民主体の新しい地域活動が生み出されており、地域はあらたなステージに踏み出している。

協議会では、二〇〇八（平成二〇）年に全住民を対象としてアンケートを実施。その回答のなかで、今後必要な取り組みとして、「一人暮らしの高齢者の見守りや緊急連絡体制（六七・四％）」「緊急時や災害時の要援護者の救助体制（五三・九％）」「二四時間対応の介護・医療（五一・三％）」などが挙げられた。

住民アンケートは、「ドリームハイツの歴史のなかで、初めて市のハイツと県のハイツがアンケートをいっしょに集計したこと、その回収率が九〇％を超えていたこと、設問づくりは住民も主体的に加わったが、慶應義塾大学の先生や大学院生に協力してもらったこと、集計分析では専門業者がかかわり、費用も区役所が支援してくれたりと、いろいろな面で画期的な調査だった」という。「その後も、住民アンケートは必要に応じて実施し、二〇一二年には子育て世代を対象に、二〇一五年は介護保険改正に向けた調査を実施」している。

このように、「数年ごとにアンケートをとっていると、最初は交通問題、次はスーパー等の設置だったが、今回は高齢者の見守りが課題のトップになった。ドリームハイツの団塊の世代が急速に高齢化して、高齢化率は二〇一六（平成二七）年度、ついに五〇％を超えることがわかった。地域で活動していると、課題は何となく肌に感じるところがあるが、調査結果がまとまると、それがきちんと可視化され、住民共通の課題となる。課題は切実だが、必要性が証明され、共有できることがうれしい」と感じられる。

アンケート結果を受けて住民同士の見守りや助けあい、相談を充実させるための「見守りネット部会」が立ち上がり、孤独死が他人ごとでなくなったことで、「見守りネットセンター」ができた。そして、日常生活上の重いものを動かすことが難しくなったり、移動が不便になったりという、調査結果がニーズを明らかにしたことで、住民同士が日常生活の困りごとを助けあう「ボランティアバンク・えん」を発足させることができたのだという。

見守りの体制をつくるために、「民生委員さんの見守りや福祉団体の見守りに加えて、自治会が中心になって隣近所の小さな単位で見守るなど、いろいろな網をかけて、その網の目を小さくしていく。原点に戻って、各団体が把握している見守りが必要な人の名簿を突きあわせる仕組みを考えよう、隣近所の人同士はどこにどんな人が住んで、寝たきりなどの障がいの状態もわかっているので、いざという時に助けられるのは隣近所の人ではないか、と話しあってきた。課題は異常を感じて駆けつけても、カギが開けられないこと。他の団地で試みられているようなカギを預かる仕組みをつくり、その情報を一元化することが必要なので、最終的にはセンターのような仕組みが必要」と話しあいが進んできている。

協議会は課題を共有する場

このように、ドリームハイツのなかでつくられてきた話しあいの場（ネットワーク）には、「地域のつどい」「福祉連絡会」「地域運営協議会」などがあり、地域のなかで課題を共有する場になっている。「一つの団体だけだと、これからの活動のあり方が見えなくなってしまうこともある。一〇年、二〇年とやっていると、同じようにやっていてよいのだろうかという疑問も出てくる。人材も高齢化し、マンネリ化することもある。その時に、地域のなかの多くの活動団体が、ばらばらではなく、必要に応じてネットワークを組み、連携して課題解決に向かうことができる。行政から必要なデータをもらえるようになったことも大きく、それを住民が分析したり議論できるようになって、一層地域がまとまった」のである。

「一〇年前は、地域のことを語りあうために、『情報がほしい』と役所の人に言ったら、『一住民のあんたなんかになぜ渡さなきゃいけない』と言われた。税金で集めた情報は、国民のもののはず、市民になぜくれないんだろうと思った。行政との話しあいのなかでよく言われたのは、『ボランティア団体はいつまで続くかわからないから、お金は出せない』ということ。じゃあ、行政がやったことがそんなに続いているのかというと、そうでもありません。私たち住民が必要だと思った活動はぜんぶ続いています。それはニーズに合っているから。それは、その地域で生活しているからこそわかるニーズです。役所は生活から離れたところでやっているからズレがでてしまうのかなとも思う」と松本さんは語る。

地域運営協議会は、「そういう思いを実行に移したり、行動を起こしていく話しあいの場として有効だと思う」と語る松本さん。「私たちの活動はすべて、全員が賛成して何かを始めるということはほとんどなくて、まず、共感する人で始める。動き出すと、だんだん賛同したり、参加してくれる人が増えていく。そうだ、そうだと思う仲間が、一〇人も集まって動き出せば形になる」。そうした地域活動の歩みのなかで、確かな手ごたえを今も感じている。新しい地域活動をやろうと思うと、どの活動も結局同じ人たちだけが苦労していることが多いが、ドリームハイツでは、「同じ顔ぶれで新たな活動を増やそうとすると大変さが増しますが、活動が一つ増えるごとに新たな人を巻き込んでいくので、スタッフが増えるんですね。私がバトンを次の人に渡すことができると、私の時間ができる。そして次の展開が可能になる。活動が重なる人もいるが、さらに新たな人も加わっていく」というような好循環が起きている。

松本さんは、活動を始める時には、周囲の多くの人に相談しながら事業を始める。「自分では決断することに迷いが多く」、相談された周囲の人はいっしょに考え、事業をいっしょに始めることになる。最初は、「私」発の思いだったものが、やがて一人ひとりの「私たち」の願いを共有することになり、活動の場をともに担っていく仲間が広がっていく。

若い世代とも協力しあえるように

「身近な地域・元気づくりモデル事業」は二〇一一（平成二三）年で終了となったが、地域運営協議会はさらなる発展を遂げる。隣接するマンションの自治会、深谷台小学校（二〇一七〈平成二九〉年四月、統合合併により、「横浜深谷台小学校」となった）とそのＰＴＡなどが新たに加入し、一二団体から成る「深谷台地域運営協議会」が発足、対象エリアは深谷台小学校区域へと拡大した。ドリームハイツ内の高齢化が進むなかで、ハイツ外ではあるが、近隣の若い世代と積極的につながり、相互に助けあう関係を築いていくことを選択した（新たに加入した二つのマンション自治会の二〇一〇〈平成二二〉年時点の高齢化率はそれぞれ六・八％、一二・四％）。

新たな地域運営協議会は、「地域と学校とのつながり推進」を目標の一つに掲げ、子育て世代の課題に取り組むことにした。二〇一二（平成二四）年に約二〇の関係団体から成る「地域と子どもネットワーク会議」（通称、地子《ちこ》ネット）を立ち上げ、中学生までの子どものいる家庭を対象としたアンケート調査を行った。

その結果、地域に必要なものとして「子どもの遊び場」「小学校高学年・中学生の居場所」という回答がもっとも多く挙がった。実際に結びついた活動としては、すでに二〇一〇（平成二二）年からプレハブ校舎の二階で、地域のボランティアが放課後に勉強をみる「深谷台アフタースクール」が実施されており、全校児童三〇〇名中一六〇名以上が登録し、週二回の開催日には約六〇名の児童が集まっている。また、「親同士でもっとつながりたい」という回答が多かったことから、二〇一二（平成二四）年より、子育て世代の親の対話の場づくりが毎月行われたが、こちらは仕事や育児で忙しい世代が多く、時間があわないため長くは続かなかった。

ドリームランドの閉園と人口構造の変化

一九六四（昭和三九）年、東京オリンピックの年に開園した横浜ドリームランド。一九七〇年代から一九八〇年代初頭にかけて、年間一六〇万人の入場者を数えたが、一九八三（昭和五八）年の東京ディズニーランド開園などを契機として入場者数は下降の道をたどる。

そして二〇〇二（平成一四）年、横浜ドリームランドは営業を終了し、中古車オークション運営会社が跡地を買い取ることになった。ただでさえ道路の渋滞が激しく、駅までのバスの遅れに困っていた住民はこれに反対し、近隣自治会を巻き込む大規模な反対運動に発展した。最終的には横浜市が跡地を購入し、墓地・公園・野球場を整備することになった。この運動により地域住民がいかに地域を大事に思い、そのために汗を流す覚悟があり、そしてまとまる力もあるということが証明された。

人口動態を見ると、ドリームハイツの世帯数に大きな変化はないが、人口は減少している。ハイツの一世帯当たりの平均人員は、一九九〇（平成二）年に三・四人だったが、二〇〇五（平成一七）年には二・六人に減少した。ハイツの高齢化率は、二〇一六（平成二八）年に四九％に達し、住民のほぼ半数が高齢者となった。過疎化と少子高齢化により高齢化率が五〇％を超え、共同体機能の維持が困難になった山間部の集落を「限界集落」と呼んでいるが、ドリームハイツも、その危機感を共有する状況になっている。

入居直後の一九七五（昭和五〇）年では、子育て期の親子四人の核家族世帯が多数派で、三〇代の親世代と一〇歳未満の子世代に特化した人口構造があり、その後、一九八五（昭和六〇）年、一九九五（平成七）年と親子ともに加齢しつつバランスを保ってきた。二〇〇五（平成一七）年になると今度は子どもが離家し、親の高齢化が進んだ。図3-3に見るように二〇一〇（平成二二）年には、量的にもっとも比率の大きい年齢階級は、男性では六五〜六九歳、女性も同じく六五〜六九歳となっているので、二〇一五（平成二七）年には、ほぼそ

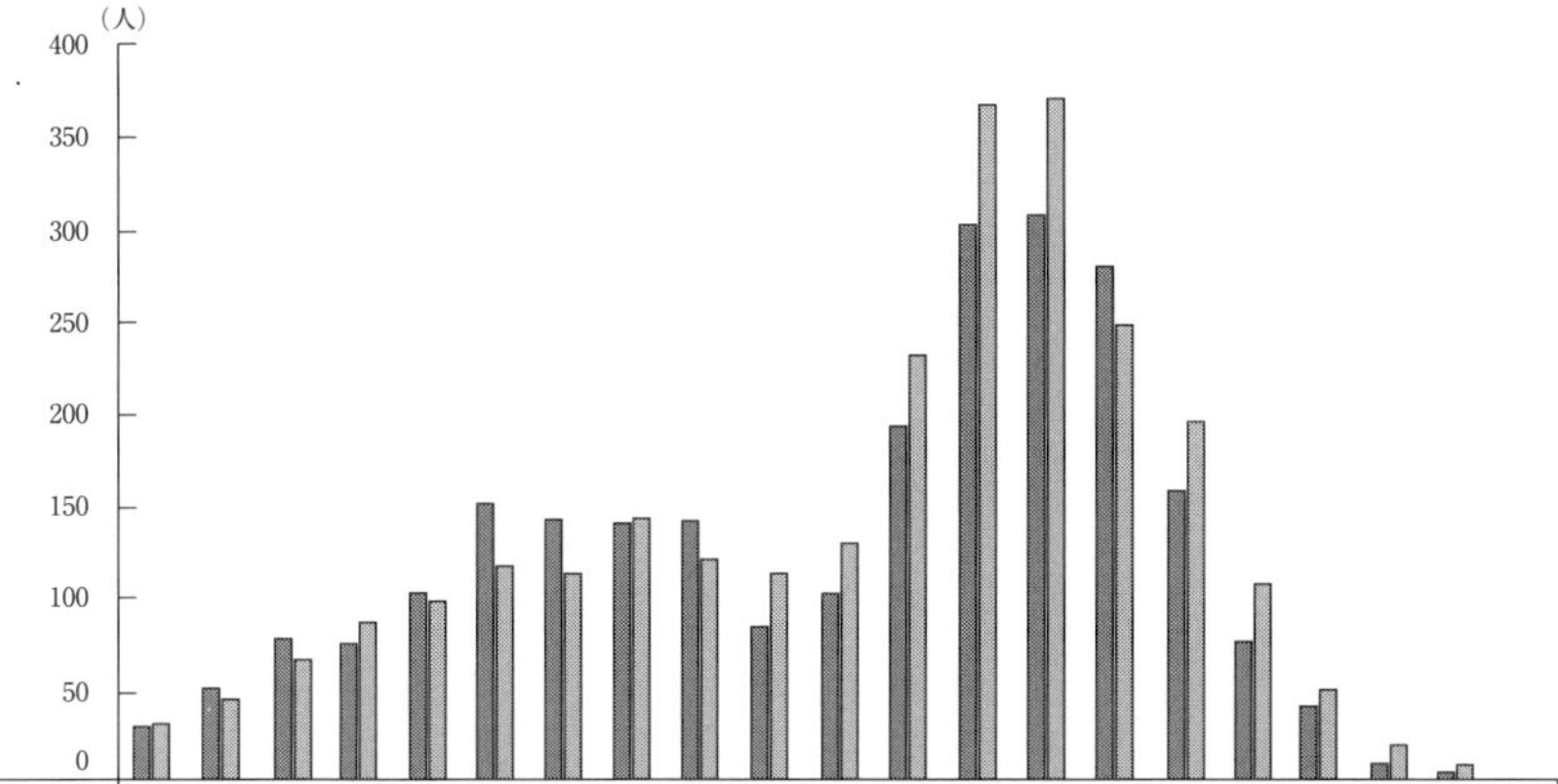

年齢区分（歳）	0〜4	5〜9	10〜14	15〜19	20〜24	25〜29	30〜34	35〜39	40〜44	45〜49	50〜54	55〜59	60〜64	65〜69	70〜74	75〜79	80〜84	85〜89	90〜94	95〜99	100〜104
男	30	51	78	76	103	152	142	141	144	85	103	194	303	309	281	158	76	40	8	3	0
女	32	45	66	87	98	117	113	144	122	114	131	234	369	372	249	196	107	49	19	8	0

図 3–3　ドリームハイツの年齢5歳区分別・男女別人口構成・2010（平成22）年（松本和子氏提供）

注　人口データは、2010（平成22）年11月30日時点の住民基本台帳データより。戸塚区区政推進課から提供を受け、ドリームハイツでまとめたもの（市ハイツ・県ハイツ合計）。

のまま五歳加わった人口の塊が右に移動し、七〇〜七四歳が最多となっているとみられる。一方で谷に当たる四〇代から五〇代は極端に人口が少なく、ドリームハイツの二〇二五年問題は、全国レベルよりもさらに深刻であることがわかる。

一九九〇年代に入ると、入居当時、乳幼児だった子どもたちも成人に近い年齢に達し、一九九五（平成七）年には、一五歳未満の年少人口割合は一三・五％と入居当初の三分の一近くまで減っている。近年、乳幼児の遊び場「ありんこ会」と「たけのこ会」が閉鎖となったが、一方で子育て支援ニーズは少子化、核家族化、働く母親が増えたこと、ひとり親家族の増加などの波を受け、孤独な育児、母親の育児不安という新たな問題として顕在化している。こうした母親の育児不安に対して、母親が「助けて」と言える力を引き出そうと、子どもの一時預かりと親子の居場所を目的とした「おやこの広場　ぽっぽの家」が一九九六（平成八）年にスタートした。

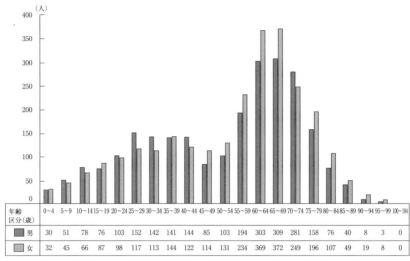

ドリームハイツ内の団体の統廃合

二〇一五（平成二七）年には、横浜市の「よこはま夢ファンド」（市民活動推進基金）が始めた「組織基盤強化助成金」という助成企画に応募し、ドリームハイツ内の三団体の統廃合も視野に話しあいを進めてきた。この「よこはま夢ファンド」は市民活動団体が、より活発に活動を推進できるような環境をつくるため、市民からの寄付を基金に積み立て、登録されたＮＰＯ法人の公益的活動への助成などを行う仕組みである。

団体の統廃合を考えるようになったのは、「ドリームハイツという地域で、一つの団体に固執しないで地域全体のこれからと地域の利益を考えていこう」という目的で、ファシリテーターに入ってもらい、話しあいが進んできている。今後は、「ボランティアバンク・えん」が「夢みん」に入り、その後「地域給食の会」も「夢みん」に合流することになるという。その検討のなかでは、「夢みん」は介護保険の事業者ではないが、今後、介護保険改定に伴う住民主体による介護予防・日常生活支援総合事業の通所型サービスＢの受け皿になることを目指している。

そのほかに地域の声から生まれた企画として、「夢みん」の「認知症カフェ」、「ふらっとステーション・ドリーム」内につくった心の病やひきこもりの人たちの居場所「フリースペースぽぽら」（以下、「ぽぽら」とする）がある。この「ぽぽら」は、「地域ケアプラザと精神障害者生活支援センター（精神障がいのある人の相談・サービス機関、各区に一か所設置されている）から『居場所をつくってもらえませんか』と呼びかけられたことがきっかけ。理事会に提案したら、『大丈夫？』という反応が出た。急な持ち込み企画で、当然の反応だったのかもしれない。同様に住民の不安もあるだろうと思い、一年間は勉強させてもらおうと、あちこちのフリースペースや講座、集まりに参加して回った。次の年に区社協の新規事業の助成が認められたので、フリースペースを開き、同時に地域に向けた学習会も開いて理解を広げながら進めてきた。今は理事会の理解も深まり、当事者の方がたとよい関係が築くことができ、地域に定着してきた」という。

住民自治の心を育てる

「いろんな方に支えてもらって、今のドリームハイツの地域活動がある。これだけ多くの人がかかわっているのは、地域への愛着や課題の共有ができているから。確実に住民自治が育っていると感じます。ドリームハイツの町並みはきれいでしょ。管理組合も頑張っていて、自称『あじさい通り』とか、『銀杏大通り』など緑がきれいです。おかげさまで住みよい町になっている」ことを松本さんはうれしく、また誇らしくも感じている。また、「新しい活動ができるたびに新しい担い手が増えてきたけど、ほとんどが口コミ。団体はそれぞれ、人もお金も独立しているが、それがゆるやかなネットワークでつながり、必要に応じて話しあいができるようになった。ドリームハイツは日々前進している」とも感じている。

「地域は生きていて、日々成長していると感じられ、面白い。そして話しあいを大事にしているが、そのなかで気をつけているのは、意見の違いを大事にする

図 3–4　「未来塾」あらゆる人をつなげ知恵を結集するために（松本和子氏提供）

こと。それが私たちの推進力になっています。意見がずっと平行線の時はどうするか。その時は、まず原点に戻る。単純な多数決ではなく、始めた時の目的に戻ってみる。次に外に目を向けて一度外から意見を聞いたり、外に出かけて行って、活動を客観的に見たり、視野を広げたり、まったく違う視座に立ってみます。そのようにいっしょに学ぶことで一致できることもある」というのは、松本さんの長年の経験からの知恵でもある。

「つながっているのではなく、つなげている。最近の意図的なつなぎは、『七〇歳からの未来塾』（図3-4）という連続講座の企画です。外部の専門家でドリームハイツのことを心配してくれている人たちに講師をお願いしました。なぜ人をつなげるのかというと、自分一人では何もできないから。そして今の地域の行く先を考えるには、あらゆる人たちの知恵を結集する必要があるから、私たちの抱える課題をみんなに考えてもらいたいから。だから、これからも呼びかけます」と力強く宣言する。

次の世代に向けて

「そうやって『お手伝いならするよ』という人が必ず出てくるので、動けるんです」と松本さんは話す。つい最近行った「『夢みん祭り』では若い人がかかわってくれるようになった。退職したばかりの人も呼び込んでいる。『すぎのこ会』の親たちが子育てした頃と、今の親では、環境も生き方も違っている」ことをひしひしと感じることがある。

「子育て世代の調査を行って、わかってきたことは、『地域の行事には時間があれば、参加したい、手伝いたい』『だけど時間がない』時間に追われる日常があるということ。しかしアンケートを返した人は意識がちゃんとあると感じ」、これからの子育て世代との協働に期待をかけている。

「『ぽっぽの家』の常駐スタッフには、いろんな世代がそろっている。『自分が子育て中大変な時に、ぽっぽの家にお世話になったから』『子どもが少し大きくなって手を離れたから』とボランティアやスタッフになってくれる。『ぽっぽの家』の働き手は、「横浜市親と子のつどいの広場事業」という制度にのっているので、最低賃金が保障されている。若い人も賃金の保障があればもっともっと地域にかかわれます。私たちの時代とは違って、男女が対等に働く、働かざるを得ないという状況もあります。地域に関心はあるけれど、一時間二五〇円ではとてもできない。ＮＰＯ法人が公的な制度を担う、制度にならないけれど地域や社会に必要な確かな事業にはお金を出す、企業や社会福祉法人等との協働事業を探っていく……など、地域にお金が回り、人件費がしっかり払えるようになると、若い人は地域で働けるし、事業や活動は続くと確信している」という。

「ドリームハイツの活動は、ゆりかごから墓場まで網羅されている。その時々に必要なものをつくってきたら結果としてそうなってきた。『私』個人の問題が、同じ課題を共有して何人かが動くと『共』になり、それを社会に広げ提案し行政も動かすようになると『公』になる。私ごとが公になる、その連続で積み重ねでした。ただ最近は、生活者の声やニーズを共有できる場面が減っています。以前と違って、生活自体の忙しさがあって、集まって語りあう時間が少なくなっています。今は、若い人が『個』のままで『孤』になって、分断させられている気がします。貧困も個人の責任、働かないのが悪いんだ、という風潮が強く、社会の問題かもしれないと気づかされないように巧妙になってきているかも」と危惧を抱いている。

それでも松本さんは、未来に、次世代に希望を持っている。ドリームハイツだからできたこともあるだろう。ドリームハイツの四〇年の住民構造の変化、地域ニーズの変化は、都市社会の未来を先取りしている。ドリームハイツの、「私」ごとから住民みんなで「公共」を創りあげていく実践から学びとることができる取り組みのヒントは尽きることがない。これからもドリームハイツの地域活動の展開と深化から目を離すことができない。

図 3-5　「深谷台地域運営協議会」の地域紹介のリーフレット（表紙）

第四章　介護保険は人を育てない、「たすけあい」は人を育ててきた

——「グループたすけあい」での切れ目のない支援

清水雅子さん

「たすけあい」で暮らしを守る在宅福祉のパイオニア

清水さんは、住民参加型在宅福祉サービス団体の先駆けにしてトップランナー。「在宅」に徹底してこだわりながら、「サービス生産協同組合・グループたすけあい」（以下、「たすけあい」とする）の理事長を三二年間務めてきた。

結婚してから青葉区で、三人のお子さんを育てながら生協活動にかかわった。子育てが一段落した頃、高齢化社会を意識し、自分たちの問題として親の介護について考える勉強会を開催した。それをきっかけに集まった主婦四三人で、一九八五（昭和六〇）年、三つの合言葉「おしきせでない、ほどこしでない、金儲けでない」を掲げて「グループたすけあい」を誕生させる。主婦が担い手の中心になり、さまざまな生活上の困りごとに対応し、枠のない柔軟なサービスを提供。利用はどんどん拡大し、活動は成長していった。

一九九九（平成一一）年にはＮＰＯ法人格を取得、二〇〇〇（平成一二）年からは介護保険の訪問介護事業所となる。その後も、介護保険サービスと助けあいサービスを組み合わせることで、切れ目のない支援を発展させてきた。

二〇一五（平成二七）年には設立三〇周年を迎えた。次世代、孫世代が清水さんたちの背中を見ながら、また担い手になっていく、大きな助けあいの循環を地域につくりだしている。

第一節 「たすけあい」の誕生とその活動の広がり

最初の依頼は民生委員から

「たすけあい」は一九八五（昭和六〇）年四月に現在の横浜市青葉区に産声を上げた。事務所に電話を設置したものの、依頼があるかどうかは不安だった。そう思っていたところ、事務所に直接相談が入った。地元の民生委員からだった。

清水さんは、「民生委員でしたら、横浜市がホームヘルプ協会をつくったのをご存じでしょう。福祉事務所に行かれたらいいのに」と言ったところ、民生委員の方は「もちろん知ってますよ。今、区役所に行ってきました。そしたら、ヘルパー派遣まで一か月から二か月待ってくれって言われたんです。今、困っているから相談したのに」と言う。その世帯の状況は切実で、「世話をしているおばあちゃんが倒れて、入院してしまった。残っているおじいちゃんの介護が今日から必要だ。何とかしてほしい」と待ったなしの状況だった。清水さんは、その日のうちに会員のヘルパーを連れて、その方のお宅に出向いた。「それから一週間後に、奥さんは亡くなり、その後もおじいちゃんが亡くなるまで」支援にかかわった。それが第一号の依頼で、その後も次々に相談が飛び込んできた。「社会福祉協議会に行きました、福祉事務所にも行ってきました。だけど対象者の枠が狭いし、派遣までに時間がかかる」ことから、「結局、私たちの方にどんどん依頼が入ってきた」のだ。

母子家庭、父子家庭からの依頼も多かった。母親が亡くなって父子家庭になったが、家政婦を頼むとお金がかかってしまう。ひとり親家庭への支援は、行政はもちろん、ボランティアが対応すべきニーズだとは考えられていなかったので、どこにも救い手がなく、「たすけあい」が唯一の頼みの綱だった。

「たすけあい」では、事務所に午前の部、午後の部と交替で電話番を置いて、いつ連絡しても誰かがいるようにした。それは「信用を大事にしたかった」からだ。「携帯電話なんてなかった時代だから、常に連絡がとれる体制がまずは大事。電話番号は９７１‐３３１７（くない　みみいいな）」。電電公社まで行って選んだ。

年齢や生活レベルを問わず、誰でも依頼することができる「たすけあい」の仕組みは、有料だが安い金額で利用でき、「お返ししなきゃ」という負担感も感じないで済む。会の活動は、徐々に信頼を得て広がっていった。

出資することの意味

「たすけあい」の活動は、会員制で一時間あたり五〇〇円という有料・有償の仕組みとしてスタートした。会員はサービスを提供する提供会員とサービスを利用する受給会員に分けた。提供会員が直接「今日は一時間やりました。五〇〇円ください」とは言いにくい。それで、チケット制を採り入れた。一〇時間分のチケットが一綴りで、一時間券と三〇分券の組み合わせ。受給会員には先に一冊を買ってもらう。交通費は受給会員の負担とし、活動のたびに提供会員に支払う。提供会員は受け取ったチケットを月一回開かれる例会時に精算する。五〇〇円のうち四〇〇円分は提供会員が受け取り、一〇〇円分は会の運営費にあてられる。この時間単価は、一九八八（昭和六三）年には六〇〇円に、現在は一六〇〇円になっている。

「たすけあい」では、家庭とは別の「独立した事務所」がどうしても必要だと考えた。私生活との混同からのトラブルや家族の負担も予想されたからだ。幸い生活クラブ生協緑センターの一部を事務所として貸してもらえることになった。最初の事務所はできたものの、電話を引くのにもお金がかかる。自前の資金があるわけではないので、生協と同じような出資金制度を考えた。

出資金は二万円とした。「主婦が出せる金額」で「参加者が五〇人いれば約一〇〇万円程度のお金が集まる」という単純な発想だった。当時の二万円は現在の感覚からすると五万円くらいになると思われ、主婦としては、かなりの金額でもある。活動する人間から「なぜ二万円も出さなければならないの？」という疑問が起きるのは当然のことでもある。そのため、準備会の時に「活動母体をつくるためには資金が必要なこと、小さくても一つの事業体として周囲にも認知してもらいたいこと」を訴え、賛同者を募った。協同組合をつくる時の出資金は「約束ごと」であり、「自分で資金を出し、自分で運営する」のが協同組合の基本なので、意志確認にもつながる。「何かあればお返しするお金だから、会に貸してください」とお願いをした。二万円は退会時には返還されるとはいえ、納得しなければ出せない金額でもあった。当初の入会希望者は八六名だったのに、発足時には会員四三名と半分に減ってしまったことが何より出資へのためらいを物語っている。四三名の出資金八六万円は、事務所の家賃、電話敷設費、事務用品、登録カードの印刷費などにあて、活動収入だけで運営できるようになったのは三年後だったという。

「ワーカーズ・コレクティブ」ではない意味

生活クラブ生協神奈川からは、「ワーカーズ・コレクティブ」としてグループを組織化することを期待されていた。ワーカーズ・コレクティブとは、「雇う―雇われる」という関係ではなく、働く者同士が共同で出資して、それぞれが事業主として対等に働く労働者協同組合のこと。日本では、一九八二（昭和五七）年、最初のワーカーズ・コレクティブ「にんじん」が横浜市に誕生している。横浜はワーカーズ・コレクティブ発祥の地でもある。その後、生活クラブ生協の後押しと、時代のニーズに応える形で地域に次々と新たなワーカーズ・コレクティブが誕生していき、そのなかでも助けあい活動を行うワーカーズ・コレクティブが広がっていった。

ただ、清水さんは「ワーカーズ・コレクティブっていう言葉が好きじゃなかった」という。「私たちは地域福祉をやりたいんだ。今日の私は『手伝う人』でも、必要ができたら私は『受ける人』になる。ワーカーズ・コレクティブは、働く人が中心の考え方。私たちは、相互扶助で参加できる場をつくり、一生のうちに世話をしたり、されたりの関係ができればよい。定年という考えは一切ないから、六〇代、七〇代の人でも『たすけあい』のなかでは、働き盛りで活動に脂がのる時期。地域づくりを推進する一つの団体として、地域に対しても行政に対しても問題提起ができればよい」と考えていた。

また、「ワーカーズ・コレクティブ」という言葉は、生活クラブ生協のイメージが強かった。「生活クラブの組合員のための活動と思われてはいけない、そうじゃないと地域の方が受け入れてくれない」という判断もあった。生協そのものと違って、根拠となる法律があるわけではない。だから名前も「サービス生産協同組合」とした。「サービスを生み出す協同組合って、あえてワーカーズ・コレクティブとは違う名前をつけて」、こうして後に時代を変える一つの新しい団体が船出をした。

横浜市ホームヘルプ協会のスタート

「たすけあい」の誕生の四か月前、一九八四（昭和五九）年一二月には財団法人横浜市ホームヘルプ協会がスタートしている。協会は横浜市が第三セクター方式でつくり、横浜市はヘルパー派遣を全面委託した。「いつでも」「どこでも」「誰にでも」「何でも」を理念として、充実した在宅福祉サービスを提供するというふれこみで、全国的にも注目を集めた。しかし、当初は非常勤の登録ヘルパーによるサービス提供を始めたばかりで課題も多く、行政による弾力性を欠いた定型的なサービスだと批判を受けることもあった。

設立の時期がほぼ重なったため、「たすけあい」の側には、「なぜ、やる必要があるのか」という疑問が起こり、会員たちも「私たちの会への依頼は少ないだろう」とたかをくくっていたところがあった。しかし、ホームヘルプ協会は、サービスを利用するまでに最低でも二週間、長いと一か月、二か月はかかってしまう。当時の福祉事務所の対応の遅さや、提供されるサービスは公的な福祉の性格が強く、逆に「たすけあい」の迅速性がクローズアップされ、その後はフォーマルな福祉（協会）とインフォーマルな福祉（助けあい）が相補的に利用し合う形で、協力しあいながら展開していく。

活動を始めた頃の驚き

「たすけあい」では、最初から提供する活動を決めていたわけではない。依頼されるニーズに一つひとつ対応していくことで、「たすけあい」の活動は非常に多岐にわたるメニューへと広がっていった。

活動のなかでもっとも多いのは、高齢者に対する活動で、家事一般、食事、トイレ、散歩などの日常生活上の介助が主なものだ。障がいのある人の場合、代書、朗読、区役所や金融機関への代行業務が加わる。産前・産後の世話や母子・父子家庭に対するサービスもあり、一般家庭の主婦が病気やけがで療養中に、家事手伝いに入ったり、散髪といった活動にまで広がっていく。

「たすけあい」の活動を始めた頃は、「すべてが初めての経験だったので、驚きの連続だった」という。まずは、福祉事務所から生活困窮世帯の依頼がよく入ってきた。「自分たちが住んでいる誰もが幸せそうな青葉区に、こんなに困っている人がいるんだな」ということを実感することになった。たとえば、いわゆるゴミ屋敷となっている住宅に、最初は「たすけあい」の理事が福祉事務所の職員と一緒に出向いていって、ゴミがあふれた家のなかを片付ける。「福祉事務所の職員もいっしょになって片付けてくれて、信頼関係がつくられていった」。それから、徐々に会員に家事援助など活動に入ってもらうようにした。「普通の主婦の方がゴミ屋敷に行くと気絶しますよ。大げさな言い方ですけどね」と清水さんは振り返る。そのうえで、プライバシーはきちんと守って継続してかかわっていったので、「たすけあい」に対する信頼がつくられていったと考えている。

ひとり親家庭からの依頼も入った。「父子家庭の場合、私たちが活動で家庭に入っていると、子どもたちが『お母さんがほしい』って言い出すこともあるんです。『やっぱりお母さんがいるとよいな』という気持ちになるのでしょうね」。亡くなったお母さんに対しての強い思いもあって、なかなかまとまらないこともあるが、お父さんのお見合いの世話もした。「結婚式に招かれて列席した」こともあるし、今でも関係性は続いているという。「独身の男性も多くなりましたし、そのうち、結婚相談所でも始めたらよいかしら」と清水さんは笑う。

主婦の活動範囲は広い。清水さんは「主婦っていうのは、そうじ大臣もやっているし、大蔵大臣もやっているし、教育長もやっているしね」とにこやかに話す。だから、子どもの学習支援の依頼が入ることもあった。「学力不振の子どもに、夕方事務所で教えたり。あの頃、塾は勉強ができる子が行くところだったでしょ。できない子を受け入れるところはなかったですからね。ありとあらゆることをやりましたよ」。

「たすけあい」は対象者やサービスの基準や範囲を決めてから活動を始めたわけではない。どんな依頼でも受けて、即応するようにして、マッチングを考えながら継続していくうちに、活動の内容やニーズ、方法が整理されていった。

地域で活動する女性たちの多面性

「たすけあい」の会員は、設立年度（一九八五〈昭和六〇〉年）末の時点で提供会員七七人、受給会員七七人、一九九八（平成一〇）年には、提供会員二七七人（平均年齢五三・一歳）、受給会員一六一人、計四三八人と急成長している。提供会員の年齢構成（一九九七〈平成九〉年度）は、二〇歳代が二％、三〇歳代が七％、四〇歳代が二七％、五〇歳代が三七％、六〇歳代が二〇％、七〇歳以上が七％。介護保険前の時点では、年齢層の中心は四〇歳代から五〇歳代で、ほとんどの会員が、ＰＴＡ、生協、読書会、障がい者支援、ボランティア活動、趣味など多様な活動に参加していた。一週間のうち、ある曜日にボランティアをし、別の曜日は「たすけあい」の活動をする。スーパーでパートとして働き、休みの曜日に習いごとをし、その日の午後に助けあい活動に入ることもある。

会員は、「ボランティアをし、自分自身の勉強もし、いろんな役員もやっている、人生の活動家」という横顔を持つ。地域で活発な活動をしている女性は多面的な顔をもって、多様なアイデンティティをうまく使い分けているといわれるが、それは「たすけあい」の会員にもあてはまる。活動の場が多いと他者とのコミュニケーションが豊かになる。当然、「たすけあい」につながる情報が入ってきたり、話題を提供したりすることもある。「仕事は忙しい人に頼め」とよく言われるが、この言葉は「たすけあい」のためにあるといってもいいだろう。

子どもも参加し次の世代へバトンタッチ

ニーズを分け隔てせず活動に取り組んでいくと、自分の生活や家庭のなかに活動が入ってくることもある。清水さんの子どもたちは、家庭のなかで助けあい活動を経験して育った。

「お父さんが出張中にお母さんが入院し、お父さんが家に帰るまでの間、その子どもを自宅で預かったことがありました。長男が高校一年ぐらいの時だったか、最初の日に息子の部屋に泊めたら、翌朝『お母さん、や

おかあさんの背中　〜会員2世からのメッセージ〜
―その1―

昔から「子供は親の背中を見て育つ」と言います。やさしい笑顔以上に、物言わぬ背中は、子供たちに何かを
教えてくれたのです。いじめ、体罰、自殺……今、子供たちの世界が揺れています。大人がいくら分析し議論しても
子供たちは言うでしょう。「大人の真似してるだけだよ」……。学校や子供たちを責める前に、私たちは考えてみる必要
があるのではないでしょうか。私たちの背中は子供たちに、どう映っているのでしょう？……
電話が鳴って、とび出していく"たすけあい"の会員たち… その子供・会員2世たちからのメッセージです。

宗田亜子（十七才）

今年の五月で一年になろうとしている。うちに二人の子供が訪問してきたのは……その謎の二人が来る三日前位だった。母がいきなり「毎週土よう日、二人の子供、あずかるから！」と言った。私は、ちっちゃい子が好きだから、決していやではなかったが、弟の叫び声につられて「えーっ」と言ってしまった。「グループたすけあい」という名前を聞いた時、正直いって、ダサイこといってる、いまどきはやんないよ、と心の中で思っていた。言葉でいうと、こう表現するけど、ここには深い理由がこもっている。名前からして「助け合って生きていく」というのが狙いなんだろうけれど、ボランティアをやって偉いだろうと自慢するバカな人の集まりだと思っていた。娘ながらなさけないと感じていた。

初めて二人の子供が来た日は、たまたま私も具合が悪くて休んでいた。一人はまだ補乳ビンでミルクを飲む赤ちゃん、そしてもう一人は、障害をもった二才の男の子だった。その事は前に母からきいて知っていたが、全く普通の子って感じがした。そして心の強い子だとも思った。親と離れる時も涙を見せなかった。今じゃ私の弟みたいだ。こういう事をいうと、本やテレビみたいだが、その子が笑うと、本当に「瞳」が澄んでいる。きれいだなあって、心の中にその子の笑顔が焼きついた。その時、母はとっても素晴しいことをしていると思った。「グループたすけあい」の中で自慢するためにやっている人はいても、うちの母だけはちがうだろうと信じられるようになったのだ。私はそんなすてきな事を、親だけでやっているのは、ずるいと思う。子供にだってできる事はあるはずだ。とても身になる事だと思う。現に私は家庭科の保育のテストがものすごくよかった。

母はよく「これからのために〃グループたすけあい〃がある」と言うが、私はそうは思わない。今現在も必要ではないだろうか。もちろん皆が皆、こういう気持でいるなら、世界はものすごく平和でいられるのに。そんなにうまくはいかない。私はやりたくない人はやらなくてもいいという考えだ。へんな気持でやられてもうれしくはない。自分が、いざ困った時になって、きっと後悔する。私の両親のどち

図 4‒1　活動をともにした10代の会員二世のメッセージ（グループたすけあい、1986）

られた』と。おねしょをしてしまったんです。二日目には、息子は自分で考えたんですね。八時にその子どもを寝かせて、自分が寝る一一時にいったん起こして、トイレに連れていって、また寝かせる。そうしたらおねしょをしなくなった」という。

父子家庭の子に、遠足の時のお弁当をつくることもあった。横浜市は中学生になると学校給食がないので、お弁当を二つ作って持たせたりもしていた。

娘さんの経験もある。「保育園で熱を出してしまった子どもを母親が帰るまで自宅で預かっていたから、娘は今度は自分が母親になってそれが役立っていますね。よい経験をして、勉強させてあげたな」と思っている。小学六年生の時に、一歳児の子守りを手伝った清水さんの次女は、大学で福祉を学ぶようになった。

「たすけあい」を通して、同じ住民の生活上の困りごとがあることがわかり、それが共感を持っ

て感じられる。自分が困ったとき、助けてもらうことへの抵抗感を小さくするためには、「私」と「公」の領域を少しあいまいにして、その線引きをきっちりしすぎないことも大切。

「たすけあい」では、活動者の子どもたちを会員二世と呼ぶ。母親の活動についていって手伝うことは、必ずしも自発的ではないかもしれないが、よき理解者になるきっかけにもなる。これがプロのサービスだったら、「子連れで仕事なんてとんでもない、許されない」と考えられるかもしれないが、「たすけあい」は会員二世も巻き込んで活動を続けてきた。

第二節　横浜市青葉区の暮らしと「たすけあい」の始まり

小学二年生のヤングケアラー

写真 4-1　母の同僚たちと（清水雅子氏提供）

清水さんは、小学生の時から祖母の介護を経験している。祖母は一八年間、寝たきりだった。「痛いよ、痛いよ」といいながら身体が縮まっていく関節リウマチ。清水さんが小学二年生のときに発病し、結婚して長男を生んだ二五歳の時に亡くなった。その経験から、家庭介護の大変さは身に沁みてわかるつもりだ。

「あの頃はなんにもサービスがなかったですから。一八年の間で、保健婦さんが一回だけ褥瘡《じょくそう》の手当のために来てくださった。たった一回だけ。本当に他のサービスは何にもなくて、夜中に何度も起こされる」状態が続いたという。

写真4-2　小学3年生の清水さん（清水雅子氏提供）

母親は働きに出ていて、子ども時代の清水さんの面倒を見てくれたのが祖母だった。清水さんは、祖母がカルメ焼きやげんこつ飴を作ってくれたことを覚えている。動物園に連れて行ってくれたのも祖母で、母親とは行っていない。映画館にもよく連れていかれた。小学一年生になったばかりの頃、「四谷怪談を見たし、忠臣蔵も見た。映画がショックだったの」と思い出す。「おばあちゃんは自分が映画を見たいものだから。孫の私を置いておけないので、仕方なく連れていった。化け猫の映画なんて、よく小学一年生に見せたなって。ちょっとトラウマ。自分の子どもにはとても見せられない。でも、反対に度胸がついたかもしれないですね」と振り返る。おばあちゃん子だったから、自然にお世話をしていた。それが家族として当たり前のことだと思っていたからだ。

「昔はポータブルトイレなんかないから、一斗缶にハリガネでひもをつけて、そこで用を足してたの。昔の家っていうのはトイレは一番端でしょ。そこまで自分で行かれないから、すぐそばに置いておいてね。帰るとそれを捨てて、おばあちゃんにお茶を運んだり、買い物行ったり、体を拭いてあげたり、夕食のお米を研いだりして」いた。その頃はまだ「介護」という言葉はなかったが、小学二年生でも家族介護の中心的な担い手として頼りにされた。

最近では、大学の先生方が立ち上げた「日本ケアラー連盟」の集まりに出た時に「ヤングケアラー」の話題が出た。その時に、「考えてみたら、私もまさにヤングケアラーだったな」と思ったという。

新しい地域での不安な子育て

清水さんは小学校の先生になりたかったが、父親は「女に大学なんて必要ない」と大学進学に反対した。だから、父親に勧められるまま、花嫁修業のため明治神宮の巫女になった。そこでは、お茶とお琴と舞とお花が習える。全国の神社の御曹司が修行に来ていて、巫女の多くは神主さんの奥さんになるという、まさに花嫁修業コース。しかし、清水さんはそこを一年であっさり辞めて洋裁学校に行き、教員免許をとって洋裁の教師として働いた。

ご主人とは、高校二年生の時に出会っている。四歳上のいとこの同級生で、いとこの家に遊びに行っていた時に知りあったのだ。結婚したのは一九六八（昭和四三）年、清水さんが二四歳の時。二〇年の長期ローンを組んで、三年間は共働きしようと生活を始めたのが横浜市の当時港北区（その後緑区になり、現在青葉区）の荏田《えだ》だった。その結婚一年目に長男ができた。予定日よりかなり早く、未熟児で生まれ、しかも出産の日が大晦日だったから大変だった。「母は介護があるから来てくれないでしょ。夫のお母さんも親戚の不幸で一週間で帰っていってしまった。家に帰ったら、誰もいないじゃない」。暮らし始めたばかりの新しい地域で、不安な子育てが始まった。

家に帰ったら、周りには誰もいない

清水さんは働いていたので、ご近所づきあいがなかった。初産だったが、誰も来てくれなくて不安ばかりだった。だから、子どもが二か月を過ぎてからは、長男をだっこして近所を散歩しながら、ご近所の方にあいさつしたという。そうしたら、「うれしいことに、朝起きて玄関を開けると、笠地蔵みたいに、お野菜とかいろいろ置いてあってね。歩いていると『清水さん、おいしかったかい？』と声をかけてくださるので、どなた

写真4–3　ご近所が支えてくれた子育て期・長男と（清水雅子氏提供）

がくださったかわかったり、『たけのこ掘りにいらっしゃい』と誘ってくださったり、とても有り難かった」。親族よりもご近所の方のサポートに助けられたという。

「仕事を辞めて、ローンも返さなきゃいけない。好きだった牛乳一本買えず、生活は苦しく、産後の世話も自分一人でしており、今思えば大変だった」。そんな自分自身の育児の苦労があったから、「『たすけあい』を始めた時も、生活の助けになることだったら何でも、産後の世話も当然やる会にしちゃった」のだ。

東急田園都市線の開発

荏田で暮らし始めたのは、一九六八（昭和四三）年。東急田園都市沿線の開発の時期に重なる。田園都市線が長津田まで開通したのが一九六六（昭和四一）年のこと。「昭和四三年にこちらに来たもんですから、住民としては一番新しい方でした。荏田は、昔の宿場町です。周りにはわらぶき屋根が多くて、若い人たちは見たことないんじゃないかしら」と当時を振り返り、「それがみるみる、御殿に変わっていった」という。

高度経済成長期の私鉄の経営は、沿線開発とセットで行われた。沿線の地域開発により人口を増加させ、住民の需要を満たすことで鉄道会社は潤う。東急（東京急行電鉄）もそうした戦略的開発を行ってきた。そのなかでも、田園都市線はその象徴的路線といえる。東京の人口増加を見越し、神奈川県の緑が濃い丘陵地帯を田園都市に、理想的な住宅地にする計画がすすめられた。清水さんはそれを目の当たりにしている。何もないところに、住宅や道路や生活インフラを整備しながら、ベッドタウンを開発していく。持ち家を求めた新しい住民は、若く働き盛りの世帯が多く、夫婦と子どもの核家族が中心だった。新住民が増え、青葉区は高級住宅地、住みやすい街として変貌を遂げていく。今日でも、出生率が高く年少人口（一五歳未満）数は横浜市の区のなかでもっとも多い。

田園都市の理想のまちには、核家族中心の住民が急増していくが、商業や交通、教育などのインフラが整備されていく急ピッチのペースに対して、基本的な生活を支える福祉の環境整備は遅れる。そのギャップを埋めるには、住民の主体的な活動を待たなければならなかった。そこに登場するのが生活協同組合である。

生協活動に積極的にかかわる

一九七二（昭和四七）年、清水さんは二九歳の時にみどり生協（現在、生活クラブ生協神奈川）に加入している。生協のセンターが近くにできて、子どもは一歳と三歳、「母乳からミルクに切り替える時期、できるだけ安心できるものを飲ませたい」という気持ちがあった。

生協活動の間、生協の組合員に子どもを預かってもらえたので、小さな頃から活動ができた。共同購入班に加入してもらうため、あちこちの地域を勧誘に回っていた。その後、生協のさまざまな役職につき、「わかめとか、リンゴとか、牛とか、豚とか、水俣の甘夏とか」、安全な食品を求めて、全国の産地を駆け回る活動にかかわることになる。生活クラブ生協には店舗はなく共同購入が基本で、産地直送が自慢だったので、産地を見ないことには始まらない。「紙のリサイクルで製紙会社と交渉したり、『トイレットペーパー』を『ロールペーパー』と名称を変更したり、商品開発のために」全国を走り回った。「山形に行った時はホタルがいて、ここのお米なら、と安心感をもらえた。田舎の方に行けばお年寄りから子どもまで、いっしょに住んでいて、死ぬまで仕事がある。漁業も農業も、生活と仕事が一体で、それは素晴らしいなと思って。定年がある都会とは違う」ことを強く実感することになる。

ただ、最近は生協自体、低調になってきている、低調にならざるを得ない社会的環境の変化もあると感じる。モノで困ることがない時代になったからだ。共同購入をしなくても、ネットで調べて産地直送も簡単にできるようになった。「今は気楽に買えるようになったし、みんな働かなくちゃいけない現状にある。うちの娘たちもそうですね。共働きで、共同で購入というのができないため、今は生協の個配（個人配達）を利用しています」と清水さんはいう。家族を含めた社会の変化が生協活動を変化させ、転換期を迎えている。

立ち上げのきっかけは「親の介護」

清水さんは、三人の子育てをしながら、生協やPTA、地域のボランティアなど、それぞれの活動に精いっぱい力を注いできた。そして、子どもたちに手がかからなくなった時に「ふっと気がついたら、祖母の介護をしていたことを思い出して、そうか、子どもの面倒がなくなったら、今度は親の介護があるんだ」ということに気がついた。四〇歳になった時、人生八〇年の後半を「これからどうしようかな」と考えた。「親たちの介護」という心配を周りの友達に話したら、みんなも同じ気持ちだった。自分の親も夫の親もいるし、子どもにお金もかかる。そこで「じゃあ、勉強しながら始めましょうか」と言って動き始めたのが一九七九（昭和五四）年のこと。「地域福祉を考える会」という準備会をつくり、「地域のなかでみなさんが持っている力を発揮して、自分ができることで、助けあいをやりませんか」と呼びかけた。

ちょうど沖藤典子さんが、『女が職場を去る日』（新潮社、一九七九）というノンフィクションを出したばかり。お父さんの介護のためにキャリアウーマンの仕事を辞めて、沖藤さん自身が介護をした内容で、それがベストセラーになった。そこで、「沖藤さんをお呼びして講演会を青葉台で開いたら、一二〇人を超える方たちが集まった」。熱気あふれるその会場で、「私たち、これからこういう会をつくりたいと思うんですけど」と声をかけたら、四〇人から五〇人の方の手が上がったのだ。

有償で行うか、無償で行うか

子どもに手がかからなくなった代わりに、中学、高校、大学と子どもの教育にお金がかかる時期になった。そこで、「ボランティアが有償だったらどうだろう?」と考えた。準備会でもっとも焦点になったのは、助けあい活動を「有償で行うか、無償で行うか」という議論だった。今でこそ有償サービスは市民権を得ているが、当時はなかなか理解してもらえなかった。当時「ボランティア」とは、自発性、無償性、社会（連帯）性の三原則があると一般的に考えられており、そこに経済的要素（金銭）を介在させることは不純なことのように思われていたのである。

無償派の意見は「困っている人を助けるのにお金なんて要求できない」「お金をもらって活動するのはパート労働と同じ」「無償だからこそ意義がある」「自分自身も達成感が得られる」「ボランティア活動は社会的価値を生み出す」というもの。有償派の意見は「自分がサービスを受ける立場に立ったら、無償で安心してサービスが受けられない」「心理的負担になってしまう」「ボランティアは、自分が優位な立場に立って、一段高いところから手を差しのべているみたい」「サービスする方は仕事に責任を持つようになるし、サービスされる方はお礼の気持ちも表せて安心できる」などがあった。

そこで、無償の考え方の人たちに「じゃあ、将来あなたが困った時に、ボランティアの方のサービスを受けますか」と清水さんが聞いてみたところ、「ノー」という答えだった。「自分の時は割り切って、お金を払って

写真 4-4　「グループたすけあい」設立総会（清水雅子氏提供）

家政婦を頼みたい」と。清水さんは、それは「結局、相手をかわいそうだと思っているから、ボランティアをやれているんじゃないか」「そういう気持ちからの活動は頼む人と頼まれる人との間に、上下関係をつくることになりはしないか」と考えた（グループたすけあい編、一九九五）。

立場が分かれ、活動母体が分かれる

清水さんは、やはり有償派の立場だった。

「日本人というのは、必ずお返しするっていうのがあるでしょ。ちょっと何か頼んでも、子どもを預けても、お礼にお菓子を買っていく。どこかに出かける時、ちょっと植木に水やっておいてね、といったら必ずお土産を買ってきますよね。お買いものを頼んでも、『きゅうり二本、あなたもらって』とか。いい意味での〝バーター〟というのを日本人は持っている」。その心情というのは今の時代にも大きくは変化せず、日本人の生活文化に根づいている。

有償か無償か、議論は繰り返されたが、簡単に妥協できる性質の議論ではなかった。「目的は同じでも方法が違えばいっしょには活動できない」ことをお互いに確認し、「それぞれ場を変えて主張にあった活動をしましょう」というところに落ち着き、活動母体が分かれることになった。

無償派の人たちは「緑たすけあい」を設立し、有償派の人たちは、その後、清水さんを中心に「グループたすけあい」を結成する。根底にあるのは〝対等の福祉〟すなわち〝相互扶助〟で、「お互いさま」といえる関係をつくるために少額の金銭のやりとりを基本にするやり方である。「感謝の気持ち程度」の謝礼は労働の対価ではなく、「対等」「お互いさま」といえる関係を誘導する要素であり、活動する人の数や層をひろげていくためにも少額の収入は必要だと考えた。子どもを育てているため仕事ができない若い人や、高齢だが少しくらいならお手伝いできるというような人の参加も期待した。金銭が介在する行為には責任が生じる。「一度引き受けた仕事には責任を持つためにも、有償の方がよい」という選択をしたのである。

第三節　「たすけあい」の地域実践が問いかけたもの

阪神淡路大震災が起きた一九九五（平成七）年、「たすけあい」は一〇周年を記念して『横浜発　地域福祉のメッセージ』を発行する。「たすけあい」の理念・方法・実践をまとめたその本は、その後数多く誕生する住民参加型在宅福祉サービス団体に影響を与えていく。

対等な福祉でひろげる「たすけあい」の輪

「たすけあい」には三つの合言葉がある。「おしきせでない、ほどこしでない、金もうけでない」である。「おしきせでない」は、もう一つのスローガン「お互いさまの対等な福祉」と響きあっている。そこには、それまで日本の社会福祉制度が基本としていた「措置」による福祉への嫌悪感がある。

「たすけあい」の利用者からの依頼ルート・経路には、福祉事務所・保健所経由、病院の医師・ケースワーカー経由、まったく無関係な人が情報提供者になる、などがある。利用したい本人からの直接の依頼はそれほど多くない。それは、それだけ困った時に誰かにお願いすることが難しいことを物語っている。

「子が親の世話をするのは当然」という家族主義の観念は日本では依然として強いものの、徐々に弱まってきている。お互いに元気で暮らしている間は、親子でもなるべく迷惑はかけないようにする。しかし、実際に自分の身に何らかのアクシデントが起こると、まず自分に一番近い血縁者に声をかけ、世話をしてもらいたいと思う。ただ、現実にはなかなかそうならないのは、互いに離れた地域に住んでいる場合が多いからだ。そこで第三者にお願いする必要が出てくるが、そこにはどうしても「ためらい」が生じる。「世間体がわるい」「他人に家のなかを見られたくない」「他人にまかせることが不安」という心情になり、「人のお世話になるなんて」「お上（行政）の世話になるなんてとんでもない。私はまだほどこしは受けたくない」などと現場ではよく耳にする。第三者の手を遠慮せずに借り、「お願いします」と言える心構えも必要となるが、「たすけあい」の仕組みは、まさにこのためにつくられたといえる。

金もうけではなく「お互いさま」

合言葉の二つめ「ほどこしでない」は、純粋な善意によるボランティアではない、上からの援助ではないということ。三つめの「金もうけでない」は、「たすけあい」の仕組みの誤解を否定する意味がある。有料・有償は利用する際に「引け目」を感じないためであり、わずかな額でも支払うことで、「頼みづらいことも頼める」「後腐れがなく」「負い目」を感じないですむ仕組みにしたものといえる。

一方で、有償システムには実際に、サービスを利用する人が「お金を払っているのだから」と要求をしやすくなったり、命令口調になったりするというマイナスの面もある。また、サービス提供者が「お手伝いさんのように使われた」という不満を持つ場合もある。

有償システム自体は、「たすけあい」という人間のもっとも古い層にある行動を金銭的な経済行為に置き換え、利用者がサービスを購入するという形で、相互的な関係を消滅させたかにみえる。しかし、実際に「たすけあい」のなかで起きていることは、「私も、何とか困っている方のためになれたらと思い、活動に入った。『本当に助かりました。ありがとう』と言われた時、また、それが態度で感じられた時、『来てよかった。また、お役に立てるときはいつでも来たい』という気持ちになる」という提供会員の声に表れているように、いつかはわからないが、次の助けあい活動につながっていく、大きな相互交換の環のなかにあることがわかる。最初は「提供者としての自分」でしかないが、一〇年経つと今度は「受給者としての自分」を意識するようになる。

清水さんは、こうした交換のあり方を〝バーター〟という言葉で表現する。「人に手助けしてもらったら自分も手助けする、それが基本で、交換すれば〝バーター〟になる」という、ケアを受ける立場の人が気がねしないための仕組みは、地域社会に大きな互酬性の輪をつくりだすアクセルになっているといえる。

「たすけあい」の退会者が少ない理由

「たすけあい」の会員を辞める人はわずかである。退会理由の一位は転居。サラリーマン世帯に転勤・転居はつきものだ。受給会員は高齢の方が多いため、退会理由のトップは死没。会員のなかで実際に活動している人は全体の六割で、残りの四割は活動していない。その理由には、「仕事に行き始めたので時間がとれない」「近親者の介護で手いっぱい」「体調がわるい」「育児で手いっぱい」などがある。こうした理由があるのに会員を辞めないのはなぜか。

アンケートを見ると、「時間に余裕ができたら活動する」「趣旨には賛成なのだから辞める必要はない」「会員で在籍していれば自分もケアを受けられるから安心」「活動を断ってもとがめられない」などの意見がある。高齢化とともに、「いつ自分がケアを必要とする状況になるかわからない」、「たすけあい」はその時の頼みの綱だと考えられている。自分も活動してきたのだから、利用する時の遠慮や気がねはごく小さいものになる。

写真 4-5　生涯学級事業・研修会での実技指導（清水雅子氏提供）

逆に、一歳児の子守を依頼して受給会員として加入した会員が、今度は提供する側として活動するということもある。こうして今すぐではなくとも、子どもが大きくなって時間的に余裕ができた時に、提供会員となる素地がつくられる。本人が提供者にならないまでも、同じ子育て仲間や職場などに口コミで「たすけあい」の活動が伝わることで、会員の募集にも役立つことになる。

活動依頼の場面では会員に心理的負担を与えないようコーディネーターが心くばりをし、活動先でのトラブルは活動者本人に委ねるのではなく、コーディネーターの責任で処理している。そのことも会員の活動のうえでの不安を少なくし、高い定着率につながっているのかもしれない。また、会員は活動している・いないにかかわらず、年三回発行している会報を受け取る（図4-2）。年二回は事務所から会員宅に電話して近況を聞く。こうして情報を常に送り続け、「あなたの存在」を確認していることも重要だ。

「たすけあい」の四つの目標

「たすけあい」は設立の時から四つの目標を掲げている。

①相互扶助を基本にすえた地域福祉の実践、②高齢、障がい者になっても生きがいのある働く場、③豊かな人生のための生涯学習、④住みよい地域社会を創るための問題提起の四つである。

二つめの「高齢、障がい者になっても生きがいのある働く場」は、会の活動のなかで実際に起きている。介助があれば外出できる人が「買物にも行きたい」「外食もしてみたい」「映画やコンサートにも行ってみたい」

という当たり前の願い（しかし、公的なサービスでの対応は難しい）を「たすけあい」の活動によって実現できると、それが本人の前向きな意欲を喚起することにもなる。「点訳をしたいから方法を教えて」と言われたり、提供会員に向かって「〜さん、今日はちょっと元気がないみたい。何か悩みごとでもあるの？　聞いてあげるわよ」と声をかけてもらったりして驚くことがある。

三つめの「豊かな人生のための生涯学習」は、まさに「たすけあい」が大切にし、三〇年以上継続して行われてきた実践だ。設立当初の家庭介護教室から始まって、グループ主催の勉強会・研修会を定期的に開催してきており、その学習テーマは多岐にわたる。「保険で良い入れ歯を」「不安なき老後を手に入れる方法」「NPOで開く地域社会」「治療食を考える」「老いても自立できる住まいづくり」「利用者の権利擁護」「成年後見制度」「誤嚥性肺炎について」「認知症の理解と援助」「長寿時代のライフスタイル」「災害時対応」「対人援助技術」「エンディングノート活用」「薬の基礎知識」など幅広い。「たすけあい」の枠を設けない活動のなかでは、困難なケースに直面したり、援助者の知恵や努力だけでは対応しきれない場合も出てくるので、こうした援助者としての資質や力量を高めていくための研修が重要になるのだ。

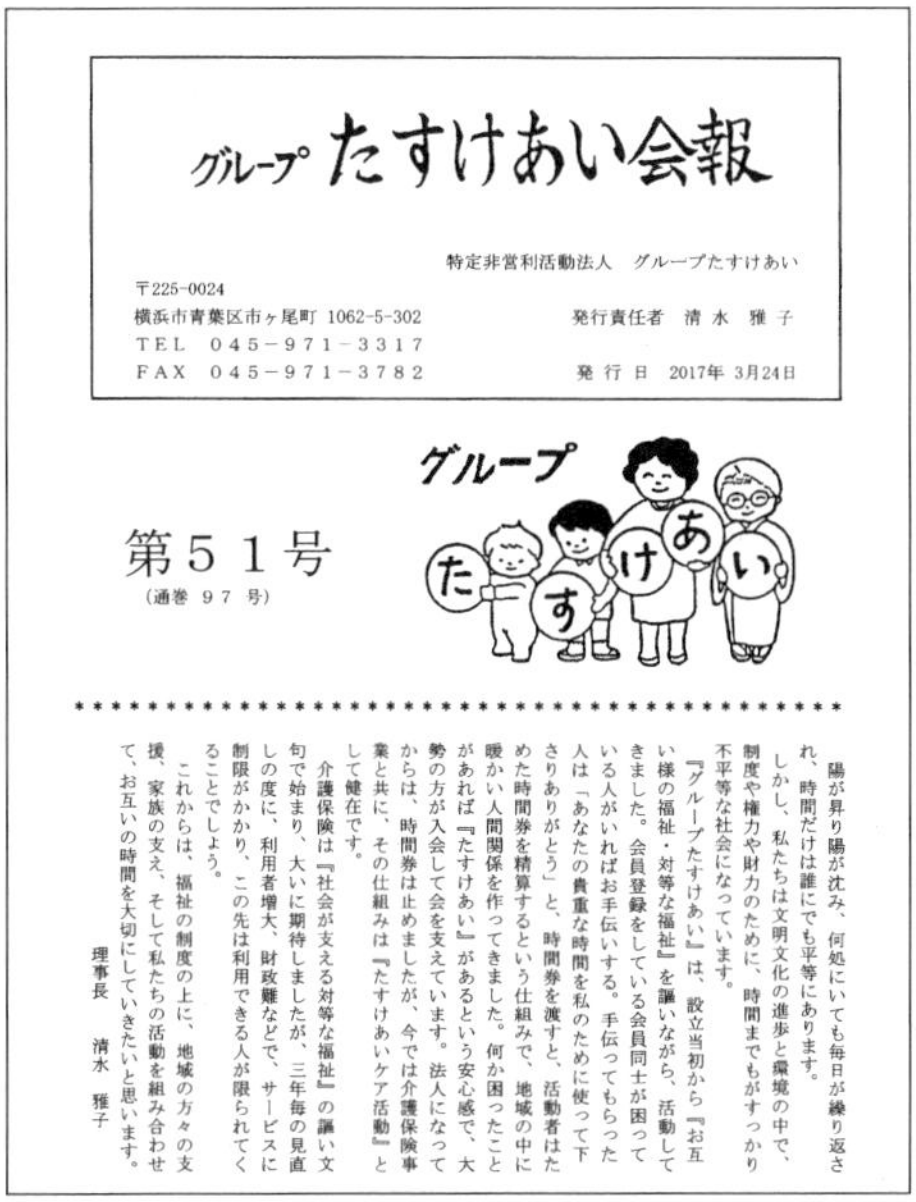

グループ　たすけあい会報

特定非営利活動法人　グループたすけあい

〒225-0024
横浜市青葉区市ヶ尾町 1062-5-302
TEL　045－971－3317
FAX　045－971－3782

発行責任者　清 水　雅 子
発 行 日　2017年 3月24日

第５１号
（通巻 ９７ 号）

グループ　たすけあい

陽が昇り陽が沈み、何処にいても毎日が繰り返され、時間だけは誰にでも平等にあります。

しかし、私たちは文明文化の進歩と環境の中で、制度や権力や財力のために、時間までもがすっかり不平等な社会になっています。

『グループたすけあい』は、設立当初から『お互い様の福祉・対等な福祉』を謳いながら、活動してきました。会員登録をしている会員同士が困っている人がいればお手伝いする。手伝ってもらった人は「あなたの貴重な時間を私のために使って下さりありがとう」と、時間券を渡すと、活動者はためた時間券を精算するという仕組みで、地域の中に暖かい人間関係を作ってきました。何か困ったことがあれば『たすけあい』があるという安心感で、大勢の方が入会して会を支えています。法人になってからは、時間券は止めましたが、今では介護保険事業と共に、その仕組みは『たすけあいケア活動』として健在です。

介護保険は『社会が支える対等な福祉』の謳い文句で始まり、大いに期待しましたが、三年毎の見直しの度に、利用者増大、財政難などで、サービスに制限がかかり、この先は利用できる人が限られてくることでしょう。

これからは、福祉の制度の上に、地域の方々の支援、家族の支え、そして私たちの活動を組み合わせて、お互いの時間を大切にしていきたいと思います。

理事長　清水　雅子

図 4–2　想いをつなぐ会報とロゴ（グループたすけあい、2017）

また、会員向けの研修のみならず、地域住民のために「たすけあい生涯教育学級」も開催してきた。これは、横浜市から生涯教育学級事業として一〇万円の補助を受けて開催したものである。主催研修だけでなく、会員が参加した研修での学びも会報で報告される。これ以外にも、研修生、実習生（中・高生や専門学校生など）も積極的に受け入れ、若い学生の気づきを次世代の育成とともに、自らの会のケアの質の向上に役立ててきた。

社会への問題提起も重要な活動

具体的な活動にとどまらず、「たすけあい」では、住みよい地域社会をつくるための問題提起を大切にしている。目標の四つめである。

最初の問題提起は、目の不自由な方への点字の案内だった。視覚障がいのある人の場合、朗読などはボランティアに頼めるが、「たすけあい」に依頼が入ることもある。そのなかに「一か月に一回手紙を読んでほしい」という依頼があった。そんな活動のなかで「腹が立ったのは、行政から来る手紙なんです。読んでいくと『いついつまでに返事がなかったら、あなたはこうなります』と書いてあるんです。行政は一人暮らしの目の不自由な方だとわかっているのに、なぜ点字で渡さないんだ」と感じ、清水さんは区役所に苦情を言いに行った。そして、市や区からの公的文書には封筒に点字を入れてほしいという提案を行ったのだ。神奈川県にも同じ提案を出し、その提案は当時の「ともしび賞」（神奈川県）を受賞した。

駅のエレベーター設置にも問題提起をしてきた。東急線の青葉台駅を改修する時に「駅にお願いに行ったら、東急はエレベーターをつけないと言ったんですよ。この沿線は若い人ばっかりだからいらない」と言われた。清水さんは「せっかく駅を作り直すんなら、エレベーターを設置してください」と粘ったが、らちがあかないので、今度は横浜市に申し出をした。横浜市は福祉のまちづくりを進めており条例もできていたので、駅改修時にエレベーター、エスカレーター設置の補助金が出ることになり、事態は一気に進展した。東急も「今では全線でバリアフリー化をすすめるようになった」という、その姿勢の変化は劇的でもあった。

「昔、車いすの方を連れていこうとする時は、階段を駅員四人がかりで持ち上げていたんです。その間は駅員が配置についていない。『事故が起きたらどうするんですか？』と言ったら、ようやくわかってくれて。今は駅員一人で乗降の時に板を持ってきて移動介助をすればよいでしょ。だから、障がい者の方も一人で出歩けるようになった」と清水さんは要望の成果を語る。

「たすけあい」の活動は生活の苦労を軽減するが、問題が制度・政策、法律にあることも少なくない。そのためには制度が変わらなければ問題は解決しない。支援活動をしているから、困っていることがわかり、隠れていたニーズが顕在化する。自分の会だけでは解決できない問題について、社会に働きかけ、声を上げて提案することで社会を変えていこうとする。一九八八（昭和六三）年に企業と提携して取り組んだ配食サービスのモデル事業は、在宅生活を支える食事の確保の意味、健康状態の把握や安否確認にもなる意義を政策提案することにつながり、一九九五（平成七）年には横浜市のモデル事業となった。「たすけあい」が提言してきたことは、この他にも「公的福祉の枠をゆるやかなものにする」「手続きの簡素化を行う」「デイサービスの回数増加と夜間サービスの新設」「ショートステイの期間延長」「二四時間体制の相談窓口」「移送サービスの充実」（企業と試験運行を実施）などが挙げられるが、必要性が広く認識され、後に制度化されたものも少なくない。

写真 4-6　生涯学級事業・講演会（清水雅子氏提供）

第四節　介護保険の影響と変化　最初の理念を維持するか

「たすけあい」の三〇年以上の歴史の中でちょうど中間地点の二〇〇〇（平成一二）年に介護保険制度がスタートした。介護保険制度をつくる時に、「社会で支える」「対等な」という言葉が政府から出てきて清水さんは驚き、戸惑った。「たすけあい」がずっと大事にしてきた理念だからだ。だから制度化される介護保険には大いに期待し、「社会全体で支える仕組みができた」と歓迎していた。会員にも、「受けた方がいいですよ」と勧めた。その後「たすけあい」は介護保険の事業者となるが、その理念や活動の実際に介護保険はどのように影響したのだろうか。

ＮＰＯ法人として社会的認知を

一九九九（平成一一）年一〇月に「たすけあい」はＮＰＯ法人となった。ＮＰＯ法（特定非営利活動促進法）によるＮＰＯ法人（特定非営利活動法人）の認証が始まって、六か月後のことである。地域で信頼を得て一四年間の実績を積み上げてきたが、任意団体では「事務所を借りるのも、電話をひくのも、すべての契約は清水雅子個人の名義になってしまう。私がこけたら、全部契約のやり直しになってしまう」と思った。しかし、法人格を取得すれば、法人として契約ができる。社会的に認知されることが重要だと考えていたので、法人格はどうしても必要だと考えた。ＮＰＯ法人の認証を受けた時は、「やっと会が一人前になれた気がした」という。

法人化にあたっては、出資金制度が問題になった。配当や拠出金の還元を前提とする出資金は、ＮＰＯ法では余剰利益を分配したり、財産を還元することにあたり、公共性を謳《うた》うＮＰＯ法人格の認証が認められないからである。「たすけあい」では、いったんすべての出資金を会員に返還し、改めて会費の徴収を行うことでＮＰＯ法人化に踏み切ることにした。合計で数百人の会員に対しての作業は大変だったが、すべての会員の意思確認が一人ひとりできたという意味では非常によい機会になった。

介護保険の事業者になるためらい

政府は、新しく創設する介護保険制度が「保険あってサービスなし」となることがないよう、サービス供給主体の多元化戦略をとった。当時、「たすけあい」のような住民参加型在宅福祉サービス団体は、全国に二〇〇〇ちかく存在した。当時の厚生省には、こうした住民参加型団体に法人格を取得してもらうことで、居宅サービスの指定事業者になってもらおうという思惑があった。清水さんは「最初は申請しなかったんですよ」という。「二〇〇〇年の四月にすぐにはやらなかった。利用している高齢者は多かったので『あなたも保険料を払っているので、介護保険を受けられますし、利用料も一割負担でお安いから、是非、介護保険を受けて下さい』とお一人お一人にお願いしました。『私たちは介護保険の事業所じゃないからお手伝いはできないけど』と。そしたら、ほとんどのみなさんの答えは『ノー』だったんです。『たすけあいの料金は安いから、たすけあいでよい』って。『今のままがよいから変わるのはイヤだ。たすけあいの料金は払えるからこのままでよい』と。そうすると社会の仕組みから外れるでしょ。迷っていたところに、利用者から『たすけあいも介護保険のサービスをやってくれるとよいのにね』と言われた」のだ。こうして受給会員からの声に背中を押されて、指定サービス事業者の申請をすることにした。

「介護保険のスタートの四月を過ぎて県に相談に行ったら、県では『たすけあいは、一九八五（昭和六〇）年から実績があるから、指定ができる。翌月の五月一日から始められる』と言われた。まあそれから準備が大変でした。だから、『たすけあい』はあえて五月一日スタートの一か月遅れ、まっ先に事業者にはならなかった。そこは『たすけあい』の意地なんです」。

介護保険の指定事業者となって、「訪問介護」（ホームヘルプ）サービスを提供するようになった。ただ、すべてを介護保険サービスに転換したのではなく、従来の「たすけあい」のケア活動も引き続き行い、介護保険制度の枠（制限）に入らず、足りないところは、「たすけあいケア」（「たすけあい」内の自費サービスの名称）で補うやり方をとった。

介護保険と「たすけあいケア」の融合

最近の活動時間をみると、時間数では介護保険の方が上回っている。「たすけあいケア」は介護保険のサービス時間の三分の一ぐらい。介護保険だけの利用者もいるし、併用している人もいる。「たすけあいケア」だけの人もいる。介護保険だけを利用している人を「利用者」と呼び、「たすけあいケア」の方は「受給会員」という言い方をして区別はするが、介護保険と「たすけあいケア」がうまく融合するように組み合わせる。大切なのは、一人ひとりを中心に考えて、どうしたらよいか、一つひとつ個別のケアプランを積み上げていくこと。「最初からこうあるべきだという教科書はないんです。それぞれ顔が違うように、性格も違う、暮らし方も違う。考え方も違う。その人に合わせなかったらよいケアじゃないんです」。

その介護保険は本人の支援をするためのサービスという性格があり、お風呂やトイレなど家族と共有しているところの掃除などはすることができない。「たとえばちょっと認知症があり、八〇歳代の息子さんとお孫さんと暮らしているおばあちゃんがいる。介護保険でおばあちゃんの介護を一時間やったら、次に、お風呂とか洗面所とか共有部分のケアは一時間たすけあいケアをつける。合わせて二時間やると全部できちゃうじゃない」。利用者にとっては、介護保険サービスを利用した方が得になるし、上手に組み合わせて使ってもらっている。

しかし、介護保険はサービスの枠が定められていて、その人の生活にはなかなかあわせられない。それがおかしいと思い、当時の厚生省に要望したこともある。

「最初、厚生省が窓ガラスを拭いてはいけないというので、神奈川ホームヘルプネットワークという組織で厚生省まで乗り込んだ。「乗り込んでいったわけじゃなくて、おとなしく行ったんですけど。寝たきりのお年寄りの庭にきれいなお花が咲いたのに、ガラスが曇っているために見えない、それはおかしいんじゃないか、精神的に安定するためにも、ガラスを拭いてよいんじゃないか」ということを話した。そうしたら、結果として「ガラスは拭いてもよい、でも磨いちゃいけない」という回答に変わったという。併用することも必要だけれど、介護保険のサービスを使いやすく変えていく働きも重要なのだ。

「たすけあいケア」の方は、当初は一時間五〇〇円だったが、介護保険開始時には九〇〇円とした。それでも利用者からは、「安すぎる」との声が出て、他の民間サービス事業者の自費サービスを調べてみたら三〇〇〇円以上する。それでは「高すぎる」ので、以降は一時間一六〇〇円とした。

しかしなかには、何らかの助けを必要としている人で、生活保護も受けられず、介護保険も滞納したり、お金がないために自費のサービスが使えない人もいる。支援が必要だが、会としても持ち出しでサービス提供することは運営面で厳しい。その場合の財源として、「共同募金」の配分金（三〇万円）を活用している。共同募金が生活困窮の方へのサービス提供に生かされているのである。

身体介護と生活（家事）援助

介護保険の訪問介護（ホームヘルプサービス）には、「身体介護」と「生活援助」の二つの種類がある。身体介護は、「食事」「排せつ」「入浴」「身体の清潔」「外出時の移動」などで、生活援助には、「住居等の掃除」「整理整頓」「衣服の洗濯・補修・整理」「生活品の買物」「調理と配膳」などがある。身体介護の方が介護報酬の時間単価が高く設定されている。

一般的には、民間大手の訪問介護事業者は、身体介護が多く利用時間が長いなど、報酬収入を多く見込める利用者を選び、「たすけあい」のような小さな会は、生活援助中心、短時間利用、不定期利用など収入の少ない利用者を受け持つことが多くなる。仕事内容としては身体介護が大変で、生活援助が楽だと思われたりするが、生活援助の方が大変な場合も多い。家のなかの整理整頓ができていない方の場合には、どこから手をつけたらよいのかを考えながら、まず片づけ、やっと人間的な生活に戻れたという方もいる。

「台所に入ったら、サツマイモが黒くなって溶けていた。冷蔵庫を開けたら、賞味期限が切れた食品がいっぱい入っていたり、ベッドのシーツをはがしたら、お菓子がぼろぼろ出てきたり」する。「毎日がドラマで、その日その日をどうやって人間らしく生きるか。生活援助の一番大事なところ」だという。

「たすけあい」の活動は、まずあいさつから。「話をしながら家事をやっていると、利用者がついて歩いてくる。話しがしたいから、お茶碗を洗っていても、そばで話をしようとする」。その日どんなものを食べて、どんな部屋でどんな空気を吸って、どんな気持ちで過ごすかを知ることが大事で、それを支えられるのが生活援助だから、非常に重要なケアだと考えている。国の介護保険審査会の男性委員が「掃除なんてしなくても大丈夫」と家事援助を軽視する発言をするのはおかしいと感じる。

食材も最近はスーパーで大抵のものはそろう。しかし、買い物になかなか行けない九五歳の女性からの依頼のファックスの指示は非常に細かい。「ダシはどこのダシという銘柄の指定がきちんとあって、それが自分らしい暮らしの防衛線になっている。足腰が弱くなって、買い物に行けなくなったのが、彼女にとってはつらい」のだ。それでも自分で料理をしていることが「九五歳まで生きる支えになっている。ダシがなんでもよいとなったら、心配になってしまう」ことになる。清水さんは、「在宅で暮らし続けるということはこういうことで、自分が主役で、周りを上手にカバーする人がいて、本人がいて、その上に仕組み、制度があるというのでなければ」と考えている。

介護保険は「使わなきゃ損？」

清水さんは、介護保険が導入されて「利用者の自立支援」「対等な関係」「介護の社会化」が謳われ、福祉サービスの利用が身近になったこと、「たすけあい」のような住民主体の会が法人格を取得し、プロの事業者と肩を並べてサービスを提供できるようになったこと、介護報酬により会の経営も楽になったこと、担い手のホームヘルパーの資格者も増え、若い会員が意欲的になったことなど、よい変化が起きたことを積極的に評価しながらも、問題も非常に多い制度になってしまったと感じている。悪い方向に行っているのは、「受けなきゃ、損、損になってきている」点にあるという。

介護保険は文字通り、社会保険の制度としてスタートした。従来の福祉のように、税を財源とした福祉的給付とは異なる。社会保険は負担と給付の関係が明確になっている点に特徴がある。つまり権利と義務があって、保険料を払うという義務がある。「四〇歳以上の方がみなさん保険料を払ってきて、義務を果たした。今度は受ける権利をどうするかって考えるようになった。だから受けなくちゃ損、損という形になって、ケアマネジャーも『あなたは要介護いくつで、何単位あるからこれだけ使えますよ』と説明する。要介護度別の上限まで全部使わせてあげるのが『よいケアマネジャーだ』という」現状を嘆く。清水さんは「たすけあい」でも居宅介護支援事業所（二〇〇八〈平成二〇年〉年〜）を併設して、ケアマネジャーが日々頑張っている姿を見ているので、「本当に必要なサービスは遠慮なく使い、体調がよくなってきたらサービスを減らすことが当たり前ではないか」と考えている。

「たすけあい」は人を育ててきた

清水さんが最近つくづく思うことは「『たすけあい』は人を育ててきた」ということだ。

三〇周年を迎えた時に、「以前お世話を受けていた方がどこかで福祉活動をやっている」という情報がたくさん飛び込んできた。「お母さまの面倒を最後まで見て見送った（看取った）方が、仕事を定年退職して今は自宅を開放してミニデイサービスを始めていたり、認知症のおばあちゃんの面倒を見てもらった息子さんは、相談窓口をつくり、おばあちゃんの面倒を見た娘さんはケアワーカーになって、その後お孫さんが活動者になっていることもあった。知らないうちに育っている、利用されている方やご家族も育っている。それは、『たすけあい』だからできたことではないか」と、「たすけあい」の人を育てる力に驚いている。これは介護保険制度には決してまねのできないことだという確信がある。

「介護保険は、人は助けます。でも、それだけなんです。介護保険にお世話になったからといって、受けた家族たちが恩返しを考えますか。利用してよかっただけでしょ。利用しなかったら損でしょ。『ヘルパーは態度が悪い』とか、『ここまでしか掃除しない』とか、文句だけは言ってくる」。介護保険は使いっぱなしで、「たすけあい」は関係が循環する。同じような仕組みなのに、意識は大きく違う。実際に、苦情が多いのは介護保険の方だ。「たすけあい」では会員同士の交流会の時に、奥さんがお世話になったご主人が「今度はぼくがお世話になるから、なにか手伝うことがあれば」とハーモニカを吹いてみなさんを和ませてくれたことがあった。「たすけあい」では、こんな心あたたまるような素敵なハプニングが起きる。

第五節　「たすけあい」の未来と清水さんの願い

設立三〇周年を迎えた時、理事長の清水さんは「いつも地域の方がたや他団体の方がたに見守られ応援していただいていることを励みに頑張ってくることができた。これからも初心を忘れず、三つの合言葉と四つの目標を大切にして活動を続けていく」と力強い宣言をしている。三〇年以上にわたって一貫して活動を継続し、介護保険施行以後も「たすけあいケア」は健在で、さらに重要性を増している。会員は二世三世に受け継がれ、世代を超えて持続的に発展している。

在宅医療と連携をすすめる

二〇一五（平成二七）年の介護保険制度改正において、在宅医療・介護連携の推進が包括的支援事業として位置づけられた。在宅医療の体制には、退院支援、日常の療養支援だけでなく、急変時の対応や住み慣れた自宅など望む場所での看取りが含まれる。

「たすけあい」では制度改正以前から、在宅ターミナルケアのケースにかかわることがあった。在宅での支えとなると、訪問看護や訪問診療があることが前提になる。

横浜市青葉区では、二〇一五（平成二七）年に、青葉区医師会と横浜市が共同して、「青葉区在宅医療連携拠点」を設置している。できるだけ地域で長く暮らしたいという思いを尊重し、それを支える仕組みができると、

写真 4-7　日中一人暮らしの方のお世話
（清水雅子氏提供）

次に、「自宅で死にたい」という自然な願いをどう実現できるのか、看取りをどうするか、という課題が出てくる。現実的に、在宅で一人暮らしであっても自宅で安心して死ねるような条件をつくりだしていくことが可能な状況ができてきた。

「昼間は誰かの目があるから、結局、夜をどうするかですよね。でも夜、自然に亡くなればそれは本望じゃないかと思います。昼間誰かとつながっていれば、それは孤独死じゃない。近所とのつきあいもなくて、亡くなってしまえば、それはご近所の方がたも嫌な感じがするけど、それまでの人間関係がうまくいっていれば私たちも後悔が残らない。周りの家族や地域の人が穏やかに生きるっていうのが大事なこと」だと考えている。

「たすけあい」がずっと在宅にこだわってきたのは、在宅だから本人の希望が出せて、それが生きる力になるから。「生命力ってすごいものです。そこに住んでいる限り、心配して様子を見に来てくださる人や民生委員さんが訪問したりするでしょ。外の交流があるわけだし、ご本人がすごく穏やか。それはやはり自分の家だから。『ここで死にたい』を大事にしたい」と願ってきた。このように在宅で安心して死ねる願いを実現するためには、訪問診療をしてくれる地域の医師の存在が非常に重要になる。「青葉区でも少しずつ好意的でよい先生が出てきて、午前は病院勤務で、午後は往診をするという先生もいるし、訪問診療を専門にするところもあり、それは有り難いと感じている」。

ホームヘルプ中心の理由とは

在宅を支える活動のタイプはさまざまあるが、清水さんは一貫して利用者の自宅でお世話をするホームヘルプ活動中心にやってきた。それは、何といっても自宅が一番だから。「自分の家に住みたいでしょ。夜中に起きてもトイレがどこだかわかる。それは、生活の動線というのがある。それが施設に入ると、決められた場所に、決められた時間に動かされるようになって、しまいにはトイレにも行かなくなって、ポータブルトイレで済ませたりしてしまう。自分の家だと『玄関きれいにしなくちゃ』とか、『お花も替えたいわ』とか、『お客さんがいらっしゃるから、みっともなくないようにこの部屋だけはきれいにしておこう』という気持ちが働く。それがその家の主として生きている証であり、その自尊心を大事にしたい。たしかに立派なホテルみたいな老人ホームがありますけど、家で生活できる限りは支援していきたい。近所の人も、『どうしているかな?』と心配するし、新聞がたまっていると『具合が悪いんじゃないか』と回覧板を持って行きながら様子を見るとか、そういうコミュニケーションが人間にとって一番大事じゃないかなと思う。だから在宅にこだわってきた。家にいるということは、近所の声も聞こえてくるし、季節の変わり目がわかるわけでしょ。それは人間らしいことで、長年そこに住めば一番のふるさとだし、子どもたちだって帰ってきやすいし」と、在宅が本人にとってもっともその人らしさを発揮できる場であることを最後まで支えていくことは、「たすけあい」の実践に裏付けられた、変わることのない理念だ。

次の世代に託していくために

在宅にこだわってきた清水さんだが、「施設ではないが、空き店舗を利用してデイサービスはやってもよいかな」と、場をつくってみたいという思いは常に持っていた。「たすけあい」では、サロンがそんな場になっている。

サロンは、「たすけあい」の会員と会員の友だちが参加できる場所で、事務所の一室で開催し、一〇年以上続いている。こじんまりとした部屋を使い毎回五～六人の小さなサロンで、参加費は一回五〇〇円。人数が多ければ二回に分けて開催している。会員が多彩な特技を持っているので、それを披露してもらいながら、会員同士の交流の場に生かしており、料理を教える方、お化粧やメイク、洋裁、手編みを教える方、絵手紙などもある。比較的若い会員が中心になって自由な発想が楽しい会になっている。だから、清水さんは「たすけあい」の世代交代、後継者についてはあまり心配していない。

清水さんは「たすけあいが三〇年続くとは思わなかった」という。「なんとなく続いちゃったという感じ。私の引き際、いつになるだろうって。後継者はいっぱいいますからね。理事は五〇代になってきている。いろんな事情で自然に若手に変わっていった。趣味が磯釣りという人もいて、こんなふうに自分の趣味をさらっと出せることが新しいでしょ」と次の世代の担い手のことを目を細めて語る。

携帯電話は「いのちの電話」

家族の介護を苦にした殺人のニュースは、今もなくならない。介護者が孤立させられている状況があって「誰も助けてくれない」「自分だけが背負わなきゃならない」「いつまで苦しい状態が続くのか」と追いつめられ思い余る、というニュースは、介護保険が始まった今でも後を絶たない。その地域に「たすけあい」があって、つながっていたらと思うことがある。

電話で相談にのり、話すだけで気持ちが落ち着くこともある。「私だって祖母に手をかけようとした本人なんです。寝たきりで祖母は『痛い痛い』を繰り返すし……。夜中に三度も四度も起こされる。『殺してくれ』

と言われる。『死にたい死にたい』と。どうしたら祖母も私も楽になるのか方法を考えていた時、祖母がこれ以上迷惑をかけたくないと自殺未遂してくれたおかげで、私はハッと我に返った。介護者が殺したい気持ちもわかる。楽にさせたい。楽になりたいの一心で手にかける。それは介護者が孤立しているから。人間生きている限り、誰しもが死に向かっているわけだから、命を大切にしたいと思った」という。

「誰かにSOSを出せれば、このようなことが起きることはないのに」と思う。やはり「SOSが出せるような地域をつくるために、『たすけあい』が存在している」と考えている。だから、いつも携帯で電話を受けられるようにし、SOSが入れば、必ずすぐに折り返すようにしている。「たすけあい」は受給会員の生存と携帯電話のラインでつながっている。そんなことを確信するできごとがあった。

「夜、着信があったんですよ。『どうしたの』って返信しようと思ったら、電話の向こうでは『ガーガー』という音が聞こえる。出なかったので心配になって、近くの理事と一緒に飛んで行ったの。そしたら車いすから転倒していて、頭を打って脳震とうを起こしていたんでしょうね。携帯はつぶれて壊れていたんですよ。何で着信したかなと今でも不思議なんですけど。それですぐに実家に電話をして、救急車には乗らないっていうから、ベッドに移して、お母さんがいらっしゃるのを待ってね。命拾いされましたね」。このように「私たち理事が全員携帯を持っているのは、それがいのちの電話だから」なのである。

よい意味での民主主義

「たすけあい」の理事会は月に一回開催している。定例会は月に一回。サービス担当者会議が月に一回。「サ連」というサービス提供者だけが集まる会議が週一回。会報委員会と研修委員会が二つに分かれ、やはり定期的に開催している。

写真 4-8　心と命をつなぐ「いのちの携帯電話」 著者と（市社協撮影）

「理事だとなかなか発想が出てこないが、若い編集委員だとアイディアがいろいろ出てくる。会員の拡大にもつなげようと、サロンでメイク教室と絵手紙をやって、集まることを楽しむ。交流会になると男性も出てこられる。会合は基本的には平日で、交流会は土曜日の午後。交流会は会員だけの総会と違って、受けている方（受給会員）にも出席していただく。人生楽しんで、よい仲間ができるというのがよいじゃないですか」。

「たすけあい」が、大都市郊外の人びとの生活のなかに広がり、根を下しているのは、「たすけあい」の仕組みだけではない。運営のルールにもある。「対等な関係でみんなが意見を出しあう、みんなで決めていくことが大事。『話しあって決めてみんなで頑張ろう』ということが基本で、よい意味での民主主義。民主主義は、多数決だと思われているけれど、私たちの民主主義は少数意見を徹底して尊重する。少数意見のなかにもよい意見がある。九〇％が賛同したけれども、一〇％の人が反対だったら、『なぜ反対するんだろうか』と考えてみること。意見を言いやすくすることも大事。意見が言えないような場は問題で、『私はそうは考えない』と言えないような話しあいは民主主義じゃない。一つのケアについても意見が違って当たり前。『たすけあい』の会議では、それこそ、たくさん意見が出ます。日本では、会議で話さない人が多いですね。話せない雰囲気がある。話す人が決まっている。その意見にみんな流されてしまう」。

話しあいを活性化するために、「議長を毎回変えて、書記も変えている。大事なことはそこで決まらなければ、すぐに決めないこともある。『次回までに考えてきて』と伝える。そこで無理やりには決めない。『意見が言えなかった』『時間がないから打ち切られちゃった』というのもいけないから」。総会の記録や勉強会の報告は、必ず会報にまとめて会員が共有できるようにしている。

これからの世代への期待

「たすけあい」は主婦が中心になって活動を担い、二世代、三世代目に受け継がれてきている。しかし、これからの世代は、働き方も変わってきているから、同じような仕組みでは難しくなってきていることを清水さんたちは感じている。

「私の子どもたちも共働きです。子どもは保育園に預けています。親が忙しいので、親子の関係、祖父母との関係、近隣との関係、だんだんと便利な社会になってぜんぶ疎遠になってしまっています。子どもたちが困っても親も働いているから、親を頼りにしなくなってきて、民間のサービスを利用したり、サービスを買う時代になっている」。

だから「保育園や学校は、いっしょにつくったり、支える存在というより」忙しさもあって、要求だけになってしまっている。「自分のことしか考えない、自分の小さな家族のことしか考えないようになってしまっていることは確か。すべてが個人主義になって、プライバシーの意識だけは強い。家族でさえ崩壊しかけて、兄弟でとか、大きな家族で仲良くするとか、それが薄らいできているのが福祉の脆弱さにつながっている」のだろうと危惧を抱いている。

「これからの世代が地域のなかで共同で暮らしを支えていくことはどうやったらできるんだろう」と清水さんは常に考えているが、これからの世代に希望も感じている。「『何かしなくちゃ』と若者は思っているが、そのきっかけがない。災害ボランティアには若い人が大勢駆けつけている。気持ちが足りないわけではない。きっかけがないだけ」なんだと。

清水さんは、やはり「子どもの時から地域で自然に育つ、そうした経験が非常に大事」だと考えている。助けあい活動が自然に家庭のなかに入ってくることも、地域の日常の暮らしだから特別なことにはならない。「近所のおじいちゃん、おばあちゃん」に接して、育てられれば、お年寄りを大事にする気持ちにもなる。ただ、最近の福祉教育には不安も感じる。

「福祉教育で老人ホームに連れて行くと、入居老人の姿を見せるだけで終わってしまっている。それで『福祉をやりなさい』『やさしい気持ちで手助けしなさい』というのは無理ですよ。そうじゃなくて、地域でいっしょに道路を掃除するとか、困っているおじいちゃんに声をかけるとか、荷物を持ったりとか。地域での自然な接点が大事なのであって、福祉教育を特別な設定のなかで行うのは間違っている」と考えている。地域で子どもたちが悪いことをしていたら、自然に注意できるような「いじわるばあさん同盟をつくろう」と仲間に呼びかけている。

清水さんにとっては、自分の子どもも、同級生たちも、地域の子どもも、家でいっしょにうどんをゆでて食べたりするのが当たり前だった。「最近、子ども食堂が流行りのようになっているけど、子ども食堂があれば、『親がご飯をつくらなくてよい』ということにはならない。そういう子どもたちがいるという問題提起はしなきゃいけない。貧困家庭をなくす方向に持っていかないと。母子家庭だったら、仕事ができるようにしたり、住むところを手配したり、そうすればお母さんが作ったものを食べられるでしょ。貧しくたっていいのよ。子どもは貧乏なら貧乏で育つんだもの。親子の絆を切っちゃいけない」と語る。

社会の仕組みやライフスタイルも変化してきている。「元に戻すことはできないけど、新しい発展はつくれると思う。『地域が身内』だと考えて、困っている人がいたら支援する、ごみが出せない家があれば手伝う」。人間そのものはみんなやさしく、人間の本質は変わらないから、時代が変わっても「たすけあい」は新しい発展ができると希望をもっている。

清水さんは自らを「楽天家」という。「人生楽しいですよ。悪いようにとらない。楽しんでいる。何とかしちゃう。トラブルを楽しんじゃう。それが秘訣かも。落ち込むと自分がダメになる」のだそうだ。「そうしているうちに三〇年たっちゃった。あと、何年生きるかわからないけど、人生一〇〇年時代に突入しているので、今が折り返しかもしれない。何か別のことをやっているかもしれない。後悔するより、夢もって生きる方がいいじゃないですか」と、清水さんは今も未来にその眼差しを向けている。

第五章　福祉は人と人との関係のなかで営まれる
――生活感覚を大事にした「たすけあい　ゆい」の支援

濱田静江さん

まちに溶け込むエプロン姿の理事長

社会福祉法人「たすけあい　ゆい」の理事長、濱田静江さんは異色のキャリアを持つ。主婦九人でつくったNPO法人「たすけあい　ゆい」（以下、「たすけあい　ゆい」とする）を母体に、二〇〇三（平成一五）年に社会福祉法人「たすけあい　ゆい」（以下、「ゆい」とする）を設立。横浜市南区で母子生活支援施設を中心に多様な福祉事業を展開する。「ゆい」には大きな施設はない。どの事業所も南区の下町の風景にすっかり溶け込んでいる。

貧困や孤立のなかにある子どもたちが安心して、自信を持って自立できるための環境をつくっていくためには、施設や専門職だけでは限界がある。子どもたちが遊び、学び、成長するための地域がどうしても必要だと考える。

こうした理念を掲げるのも、「たすけあい　ゆい」の活動のなかで、高齢者だけでなく、障がい児の支援や母子家庭の就労支援、自立支援に取り組んできたから。「困ったことがあったら、どこにでも飛んで行く」という姿勢で、「地域で暮らし続けたいという願いを支えるために」、まず動きだす。

生活者としての生活感覚を大切にした、実践を支えた理念が地域に根ざした社会福祉法人の働きのなかに、確かに息づいている。

第一節　地域で暮らし続けるための「たすけあい　ゆい」の誕生

始まりは主婦九人

始まりは、女性の社会進出の勉強会だった。時代は一九八〇年代。横浜市内各地に、助けあいのワーカーズ・コレクティブが生まれつつあった頃で、南区でも「自分たちができることで始めないとね」と話していた。会のなかでは「人の家のご飯を作ってお金をもらうのはよいのかな?」という話も出たが、勉強会にお呼びした「たすけあい」の清水雅子さん（第四章）は、「人の家のご飯をつくって、感謝されるのよね」と話してくれた。濱田さんたちは「それはすてきだなあ」と感じて、活動を始めたい気持ちを強めた。その頃、濱田さんは四一歳、夫、夫の両親、子ども二人の六人家族の生活をしていた。

当時、濱田さんは中学のＰＴＡで保健委員を務め、特別養護老人ホーム（特養）のボランティアもしていた。特養では、おむつを縫ったりたたんだりという活動をしていた。驚いたのは特養の現状。「臭いもきついし、プライバシーはどうなっているの?」「私は大部屋なんて嫌だし、あそこで生活はできない」と思った。施設介護の現実を突きつけられ、「自分がどうしたいか、どう生きたいか」を考えさせられることになったが、「やがて自分の理念みたいなもの」ができてきたという。

それから、生活クラブ生協を通じて知りあった主婦九人で設立準備会を開いた。「同じ地域に住む高齢者や障がい者のために何かできることがあるはず」という思いを抱いていた仲間である。全員主婦で、「パソコンもできたし、余裕があり豊かな発想を持っていて、洋服も縫えるしお菓子も手作りできる。志が高くて、文章も書ける、何でもできる」人たちだったが、準備には時間がかかった。

設立まで「三年かかったの」と濱田さんは言う。「他の地域のたすけあいグループよりも出来が悪いと怒られました。子どもが小学校に上がるまで、預けるところがなかった」からだという。お互いに子どもを見ながら会議をしたり、電話番をしたりしていた。子どもが小学校に上がり、PTAの人と知りあいになって、ようやく子どもを預かってもらったり、助けてもらえるようになったのだ。

三年かかったもう一つの理由は、出資金二万円を出して会員になる決断をするのにそれだけの時間が必要だったということ。二万円は決して少ない額ではない。「勇気がいることですから。人数は少なくなったけど、そこから始めるのがよいと思った。無理強いせず、本人が決める。自己決定、自己責任、そこから出発しました」と振り返る。

一九九一（平成三）年、「たすけあいグループ結《ゆい》」は、横浜市南区に産声を上げ、地域で困っている高齢者や障がい者、難病患者や母子家庭などへの有償によるサービスを提供する活動を船出させた。「たすけあいグループ結」は一九九九（平成一一）年にNPO法人格を取得し、「たすけあい　ゆい」となるが、団体としては連続しているので、任意団体の時期も含めて「たすけあい　ゆい」と表記する。

南区は高齢化率二五・四％（二〇一五〈平成二七〉年一月時点）で、横浜市内の区では上位、全市平均（二二・九％）を上回ってきた。戦時中は空襲によって区域の四〇％が被災し、戦後は一部が接収されたが、一九五〇～六〇年代には宅地開発により人口が急増した。人口密集地で、土砂災害警戒区域のがけ地や狭い道路が入り組み、震災発生時の被害が想定される地域が多い。区の中心部を流れる大岡川沿いには、商店街や銭湯も多く、人情味あふれる下町文化が継承されている。一方、独居世帯、高齢世帯が多く、要介護者も生活困窮世帯も多いという地域性がある。

「たすけあい　ゆい」の社会的役割

「たすけあい　ゆい」の活動は、支える方も支えられる方も同じ南区に住んでいて、「地域で暮らし続けたい」という思いを共有していることが基本にあった。潜在的な福祉ニーズが高い南区を基盤として、助けあい活動を拡大させ、大きく成長していく。そこにはメディアの支援もあった。

設立総会の時に「地域で面白い動きがある」と女性記者が取材に来て、全国紙に取り上げられ「主婦たちの新しい旅立ち」という記事が載った。これが大きな励みになり、その後、「たすけあい　ゆい」がNPO法人となり、介護保険事業者となって、さらには社会福祉法人へと発展する原動力にもなった。「記事がなかったら地域の人には理解しにくく、もっと細々とした活動に」とどまっていたかもしれない。女性記者は活動展開をその後も取り上げて、団体の社会的役割も示唆してくれた。「日々のすさまじい現実のなかで、困っている方のニーズに精一杯の努力で応えてきたが、社会保障の問題にまでは考えが及ばなかった。社会の問題を気づかせてくれた」のだという。「女性の生き方ってなんだろう?」「主婦であり、嫁であり、PTAや子ども会の役員をしながら、なおその力を大きくして、地域の人たちに少しでも助けになるためには、何をしたらいいんだろう?」。「たすけあい　ゆい」の活動を通して、濱田さんたちの模索が続いた。

「障がいのある子を産んだら、親がその子を一生抱えなければいけないの?」。活動のなかで、こうした現実にも直面した。子どもを地域でサポートできれば、母親が資格をとって他の障がいのある子どもを支援する仕事に就くこともできる。定年退職後の男性で、自閉症の子どもを特別支援学校まで車で送る活動をしている人もいる。家族の責任と考えられてきた部分を地域で支えることで、その生活領域が社会化されていくお手伝いをする。地域で支える活動が増えることによって、市の制度と結びついたり、公的な福祉サービスを拡大することにもつながる。みんなで話しあって障がいを個人の力だけでなく、地域で乗りこえていこうとする、「た

すけあい　ゆい」の基本的な精神が、手さぐりの実践のなかから生まれてきた。

保健婦（保健師）さんたちが先生だった

活動を始めた頃、「頼りにしたのは保健婦さん」だった。「まだ保健所があって、当時の保健婦さんたちは地区担当を持って地域で活動していた」時代。横浜市において、区の福祉事務所と保健所が統合され、福祉保健センターが設置されたのが二〇〇二（平成一四）年だから、それ以前のことである。

濱田さんたちは「ホームヘルパーの勉強をしたかったが、どこにもなかった。活動したくても、どこにニーズがあるかわからない。そこで保健所に訪ねていって教えてもらった」のだ。「私たちはこういう助けあいをやりたいんだ」と相談すると、生涯学習の講座を開催する一〇万円の補助制度を教えてくれた。

「区役所に行って知っている人をつかまえて、『こんなことをやりたい』というと、その人が担当でなくても窓口に連れていってくれて、通訳してくれたんです。講座の場所を借りる時も『ＰＴＡの会合だったら無料で借りられるよ』ということも教えて」もらうことができた。区役所の職員がコンシェルジュだったのだ。「事業計画の立て方なんかも全部、役所の窓口で教わったの。帳簿のつけ方は町内会の方に教わって」。三年もすれば主婦たちだけでも何とかできるようになったという。「たすけあい　ゆい」は、いろんな人や機関の力を大いに借りてきた。

困りごとのニーズは、地域につながりを持つ地区担当の保健婦さんが教えてくれることも多かった。「このお母さん、精神面が心配」というようなケースをつないでくれて、保健婦さんといっしょに考えて支援を行っていった。また、講座を開催すると「地域のいろんな人が参加してくれて、ネットワークも広がった。生活クラブの九人だけじゃなくて、仲間が増えて三〇人、四〇人になり、またたく間に一〇〇人ぐらいになって」、「たすけあい　ゆい」は急成長していった。

あっという間の会員三〇〇人

「たすけあい　ゆい」の事務所は、当初は横浜南部生活クラブ生協内にある「生活館みなみ」のスペースを利用していたが、一九九八（平成一〇）年に、利用者が家主である場所に独立した事務所を開いた。

ニーズと活動のコーディネートは主婦の感覚で行った。最初の時間単価は一時間六〇〇円。それでも「産後の若い母親は、収入がまだ少なくお金を払うのは大変だし気の毒だから、一五分単位にしてくれないか」というサービス利用者からの要望に応えて、短時間でできるやり方を考えた。濱田さんは「あの頃はまだ布おむつの時代だったから、洗濯物が大変なんですよ。洗濯機を回しておいてもらって、洗濯物を干しながら煮物をしてお米といで炊飯器をしかける。そんな目が回りそうな家事のやりくりも、誰か来てくれれば短時間でもできるのよ」という。

「朝から一人ぼっちで何もできないって頭を抱えていないで、誰かが三〇分家に行って三〇〇円で家事をやってくれれば、やっぱり元気になるんです。人が来ると、子どもは泣かないで寝ちゃう。『お母さんの気持ちが移るからよ』と言うと、『ああそんなもんか』と思うわけですよ。少し慣れてきたら、午前中三〇分いて、夕方に『ゆい』のメンバーが子どもを見ながら三〇分いる。その間、お母さんには買い物に行ってもらう」。そうすると気持ちも晴れる。このようなケアの組み立ては、経験のなかから生まれていった。

コーディネートは、最初に訪問した人が「こういう方がよい」「こういう言い方がよい」と感じたことを会議で報告をして、みんなで話しあう。そうすると「自分も子どもが幼稚園に行くから午前中だけ、三回ぐらいは手伝えます」という具合に活動者の手が挙がる。短時間だから活動もしやすい。だから、「会員が三〇〇人ぐらいになるにはぜんぜん時間がかからなかった」。

義母が意思を伝えてくれた

そうこうしているうちに、濱田さんのご主人の親の介護が始まった。

濱田さんのご主人は八人きょうだい。「両親は七〇歳を過ぎて、『子どもと暮らしたい、家を建てるからいっしょに暮らそう』ということで、結局、一番下の弟である夫が面倒をみることになった」のだ。その時のご主人の言葉が今でも忘れられない。

「『ぼくの親ではあるけれども、君の親じゃないから、君が決めて』というわけです。『君が決めていいよ』という言葉には、複雑な思いがあった」。最後の判断を自分に委ねられることになって、家族の介護と自分たち、「ゆい」の活動の間で葛藤の日々があった。

「義父は、介護保険をまったく利用しないで自宅で介護をしました。義母には介護保険が使えたので、訪問入浴サービスも使ってもらいたかったのですが、『あれはお風呂じゃない』と頑なに拒否されて。『やっぱりお風呂は一人で入らなきゃ』と、肩までつかりたい希望を曲げなかったけれど、『ゆい』のヘルプ活動も使ってくれるようになった」と振り返る。

「自宅のカギをいろんな人に預けて、私は『ゆい』の活動で外に出て動いていた。義母はヘルパーさんや看護師さんにお願いして、リリーフクラブ（男性中心のボランティアグループ）にもお世話になって介護をすることができた」という。

「（社会福祉法人の）施設の仕事で二四時間忙しく、家にも帰れないような状態が続いて、家族のことを放ったらかしていたんですが、義母が風邪をひいて、要介護一から一気に四になってしまった。一所懸命に介護しようとしたんですが、なかなか思うようにできない。頭に大きな円形脱毛症が二個できた」という。その時、濱田さんは義母に聞いた。「お母さん、どういう介護をしてほしい？　これからどう生きていきたい？」と。そうしたら「ママ（濱田さん）だけに見てもらおうとは思ってないよ。だけど、要介護四の通知を見て、私は情けない人間になったと思った」と言ったという。九〇歳を過ぎても要介護一で、「みんなに助けてもらわなくても、私は一人で生きていける」というのが義母のプライドであり、それが生きる支えになっていた。

濱田さんは、「私がこういうお宅に行って手伝いしてくるから、その間、この人が来ますよ」と伝えて、サービス利用を納得してもらった。介護保険の自己負担分の利用料も義母に払ってもらった。義母もだんだんと気持ちが変わってきて「よい人が来てくれてうれしいわ」と最終的にはサービスを受け入れてくれたが、最初の頃は、「嫁がいるのに、なんでお金を払って介護してもらわなきゃいけないの」という気持ちが強かったそうだ。

義母は「余分なおせっかいはしなくていい。要介護四であっても私は私という人間に変わりがない」と言い、「自分の好きな人に囲まれてこれからを生きていきたい」と、はっきりと意思表示をしてくれたという。濱田さんは、その時から「本人がどの制度を使うのか、自分を大切にしてくれる人たちとどんな距離感をもって生活していこうとするのかは、本人が決めればよいことなんだ」と思うようになった。だから、「私たち『ゆい』は、一所懸命活動するが、やりすぎてはいけない。声を大きく出しすぎてはいけない。利用者本人が決めたことをゆっくりと支えよう。本人の自己決定を最大限尊重し、その上で、右手が不自由な方にケアをする時には、そっとそばに寄り添って、その方が右手で何かをしたいときに誰かが手を添えれば、それが介護になるのだ」と考えるようになった。

私個人はどうしてくれる?

「介護保険の一番よいところは、家族介護だけでなくて、社会で支えるという理念」だと濱田さんは評価している。「私たちは、親の面倒を見る最後の世代。そして子どもに面倒を見てもらわない最初の世代でもある。だからお手本を示さないと」という気持ちで活動していた。だから「自分だけが家に戻って、親の介護をするというのは自分が許さなかった」。それで、義母を説得して、家族にも頭を下げて、ご主人のお姉さんたちも説得して、引かなかった。「自分も義母も、介護の社会化の当事者であったかな」と考えている。介護は「いつまでも女性だけが介護を引き受けるのはおかしいし、育児の社会化も同じことだ」と思っている。

そこには、常に「私個人はどうしてくれる?」という問いがあった。両親に不満があったわけではない。ただ、「嫁」という立場にとどまらず、社会のなかでやりたいことがあった。「私たちの世代のように、昔の価値観から変わってきた時代に、二人を介護しながら、外に出られるかな、社会で活躍できるのかな、という不安もあった。こういう(『たすけあい　ゆい』の)活動を見つけた時に、『家のなかにいないで外に出る可能性もあるということを理解していただきたい』と言ったような気がする。義父母は理解できなかったと思う。『何の不満があるの』と。『お金もあるし、よいじゃない、家に居れば』って。でも、濱田静江さんはどうするの。『妻であり、母であり、嫁である。だけど、私個人はどうしたらいいの?』」。葛藤があったが、「たすけあい　ゆい」の活動はやめなかった。

当事者であるからこその活動

介護保険制度が始まってから、利用できる制度やサービスも増えた。「利用できる公的制度はたくさんあるに越したことはない。でも、地域のなかで暮らし続けるためには、たまたまそこで生まれ育った人たちが、違った文化を持ちながらもいろいろな助けになるシステムを生み出して、力も発揮してこそ、在宅の暮らしを続けていける」のではないかと確信を持つようになった。

濱田さんは、五〇代を迎える頃に病気を抱えるようになった。「病気を持っている私が、このまま仕事を続けていってよいのだろうか」と悩んだ。その時にドクターが話してくれた。「よいんだよ。君みたいに介護をしている人の気持ちと、利用しようとしている患者さんの気持ちが両方わかる人って世の中にそんなにいないはずだよ。共感なんて最初からできているじゃないか。そういう人が身近にいてくれる安心感って、これは誰にも与えられるものではないよ」と言ってもらえた。その励ましがあって、濱田さんはここまで活動を続けてこられたと思っている。

「長い人生にはいろんなことがある。『たすけあい　ゆい』の会員としても、この人に一生かかわりたいと思っても、自分が病気になってしまったり、家族が病に倒れたりした時は現場を離れざるを得ない時間もある」。

支援に必要な情報は当事者である人のなかにある。そこに寄り添い共感できるのは同じ住民同士だからできるもので、行政や専門職には難しいかもしれない。だから濱田さんは、「地域の人の力を信用して、そっと寄り添わせていただく権利も、地域の住民にも与えてもらえたら」と願って、活動を続けてきた。

第二節　群馬県国定村にある地域の原風景

濱田さんには地域の原風景がある。生まれ育った戦後の群馬県国定村（現在、伊勢崎市）だ。今でも濱田さんの実母が九〇歳で一人暮らしをしている。

濱田さんの心のなかには、子どもの頃、村の暮らしが村の人たちの取り組みによって少しずつ向上していく、それが目に見えてわかる、そしてそこに父親の働く姿を見ていたという原風景がある。

父親は村役場の公務員

濱田さんの父親は、村役場に勤める公務員だった。濱田さんが子ども時代を過ごした一九四〇～五〇年代、村の生活は、日本のどの地域もそうであったように貧しく、無医村で、下水道の整備も進んでいなかった。水道が通ったのは小学六年生のとき。水汲みは子どもの仕事だった。

社会格差はその昔からあった。「頭にシラミがいて、ＤＤＴ（殺虫剤）をまいていた。結核も多かった」時代である。日本では、結核による死亡者は、戦後一九五〇（昭和二五）年まで年間一〇万人を超えていた。その後、栄養や衛生状態の改善、結核予防法に基づく健康診断、ツベルクリン反応検査、ＢＣＧ接種などが普及し減少したが、当時はまだ過去の病ではなかったのだ。

「各々の家で、蚕を飼っていたので、女工哀史そのままの生活だった」という。村の暮らしには、日本人特有の勤勉さがあり、行政職員が情報を取り入れる手段は、今のようにインターネットが普及しているわけではないので簡単ではなかった。「朝の連続ドラマ『とと姉ちゃん』に出てきた『暮しの手帖』（家庭向け総合生活雑誌）が家にもあった。その頃、『暮しの手帖』を持っている家は村に一軒もなかったでしょうね」。それは「父が県庁や都会に出て行った帰りに買ってきたもので、努めて外から情報を入手して、地域の人に説明をして、こうやると暮らしが豊かになると説いて訴える。それが役所の仕事だったのか、父がおせっかいだったのかわからないが、みんな真剣で、希望を持っていた」ように思う。

「次の世代に病気や貧困やつらい思いをさせたくない。次の世代に背負わせたくない。自分の代で終わらせようと、自分ができることを精いっぱいやろうとしていた。結核に対しては清瀬の国立療養所東京病院の先生たち（医師）を呼んで勉強会を開いて、診療所をつくろうと取り組んでいた。夏休みになると、狭い家にインターンの人たちが集まって、村の人と同じ麦飯を食べて、勉強したり、打ちあわせをしていた。西本多美江という、結核の治療と予防に日夜取り組んだ有名な保健婦が村で活動していて、私は毎晩、父の膝の上で聞いて学んだ」のだという。そういう記憶ばかりが濱田さんのなかに残っている。また、「寝ている父の姿の記憶がない」とも話した。濱田さんは、「こうやって人は支えあっていくんだな」とつぶさに見聞きする環境のなかで育った。「今から思えば、それは父の仕事ではあったが、家庭も含めたすべての時間とエネルギーと持てる社会資源を村の生活改善に注いだ」ということだったのだろう。公務員とはいっても、当然「国の官僚とはまったく違う。村役場の職員ですから。父にとっても、楽しい作業であったのかな」と思っている。

「役場と村の人たちがそれこそ総出で、いっしょになって村の生活をよくしていこうという生活と仕事が同時に行われているような地域の取り組みがあった。制度ができるのを待っているのではなく、いっしょにつくってきた。そんな昔のようなやり方は今はもうできないにしても、新しい形でよいところだけ再現し、昔私たちが体験してきた、よいところだけを取り入れていく。女性たちが生活の知恵として獲得してきたものを今につなげるような」ことが自分たちの役割ではないかと考えるようになった。横浜で活動するなかで迷うことがあると、すぐに父親に電話をした。「こういう問題があるんだけど、誰にご指導を受けたらよい？」と。そうするとすぐに的確な答えが返ってきたという。

公私混同が当たり前

現代の日本では両親が仕事をしている姿を見る機会はほとんどない。仕事と生活とが、きちんと分かれているからだ。自営業の割合が減少し、多くが被雇用者として働いている。公と私ごとの区別が近代社会の特徴であり、職場に家庭のこと、私ごとを持ち込むことはご法度とされる。

戦後すぐの村の暮らしにはそれがなかった。今日の価値観からすれば、それは、「公私混同」の最たるものということになる。しかし、それが当たり前で、仕事と生活が連続していることが不思議ではなかったと濱田さんは振り返る。

そこにはやはり「とにかく貧しかった」ことが背景にある。「とにかく暮らしていかなきゃいけないから、自分の洋服をひっくり返して縫い直し、子どもの服をつくったり、何でも手作り」。「みんな協力して働いて、村の暮らしがよくなると自分の暮らしもよくなる。それがわかりやすく」、生活改善が実感として直に感じられた。

戦後の日本は、みんなが貧しかったが、貧しいことが必ずしも悪いことではなく、恥ずかしくもない、ある種の誇りでもあった。「共和的貧困」や、「共存共貧」と表現されたりする、そんな村生活の窮乏があった。濱田さんは、「今自分はよい仕事ができているなと感じられる。それは、村の人たちがみんな強烈なエネルギーを持っていた国定村につながりがあることが、自分のアイデンティティになっているから」だと感じている。

だから、「困っている家があったら、助ける。貧しくてお風呂にも入れないのは知っていたから、その家のおじいちゃんに自分の家の一番風呂に入ってもらった。『貧乏だから、入れてやる』じゃなくて、『地域で働き者のおじいちゃんだから、呼びにいってこい』と大人に言われて、呼びに行くのが子どもの仕事だったのです。地域の人を大切にするのは当たり前で、それが暗黙の了解としてあった。子どもの頃はお菓子なんか食べたことがない。通学の途中に『食べてけや』と夏の暑い日に熱いままのスイカを食べさせてもらった」。そういう時代だった。

「群馬は『かかあ天下』と言われる。それは、女の仕事がたくさんあって働き者だから。製糸工場に行かなくても、地域や家庭にも仕事がたくさんあったんです。桑の木を植えて、蚕を育てて、おばあちゃんといっしょに糸を紡いで、真綿を広げていく。それが現金収入になる。そんな手仕事を女性が支えてきて、子どもも小さな二本の手を使って手伝った。今だったら児童労働といわれてしまうかもしれないが、その昔はみんなで働いてきた歴史がある」から、今の暮らしがある。

「あの時代の女性はみんな働きもの。誰かがお産をするときには、みんなで産湯を使わせてやろう、ご飯を届けてやろう、お蕎麦をうって、お餅をついて、米はいっぱいありましたから、その時にあんこを煮て、寒ければそれで力をつけてもらおうと。そんなことを女の人たちが夜中にこっそりやっていた記憶があります。母はそうやって自分たちを育ててくれた」と濱田さんは思い出す。身近な村のコミュニティや助けあう規範がしっかりとあって、そこに公としての役場が一体となって、公私混同しながら村づくりに全身でかかわっていた。「お互いが助けあうことは当たり前のこと。若い人には通じない世界かもしれないが」、やはりそれが濱田さんの活動の原点になっている。

第三節　「たすけあい　ゆい」が大切にしてきたこと

「たすけあい　ゆい」は、同時代の多くの住民参加型在宅福祉サービス団体のなかで、介護保険後、経営規模で日本最大のＮＰＯ団体になった。組織を大きくするだけでなく、何らかの支援を必要とする利用者自身の力を信じ、その力を地域にも生かしていこうとする理念を実践のなかからつくりだしてきた。

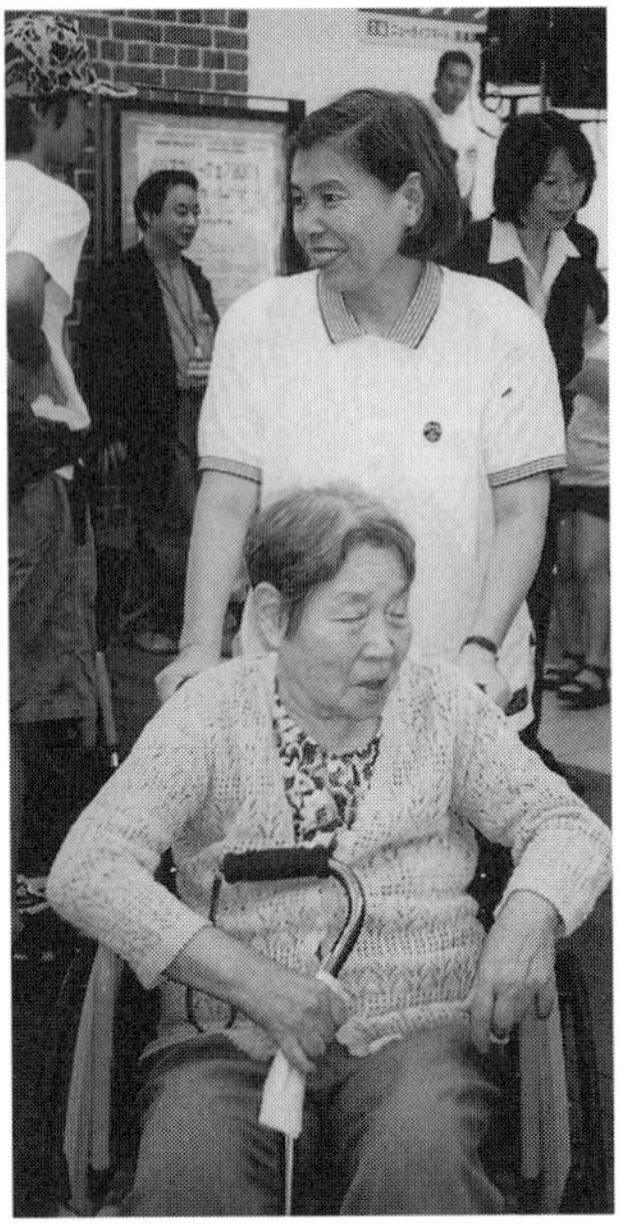

写真 5-1　ワールドポーターズへお散歩（濱田静江氏提供）

利用者の力によって支えられている活動

濱田さんは、「たすけあい　ゆい」の活動が利用者の力によって支えられてきたと感じている。実際に、利用者が抱える弱さや悩みをある種の力として、強みとして、また資源として生かしてきた。それは、「たすけあい　ゆい」の会員がサービスの提供者であり、サービスの利用者でもありうるという、助けあいの原理に由来する。

「自分の具合が悪くなった時に、誰か洗濯したりおかずを作ったりしてくれないかなっていう気持ちはみんなあるわけです。そういう時に仲間に頼む。しかも安いとよい、そんな単純な発想です」というが、こうした相互の助けあい精神の根っこには、自分も、自分の家庭も何らかの助けが必要な時が必ずあるという当事者性から来ている。他人ごとではなく、「自分もいつか気がねがなく利用できる、今は助けてもらっているけど、いつかは助ける側になりたい」という互酬的な精神から生まれてきているといえる。

こうした感覚で活動をしていると、利用者に関する情報がおのずと入ってくる。たとえば「食事の支度をお願いしているが、実はいっしょに食べてくれる人を望んでいる」とか、「頼んできた娘と、利用者本人の人間関係がうまくいっていない」など、生活の実状や、より本音に近いニーズが見えてくるのだ。それは、活動する上で重要な情報であり、次の活動のきっかけになることもある。

だから、「たすけあい　ゆい」ではあらかじめサービスのメニューを用意して提示することはしてこなかった。困りごとにまず対応し、「ニーズが見えてきたけれど、私たちができることは何だろう?」という順番で考えるので、利用者の思いやニーズという情報が新たな活動やサービスを生み出していくのである。

ある時「一人暮らしになってしまったが、一人では生活していけそうもない男性のケアをどうするか?」という相談があった。その時「じゃあ、その家でデイサービスをやったらどうか」という話になり、一つのデイサービスが生まれた。一人の利用者をどう支援できるかという視点からデイサービスが始まったのである。その男性は介護を受けることができ、「たすけあい　ゆい」の他の利用者にとっては通っておしゃべりしたり、ケアを受けられるなじみの場の選択肢が増えたことになる。利用者のごく普通の民家を使った「デイサービスさくら」は小規模で家庭的、利用者は九、一〇人。介護保険前の一九九八（平成一〇）年に始められた。

難病を抱える高齢女性のケースもあった。障がいのある長女を育てているのだが、家事と娘の世話を何とか助けてほしいと区役所に相談に行った。そこで「たすけあい　ゆい」を紹介され、週一回「たすけあい　ゆい」のヘルパーを派遣してもらって家の掃除を、別の曜日には長女の散歩に付き添ってもらった。「たすけあい　ゆい」では、国が難病患者等居宅生活支援事業を始めた一九九七（平成九）年から、横浜市の委託を受けて難病患者へのヘルプサービスを開始した。孫が生まれることになったら、今度は「ゆい」の「産後ヘルパー派遣サービス」を頼もうと思っているという。「ゆい」の複合的なサービスは、世代を超えて支え、支えられ続けている。

こうして、活動のなかで利用者の思いを聞き、本音のニーズにふれていくなかで、支援の視点が変わっていく。利用者自身を中心にすえ、その人の力を発揮するにはどうしたらよいかという視点で、活動が組み立てられ、また新たに創造される。こうしたサービスの提供にとどまらない循環を、地域につくりだしていることが、「ゆい」の特徴といえる。

母子家庭の母親支援

市民団体としてスタートした頃から、ヘルパーのなかにはシングルマザーが多くいたので、母子家庭の母親が自立できるように、という意識は常にもっていた。「たすけあい　ゆい」の働き手のなかで「八〇人ぐらいはシングルマザーだったと思う。今では管理職をやっている人もいるし、生活保護から脱却するためのプログラムも、何となくですけれども、できていた。『たすけあい　ゆい』の託児所をもっていたし、子どもを預けて安心して働けることを大事にしてきた」という。

「母子生活支援施設に入居しているお母さんたちにも、資格をとってもらおうとヘルパー講座もやりました。最初に開催したのは三級の講座で、その時は法人格を持っていなかったので、知り合いの医療法人にお願いして、場所はＹ高（横浜商業高校）の古い図書館をお借りしました。講座ができる場所を相談したら、そこを紹介してもらったんです。古い建物をみんなで大掃除して、草むしりをして、最初は補助金もいただいて、母子家庭の母親に介護ができる人材になってもらおう」と考え、実施してきた。

「市民セクターよこはま」の設立

「たすけあい　ゆい」は、介護保険開始を目の前にした時期には、横浜市内のワーカーズ・コレクティブのなかでも一番大きな団体になっていた。各地のワーカーズ・コレクティブは連合会を形成し、それぞれの団体は会員数等に応じた会費を支払っていた。「たすけあい　ゆい」はワーカーズ・コレクティブの連合会を資金面で支える役割も大きかったが、それが疑問に変わってきた。連合会が現場で抱えている問題や課題を考えていく組織になっていたかというとそうではなく、どこか違うと感じ、連合会を抜けることにした。このことは、「たすけあい　ゆい」の会員のなかで大議論になった。「今までお世話になったのに、団体が大きくなって自立できるようになったら抜けるのか」という意見もあった。しかし、南区の地域には、生活のなかで困りごとを抱えている人が多い。それは経験からも介護保険の調査からも明らかだった。その人たちのためにこそ「たすけあい　ゆい」が力を発揮したいと考えた。

濱田さんは「だから、反対意見もあったが、時間をかけて『みなさんが種をまいて育ててくれた南区の地域性を大切に活動するために、卒業させてください』とお願いし、卒業させてもらった」という。

しかし、時は介護保険前夜。必要な情報がほしいが、なかなか入ってこない。だから、「（公益社団法人）かながわ福祉サービス振興会にもよく相談に行った。しかし、横浜市は政令指定都市なので、県の情報が役立つとは限らない。現場もどんどん進む。情報が必要だが、時間的に間に合わない事態にも直面した」。現場に役立つ情報を提供してくれるネットワーク組織がなかったのだ。その頃、「市民セクターよこはま」をつくったのは、「情報も得たい。不公平じゃなくて市民側に立った情報をとってきてくれる、そうしたネットワークが必要だ」と感じていたからだ。

ＮＰＯ法が成立し、介護保険開始を前にした一九九八（平成一〇）年、「市民セクター構築のための研究会」が立ち上がり、一九九九（平成一一）年には「市民セクターよこはま」が設立された。必要性を感じていた濱田さんは、研究会当初から参加していた。

「市民主体の団体としてのこれからの行先も、どうして私たちが必要とされているかも、活動している市民から教えてもらえばよい。決められているからそれに合わせるのではなく、みんなで議論できる場」が必要で、市民セクターにはそうした役割を担える組織になるようにと願い、みんなで取り組んだ。

横浜市の「行政は、自治会町内会とはまた違う意見を聴く場、住民の声を吸い上げるチャンネルとして、市民セクターを考えるようになった。いろんな市民とのチャンネルを使っていくことが協働時代の市政にとっても重要になっている。ＮＰＯのなかにも、送迎だけをやっている団体、給食だけ取り組んでいる団体などがあり、多様な団体に参画してもらい、声を上げて発信していく。市民が選べる時代になったから、中間支援組織はそのために機能を果たすべきだ」と考えた。

「市民セクターよこはま」が誕生し、ＮＰＯ・市民団体の中間支援組織として、情報を整理したり、補助金を得たり、政策提案したりする方法も教えてくれる、そうした草の根の市民のための志が高いネットワークになったことは大きな意味があったと感じている。

第四節　介護保険の影響と変化　年商四億円の事業者へ

ＮＰＯ法人格を取得し、介護保険事業者に

二〇〇〇（平成一二）年、介護保険が始まり、住民参加型在宅福祉サービス団体は大きな影響を受けることになった。

「介護保険の訪問介護事業者になっても、助けあいの活動は残していきたい。そうしないと利用者に対する支援が分断されて、切れ目ができてしまう」からだ。しかし、自治体によって対応が異なったという。

「東京都は認めてくれなかった。ヘルパーが二時間介護保険で入り、一時間は助けあい活動で、というやり方は、ヘルパーが同じだと認められなかった。神奈川県は、介護保険サービスと助けあい活動の併用を認めてくれて、『人を変えろ、介護保険サービスの時と助けあい活動の時と、エプロンを取り換えろ』とは言わなかった。それは、ワーカーズ・コレクティブの力があり、『たすけあい』の清水さんたちの力があって、地域の〝耕し〟ができていて、信頼を得ていたから。神奈川では、介護保険サービスと市民活動をどうやって分け

るのかというルール化がうまくできていた」と振り返る。

「たすけあい　ゆい」は介護保険事業と助けあい活動をうまく組み合わせて支援を継続できた。介護保険の訪問介護に移行できたサービス部分は、本人負担は一割で済むようになったので、利用者にとっては歓迎すべき変化だった。そして、何といっても大きな変化は事業収入が増えたこと。ＮＰＯ法人を取得した時点での年間売上は一三〇〇万円。ＮＰＯ法（特定非営利活動促進法）は出資金制度を認めていないため、出資金は会員全員に返金した。「それで、すっからかんになったが、介護保険の事業所になって、一年目で一億三〇〇〇万円」になり、売上は一〇倍に拡大した。

二〇〇〇（平成一二）年の介護保険法施行と同時に「たすけあい　ゆい」は、訪問看護、訪問介護、通所介護の事業所の指定を受け、二〇〇二（平成一四）年には、精神障害者の訪問介護事業所の指定を受け、二〇〇三（平成一五）年からは、障害者の支援費ホームヘルプ事業にも乗り出した。

濱田さんは「困っている、という声を聞けば、対象を問わず、どこへでも行った。利用料を安くするため、公的サービスの指定を受けるようにしてきたことで、サービスが多様化し、公費収入も増え、結果的に売り上げが伸びた」という。早くも二〇〇二（平成一四）年度には四億円以上の収入を上げ、法人税が年間三〇〇〇万円を超えた。介護保険のＮＰＯ事業者としては、全国トップの事業高となる。事業収入の内訳は、訪問介護が七一％、通所介護が一五％、訪問看護が一三％あり、総合的に居宅サービスを提供する事業型ＮＰＯに瞬く間に発展していった。

ＮＰＯ第一号の訪問看護ステーション

「たすけあい　ゆい」は、一九九九（平成一一）年にＮＰＯ法人格を取得し、デイサービスで借りている家屋の二階を事務所にして、五人の看護師で訪問看護ステーションを立ち上げた。「たすけあい　ゆい」には、たんの吸引など、医療ケアが必要な利用者、慢性期の病を抱えた利用者が多かったので、医療との連携が不可欠だったのである。二〇〇一（平成一三）年には、六人の看護師が約六〇世帯を巡回するようになる。

多くの訪問看護ステーションは、病院、医療機関が立ち上げている。訪問看護師は、その業務に医師の指示書が必要で、ＮＰＯが簡単に運営できるような事業ではない。しかし、目の前に医療の必要な利用者がいて、実際に看護師が働いていたので、その人たちを中心にＮＰＯで第一号で免許をとった。しかし当時は、医師会からは理解してもらえずに、周知するまでかなりの時間が必要だった。「実績がないので仕方ないのですが、医師会の会長さんを始めとした、地域のお医者さんたちに説明しに行きました。訪問診療が進みにくい時代でしたけれども、地域の若い先生たちがよいよと言ってくれて、何とか始めることができた」という。

「たすけあい　ゆい」の利用者には、要介護度の高い人が多かったことも背景にある。「とても在宅では難しい、施設や病院でなければと思われる人でも、何とか在宅の暮らしを継続させたい」という思いから、必要なサービスを提供してきた結果でもある。当然、医療的ケアが必要な利用者も多く、たとえば、人工呼吸器をつけており、食事は胃ろう、人口肛門と人口膀胱をつけている要介護五の利用者に、夜勤に近い形で訪問介護に入り、訪問診療をする医師と連携を取りながら支援をしているケースもあった。利用者にとっては「たすけあい　ゆい」が命綱になってきたのだ。

その後、地域に訪問看護ステーションも増えてきたので、現在は小規模で続けている。末期がんや難病など、医療ニーズの高い人が健康管理を受けながら、一日を過ごせる「療養通所介護」事業を「採算は厳しいが、必要な事業は地域の人に届けたい」という気持ちで実施している。

介護保険サービスと助けあいを組みあわせて

「たすけあい　ゆい」が提供する居宅サービスは総合化しているが、それぞれの事業所の利用者の情報を「たすけあい　ゆい」として共有できるので、利用者の状態やニーズの変化に応じた機敏な対応が可能になる。介護保険サービスに限らず、本来の助けあい活動によって、連続して切れ目なく支えようという基本姿勢がある。介護保険のサービスを何時間入れるか、またサービスのすき間が生じるところを、どのぐらい助けあいで支えたらよいかを利用者の生活状況にあわせて考えてきた。しかし、うまく融合させたプランができる場合ばかりではない。やはり、介護保険制度の制約が支援を難しくする事態にも直面する。

「介護保険では基準とルールが決められている。実際の生活にはなじまないというか、制度の枠が厳しくなって形だけをつくることに時間がとられてしまう。制度内と制度外のミックスでうまくプランをつくって支援してきたが、できないことも出てきて」ジレンマを感じることが多くなったという。

利用者には「一〇年前はよかった」と言われる。「『たすけあい　ゆい』は何でもやってくれた。子どもも世話してくれて、窓ふきも、買い物も、いっしょにお茶を飲んで話も聞いてくれて」と言われる。本人しか使うことができない介護保険サービスは、「トイレの掃除も風呂の掃除もダメ、同居人がいると認められない。なぜなら、本人との契約だから。その理屈だと確かにそうなってしまう。矛盾だらけのところをどうにかこうにか」組み立てている。

「たすけあい　ゆい」は二〇〇三（平成一五）年に社会福祉法人となった。社会福祉法人としての「ゆい」に後から入ってきた職員は「制度外のことがこれだけできるんだ」とまず驚き、「制度サービスと制度外の活動を両方組み合わせて支援できることが『ゆい』のよさである」ことを徐々に学んでいく。「制度の枠がある前提で仕事に入った職員には、理解してもらえないこともある。『理事長がまたなんか始めちゃった』と思われていないかもしれない」と嘆く。

専門性は現場でこそ高まる

他の助けあいグループと「ゆい」に違いがあるとすれば、規模と多彩な活動以外にも、より専門的な志向を追及してきたところがある。濱田さんには「現場を一つ、いっしょに経験できればかなり変われる」という思いがあるのだ。しかし、職員からは「何で、いつもいつも私たちに変われというのか」「もう少し様子を見てから」と言われたり、批判も受ける。ただ、濱田さんには、「ゆい」を必要としている「その人」がいて、「今必要としている。そのタイミングを逃せば、遅くなってしまう」という気持ちがある。「変われるチャンスなのに」と思う。「ここをおいて他にはないというタイミングがあって、それをきっかけに支援し、事業化してきた。どの利用者も命がけで私たちの世話になっていきたいと言われる。どうやって見て見ぬふりをするのか」という強い思いがある。どこからも支援が受けられない場合、どうしても踏んばらなければいけない時期がある。この姿勢は、サービスの組み立てだけでなく、事業化にも貫かれている。濱田さんは、「事業の立ち上げは、その人を中心にして、小規模で立ち上げる」ようにしてきた。「ゆい」の事業所が小規模で多様であるのは、こうして事業化してきた結果としての姿でもある。そして、援助職の専門性はこうした利用者とのかかわりの接点でこそ高まるという信念を持って支援を行ってきた。

「たとえば、寝たきりになって最期の人生をこう送りたいと思っている人がいたときに、『ゆい』のメンバーを説得して、最期を見送ってもらうケアに『ゆい』が全面的にかかわる。その経験を共有できて、そこで専門

写真 5–2　はじめて寄付された車両と「ゆい」の仲間（濱田静江氏提供）

性がぐっと上がっていくのを目の当たりにしてきた。実践から学んだやり方」だという。

在宅の看取りも行ってきた。「最近は少なくなったが、それは、訪問診療も訪問看護も増えてきて、ターミナルケアも訪問看護ステーションでできるようになってきたから。資源が出てくると、そこに私たちがとどまる必要はない。ニーズのないところからは撤退する」ことに躊躇はしない。

「ゆい」の倫理綱領には「私たちは、専門性を持った援助者としての研鑽に努める」と専門性を宣言している。「どのように症状が進んでも、悪化しても利用者を見放さない。二四時間、三六五日いつでも飛んでいく。たとえ重度になっても最期まで看取る」という姿勢を倫理綱領にも明確にしている。

第五節　社会福祉法人として、母子生活支援施設・地域ケアプラザを運営

「たすけあい　ゆい」は、二〇〇三（平成一五）年に、社会福祉法人を設立、事業を社会福祉法人に移管する。市民団体から出発したＮＰＯとしては、きわめて異色な転進を果たした。それまでの「たすけあい　ゆい」の活動やサービスを南区の中で継続させながら、施設運営を行い、児童福祉の世界に踏み込んでいったのだ。子どもたちの未来をつくる手助けをするという夢をもって、新たな事業展開にチャレンジしている。

社会福祉法人をつくる

なぜ、社会福祉法人をつくることになったか。「たすけあい　ゆい」は、対象者を障がい者、高齢者に限定していたわけではないので、児童福祉事業に取り組むことは突飛なことでも飛躍でもないが、大きな転機だったことは間違いない。大きく異なるのは、母子生活支援施設は第一種社会福祉事業で、措置制度の施設である

こと。措置とは行政処分であり、施設運営についても国が定めた細部にわたる基準を遵守する必要があり、市民団体の枠のないやり方とは正反対、対極にあるといってもいい。だから、市民団体としては大きな挑戦であった。

「睦母子生活支援施設」の開所は、二〇〇六（平成一八）年。社会福祉法人設立から、三年かかっている。措置制度のもとでやってきた社会福祉法人ではなく、なぜ、「ゆい」が運営することになったのか。

濱田さんは、「NPOの事業所としては、職員も三〇〇人を超えていたし、四億を超えた事業高になった時に限界がきていた」と感じていた。そして、横浜市南区役所が、母子生活支援施設と併設の地域ケアプラザを運営する法人として、「ゆい」に目をつけたのではないかと思っている。

「その時に出会った行政職員たちには、その施設での新しい試みとして、障がい児のデイサービスも採り入れていきたいという意向もあった」と濱田さんは見ていた。「たすけあい　ゆい」が候補にあがっているものの、NPOのままでは運営できない。第一種社会福祉事業は「国、地方公共団体又は社会福祉法人が経営することを原則とする」（社会福祉法第七章、第六十条）と規定されているからだ。社会福祉法人になるためには一定の実績も求められる。母子家庭のホームヘルプ事業をNPOの「たすけあい　ゆい」に委託するなど、行政も「ゆい」の実績づくりに取り組んでくれたという。「ゆい」にはNPOの時代から、利用者や担い手のなかに「ひとり親がたくさんいて、ひきこもりの子も多くいて、資格を取って社会に送りだしていくような支援を行っていたから」、実績も十分にあった。

基本財産一〇〇〇万円は寄付で集めた

しかし、社会福祉法人をつくるのは容易なことではない。社会福祉施設を経営していない法人は、一億円の基本財産が必要となる。二〇〇〇（平成一二）年に規制緩和が行われ、通所型の施設（作業所など）を運営する場合には、一〇〇〇万円でよいことになった。それでも主婦が何とかできる額ではない。社会福祉法人設立のための一〇〇〇万をどうするか。ＮＰＯで最大の事業者ではあったが、自前の施設もなく、財産があるわけでもない。そこで寄付をお願いすることにした。

「封筒に一〇〇〇円ずついれて、持ってきてくれた人がいた。市役所や区役所の人たちも、介護保険課や障害福祉担当の職員が封筒に一〇〇〇円札を入れて集めてくれた。それで数百万円集まった」のだという。行政の職員を含めた市民の寄付によって社会福祉法人としての基本財産がつくられた。「家族も『みんなで集めるよ』と言って出してくれ、私も頑張って出した。だからつぶせない。応援してくれた人が、それだけいるんだから」という責任を感じた。こうして、みんなに支えられてできた社会福祉法人だからこそ、事業や経営は、きちんと情報公開することが大事だと考えている。

施設建設のため、横浜市社協の社会福祉事業振興資金を借りることにした。担保は不要だが、返済能力を示す証明が必要だった。「家族や理事の方がたに相談した結果、協力をいただいて返済能力を示す証明ができた。本当に有り難かった。相談すればみんなが協力してくれるんだな」と社会福祉設立時の基本財産確保の苦労を振り返る。濱田さんは、「だからこそ、事業とサービスでお返しするしかないと後押しをされた」ことを再確認できたという。

睦母子生活支援施設「むつみハイム」の運営

母子生活支援施設は、児童福祉法上の施設で、一八歳未満の子どもを養育している母子家庭、または何らかの事情で離婚の届出ができないなど、母子家庭に準じる家庭の女性が子どもと一緒に入所できる施設である。

一九九八（平成一〇）年までは「母子寮」と呼ばれていたが、法改正により名称は「母子生活支援施設」になった。またその目的も、自立の促進のために「保護する」から「保護するとともに、これらの者の自立の促進のためにその生活を支援し」と改正された。支援の対象者は退所した利用者にも拡大、ドメスティック・バイオレンス（DV）被害者保護においても、DV防止法による一時保護施設として、DV被害者の自立支援のための重要な施設となっている。全国に二七二施設、神奈川県には一二施設がある。

睦母子生活支援施設には、二〇一二（平成二四）年、二七世帯七七人の母子が入所し、夫からの暴力、不適切な家庭環境、困難な住宅事情、また、障がいのある親子に対して、あたたかい生活環境を提供している。入所後は「自立支援計画」のもと、関係機関、担当職員、臨床心理士などが一体となってサポートする体制をつくり、親子が周囲の人たちに対して心を開き、やがて地域の社会生活に復帰できるよう対応をしている。

濱田さんは施設を開設したばかりの、大変だった頃を思い出す。

以前の古い施設には、「四〇世帯ぐらい生活していたわけですよ。夜から朝にかけて、職員が帰って、宿直の人が宿直室に入ってからが大変。子どもたちが花火はするし、自転車のチューブは抜かれるし、サドルはなくなるし、タバコは吸うし、注意する人が誰もいない。『ゆい』が施設を受託することが決定してからは、近所の方は『泊まるのは誰だ?』って心配してくれて。最初は『私が泊まります、保育士の資格を持っているから』って言いました」。

地域の理解を得るまでが大変だった。建設予定の土地は市有地だったが、「草がぼうぼうで、近所から苦情があって、自分で草むしりに行きました。そうしたら地域の人が『交代で水をまくからいいよ』って言ってくれて。そういうふうにだんだんと理解してもらった。一つの事業が動くまでには時間がかかるし、理解してもらえるまで続けた」という。

地域の住民との信頼関係ができてからは、住民との新しいルールをつくったという。「地域の方は、施設の運営で夜が怖い、だけど一一〇番に通報できないと訴えてきました。『すればいいんですよ』って言いました。『一五分子どもの泣き声がやまなかったら、私に電話をください』とお願いして。そしたら、開所してから二年ぐらいは何百件と電話が鳴った。有り難いですよ。地域のみんなが見守って支えてくれる。ずっと様子を見ていたんだと思います」。こうして、地域の方がたとの協力関係ができていった。また、「警備会社も入れて、職員も休みましょうと言いました。外から侵入しないように守るということで取り付けたカメラで泥棒も捕まりました。借金取りもいっぱい来るし、旦那さんも来ますよ」。

施設の理念は「お母さんとお子さんが、安定した生活を送り、主体性を持って、地域で自立した生活ができるよう支援」すること。基本方針は「お母さんとお子さんが、様々な経験を通して、地域生活の一員として生活ができるよう支援します」「子どもの意思と可能性を尊重し、ひとりひとりの成長を見守ります」となっている。母と子、それぞれの自立支援を柱にしている。

施設運営を始めてから濱田さんは、措置施設の難しさをいやというほど思い知らされた。「ゆい」が理念にしている利用者の自己決定の尊重と相容れないところがあるからだ。

「母子生活支援施設は、措置されてそこに行くわけで、処罰でもなんでもないのに、選べないってどうしてなのかな？　と疑問を感じ、悩むわけです。自分で選べるのが権利であり、利用者の権利を守ることが当然だと信じてきた人間が、お役所のルールに従わなきゃいけない。それはストレスだったし、夜も眠れなくなって、自分がいくら頑張っても、努力しても説得できない世界があることに追い詰められた」という。

地域の人たちの思いをつなぐ仕事

睦母子生活支援施設では、地域のコーラスや体操などのサークル団体に施設内の地域交流スペースを積極的に貸し出している。年三回、睦母子生活支援施設で開催される子育てサロン「ぷるぷる」は、施設職員が保育士としての専門性を生かしながら、子育て支援事業の企画と運営を行っている。そのなかで、子育て相談も行い、相談内容によっては、障がい児デイサービスの子育て相談につなげることもあり、法人全体で専門性を発揮しながら、地域のニーズに応えていく体制をつくっている。

小学校にはよく訪問し、子どもの安全確保やプライバシー保護のための協力を求めたり、職員も卒業式などの学校行事に参加させてもらい、学校との連携を積極的に図っている。睦母子生活支援施設ができてからは、利用する母親や子どもたちに、「ゆい」が運営する事業や施設で働いてもらう自立支援も行っている。「ＤＶを受け、そのＰＴＳＤ（心的外傷後ストレス障害）に悩み、電車に乗るのも怖いといっていた母親も、安心して出歩けるようにと支援を行って、時給を取れる仕事に就いて自立できた。障がいがあると思われる人は更生相談所で障害認定を受けて、手帳を取ってもらう。だから、作業所もいっぱいつくった。資格を取って他で就職して働いている人もいる」という。

こうして利用者にかかわっていくと、その人の人生のなかで空白になっていたり、切り取られたりしている、喪失した部分があることが見えてくる。そこにもう一度戻って、丁寧にやり直すことも必要になる。「学歴が必要な専門職はなかなか難しいですが、でも教育が受けられないというのは、子どもの責任じゃない。途中で高校をやめちゃった子も通信制で高校に行き直して、卒業するまで支援して、職員は卒業式にも出ています。そういう支援をしている。職員は感激して、大泣きして帰ってきます」。このようなところまで、やり直しに時間をかけて、寄り添っていく支援が大事だと考えている。

「人生を何回も仕切り直していくためには、手間も時間もかかります。どこまで戻せばできるんだろうと悩む。その見立てと寄り添いができる専門的な組織を目指している。制度の枠はあるけども、この人のために何ができるかと考える」ところから始める姿勢は助けあい活動の頃とまったく変わっていない。

従来、施設福祉が中心だった時代には、社会福祉法人は「一法人一施設」で、一つの施設を運営するという法人が圧倒的多数。母子寮の時代はそれが当たり前だった。「しかし、母子生活支援施設の自立支援の役割が期待される時に、一法人一施設はそぐわなくなってきた」と濱田さんは感じている。

「障がいがある親には福祉的配慮をして、就労支援をする必要がある。作業所に通って、守られて働く一定の時間が必要で、そのような支援が母子施設だけでできるかというとできない。社会に出ていけるような支援は昔と違って簡単じゃない。地域に当たり前の資源がなかった」から連携して支援を組み立てることも難しかった。「ゆい」には、母子の自立につなげられる地域の資源を南区のなかにたくさん運営している強みがある。

地域ケアプラザとの併設

睦母子生活支援施設には、横浜市の独自施設「地域ケアプラザ」が併設されている。全市内一三七館（二〇一七年八月時点）のうちの一か所ではあるが、「地域ケアプラザを運営することは、非常に大きな挑戦だった」という。

横浜市以外の多くの市町村では、特別養護老人ホームなどの施設に地域包括支援センターを併設しているところが多い。住民にとって施設は残念ながら遠い存在で、相談となると敷居が高く、抵抗感が残る。横浜市では、社会福祉法人等に委託している単独の施設「地域ケアプラザ」の一つの機能として地域包括支援センター

写真 5-3　こども家庭支援センター「ゆいの木」（濱田静江氏提供）

を運営しているところに特徴がある。

濱田さんは「横浜市は在宅介護支援センター以前から、地域に交流と相談の拠点をつくったところがすごい」と感じている。地域ケアプラザに在宅介護支援センターの機能を持たせた時には、区役所のソーシャルワーカーと保健師を派遣した時期があった。地域住民や市民団体が、地域の拠点で行政の専門職と協力して、地域に住む個人を支援するあり方は、「ゆい」が目指してきた方向でもあった。「だから、社会福祉法人として地域ケアプラザの運営にはぜひチャレンジしたい」と考えていたと話す。

「ただ、併設の難しさがある」という。「地域ケアプラザという公の機関と睦母子生活支援施設とはドア一枚でつながっていて、地域ケアプラザの床は、横浜市が買い取っている。複合施設のよさを生かした運営をしたいが、そこはタテ割りで動きにくいところがある。オープンにして、自由に地域の人が集える場所（地域ケアプラザ）と、閉じて安心していられる場所（母子生活支援施設）が隣り合わせという難しさがある。ただ、合築しているから、夫から追跡されていた母子をうまく逃がせたというケースもあった」のだという。

児童家庭支援センター（じかせん）のスタート

社会福祉法人に移行した「ゆい」のホームヘルプ活動では、社会的養護の子どもにかかわる場面が増えてきている。児童相談所や区役所の保健師から育児支援の依頼を受けたり、保育支援が必要な家庭にヘルパーを派遣したりしている。障害者総合支援法の支援も合わせて一五件ぐらいになる。「お母さんが入院して、子どもが児童相談所の一時保護で入所すると、そこでサービスが止まったりもする。不登校の子を、『学校行くんだよ』と朝起こしに行くような活動も増えてきている」という現状がある。

そのような取り組みがあり、「ゆい」では独自に児童家庭支援センター事業も、社会福祉法人として先行的に展開してきた。

児童家庭支援センターは、一九九七（平成九）年児童福祉法の改正に伴い、児童福祉施設に付設された相談援助事業を展開する機関である。児童虐待や不登校、近年では発達障がい児に対するケアなど、専門的援助が必要な子ども家庭に対し、早期に支援を展開して児童相談所機能を補完することを目的としている。市町村の子ども家庭支援をバックアップする機能を持ち、ソーシャルワーカーや臨床心理士などの専門性と地域の福祉資源とを組みあわせて有効に機能させる役割を担っている。

横浜市も国もそれまでは児童養護施設にしか児童家庭支援センターは付設してこなかったが、濱田さんは「恐れおおくも、母子生活支援施設でやらせてほしいとアピールするねらいもあって、法人理事会に相談をして、自主事業として始めた。理事会では、ひとり親支援のメニューも足りないし、子どもの貧困がクローズアップされているが、私たちが持っている資源のなかでやれることはないか協議をした。ひとり親家庭へのホームヘルプ活動を通して実情は痛いほどわかる。先行実施することで、いずれ制度になるだろうから」と児童家庭支援センター的な役割を二〇一一（平成二三）年に、自主事業としてスタートさせた。

「ひとり親なら子どもはタダで預かる。ホームヘルパーの派遣だけでは済まないから。親の仕事が看護師だったりすると、夜勤があるわけですね。だから一晩中預かることもある。夜の預かりが必要なのは別にDVの被害者だけじゃない。ひとり親になっても働かなきゃいけない。だから自主事業で母子生活支援施設の空いているスペースだったり、ホームヘルプの事務所で」預かりを行っていた。

写真 5-4　地域の人が気軽に立ち寄れる居場所「コミュニティサロンおさん」（市社協撮影）

「いつか、この事業が制度化される日が来る」と信じて取り組んでいたところ、やがて横浜市から社会福祉法人「ゆい」に事業が委託されることになった。そして、二〇一二（平成二四）年一〇月、横浜型児童家庭支援センター「むつみの木」を開設した。

「むつみの木」には、子どもの貧困に対する働きも期待されている。「社会的養護は児童相談所だけではなくて、地域で、在宅でできることがある。大人は介護保険でケアマネジャーが制度化されて利用者の支えになったけど、子どもは大人になるまで支えになる存在が親以外にいない。子どもの権利を守るケアマネジャーが必要だけれど、児童相談所にその役割を期待することは難しい。公じゃない、フットワークのよい支援機関が必要だ。子どもの地域包括支援センターのようなところがなければ」と考えてきたが、それこそが「じかせん（児童家庭支援センター）だ」と考えている。

児童家庭支援センターでは、療育支援のホームヘルプも行っていて、食事の提供もしている。「子どもがお腹を空かせているとネグレクトを疑われ通報されてしまうので、食事作りにもヘルパーを派遣している。私たちを信頼してもらってドアを開けてもらわないと在宅の支援ができないから。親の状態が心配な日はショートステイで子どもに泊まってもらって、いっしょに楽しくお風呂に入ったり、頭シラミを退治したり、爪を切ったり、歯を磨いたり、ていねいに髪の毛をセットしてもらったり、家のことの話を聞いたり」して、安定した養育を継続できるよう児童相談所とも連携して支援を行っている。

こうした南区での実績を認められて、今度は磯子区の児童家庭支援センターの委託を受けることになった。

「磯子では古い家を借りた。古い建物で雰囲気がよい。おじいちゃん、おばあちゃんの家に行くような感じで、そこに行ってお風呂に入って、いたずらしても怒られない。立派な庭があって木にも登れそうな、そんなところで子どもが大切にされる。週末は遊びに行ってらっしゃいと言える避難場所のような家。心理士やソーシャルワーカーもちょっと仕事の合間に一休みできそうな場にしてもらうと、気分が変わっていいんじゃない」。そんな居心地のよい家をイメージして準備をしている。

濱田さんのなかには、「子どもの地域福祉拠点をつくる」という目標がある。「子どもの幸せを地域で守り、地域で育てる。その拠点はじかせん（児童家庭支援センター）になる」と思っている。

子どもへの虐待や子どもの貧困が関心を集めているが、その多くはひとり親家庭に集中している。「親が孤独だし、孤立している。家庭教育を受けることなく、親になってしまう状況が増えている。それは子どもの責任ではないので、もう一回仕切り直しをする必要がある」。そのような状況はますます広がっているから、「ゆい」が目指す子ども地域福祉活動の必要性はいっそう高まっているといえる。

町のなかの「コミュニティサロンおさん」

「コミュニティサロンおさん」（以下、「おさん」とする）は、南区にある日枝神社に続く、お三の宮商店街の通りを活性化させようと取り組みを進めていた地域住民が運営していたコミュニティカフェ。国からの施設整備費補助金を得て建設された。約七〇平方メートルの空き店舗を活用した地域福祉・交流拠点として二〇一二（平成二四）年五月にオープン。しかし、諸事情で活動が休止状態となっていた「おさん」の運営を「ゆい」が引き受ける形で、二〇一六（平成二八）年四月に再オープンした。その際、三〇〇万円ほどかけて再度改装を行った。日替わりランチを三五〇円で提供したり、障がい者の手芸品販売コーナーや絵などの展示スペースを

写真 5-5　児童家庭支援センター「むつみの木」
（濱田静江氏提供）

設けており、地域活動に対しては無料で部屋を貸し出し、地域住民が気軽に立ち寄れる居場所を目指している。

「おさん」では、「いつも来ている常連のおばあちゃんたちがいて、昔の話をしていたりする。昼食は、一五食から一八食程度用意している。『フレンズ南』という中途障がい者の作業所のＯＢの方たちに、月一回使っていただいて」作品展を開き、発表したりする場所にもなっている。この場所で「ゆい」がサービスを提供するわけではない。「利用してくださる方が主人公じゃないとおかしい」「地域にどういうふうに『ゆい』が必要とされて、どういうふうにつないでいくかということがわかればよい」。そんな交流が生まれる媒介になればよい、と考えている。

児童福祉を地域福祉で実現する

濱田さんは、社会福祉法人「ゆい」の「職員が、地域の住民といっしょに地域福祉計画をつくることができたらよいな」と考えている。多様な事業展開をする法人の職員としては、従事する事業が違うと理念を共有することが難しいところも確かにあるが、「お互いがお互いを助けあうという理念は、『ゆい』の原点でもあるので、それはずっと変わらないで、社会福祉法人になっても生き続けてほしい」と考えている。

社会福祉法人「ゆい」には「専門職として入ってくる福祉職もいる。最近では社会福祉学部を卒業して就職する職員もいて、遠くから通ってきてくれる。地域住民ではない職員として地域ケアにどうやってかかわっていくか。『ゆい』の事業所があるエリアには、資源がたくさんあり、地域とのコミュニケーションも通じているし、データ・資料はたくさんある。もう少しかな」と手ごたえを感じ始めている。

「児童は家庭で養育されるべきだというのが基本。しかし、家庭という実態があるかどうか、それが小さくなったり、消えかかっている時に、親への支援も必要になるし、一時期、家族の代わりが必要になる時もある」。その空白をいかに社会的に埋められるか。濱田さんは、児童養護の分野ももっと社会化していく必要があると考えており、「児童福祉法も古いままで、児童福祉の世界は遅れているな」と感じることが多い。今一番必要だと思っていることは、「もっと子どもが発言できるようにする」こと。「子どもにまず聞いてほしいと思う。子どもの声を聞く。だけど、子どもは誰にでも話をするかというとそうではない。どの大人と信頼関係を築くか?」。それは、地域のなかで日常的にふれあったり、かかわりあったりする当たり前の関係のなかにつくられるはずだと考えている。

南区の地域には、「ゆい」の事業所がたくさんできて、それらは街のなかに溶け込んでいる（図5-1）。「いろんなところで出会った、『ゆい』のサービスを利用した人、担い手であった人、かかわった人が『ゆい』を形づくってきた。利用者の自立を考えて、利用者が力を発揮できることはなにか」を考えて事業を展開してきた。そんな「『みんながあなたを大切に思っているんだよ』というメッセージが伝わるような、あたたかな地域の力が子どもも高齢者も支える、そんな地域であってほしい」と願っている。このように願う地域をベースにした児童福祉を支えるためには、「区社協といっしょにできることがあるはず。まだまだやるべきことがたくさんある」と区社協に連携を呼びかける。

もう一つ、「給付型の奨学金をつくりたい」というのが濱田さんの大きな夢。

「学費を払ってアパート代を払って自立して生活していくというのは、若い人にはとても無理。養護施設の子どもはとくに施設を出てからが大変で、一つの職場に居つくかどうか、それを支える大人が必要になる。親が教えてくれるということがないから、やはり時間が必要になる。だから、子どもを産んだら、『ゆい』に

図 5-1　「ゆい」の運営施設マップ（濱田静江氏提供）

戻っておいでと言っている。私たちは言い続けましょう、『あなたは大切な人だよ』って。何でも支えられる人になりますから」。そのための、返済しなくてもよい奨学金をつくりたい。

「あたたかい支援以外にあたたかい人間関係はつくれない。だから、社会福祉法人としてお金も循環し、人材も循環するように」と願っている。

社会福祉法人「ゆい」は、もともとの出身が市民グループ。今までになかった社会福祉法人の形である。一つひとつの事業所は小規模で、それだけに地域に溶け込んでいる。そして、「ゆい」の事業は、地域にお返しするものと考えられている。

一方、施設は、税を財源とする措置費によって運営されている。その重みを感じながらも、濱田さんのなかには、お金も人も関係も、また心も「循環する」ものという思いがある。「何から何までやれるわけもない、どうやったらあたたかい地域支援が実現できるか、そのために、人や資源をつなぐことが社会福祉法人だ」と思っている。それを「地域といっしょに実現していく」。こうした社会福祉法人「ゆい」が目指す子どもから高齢者までの社会福祉の方向性は、社会福祉法人改革で示されている社会貢献の一つのモデルになることは間違いないだろう。

第六章　女性たちの実践が示唆する、大都市の地域福祉の未来

――横浜市の暮らしの変化と実践を読み解く

助けあいが切り拓いた地平から未来を眺望する

ここまで、横浜の各地で助けあい活動を実践してきた五人の女性の経験とその思いに耳を傾けてきた。彼女たちは大都市横浜が、都市として大きく成長を遂げる時代に、その都市機能の発展の勢いと同じようには充実が追いつかなかった生活上のニーズ・課題に対して、地域社会を基盤に助けあう仕組みを自らつくり上げてきた。その生活感覚、自由で創造性あふれる発想、心を通わせるネットワーク、強靭でしなやかな実践から、私たちは多くを学んできた。こうした枠や限定のない多彩な活動実践と、その市民感覚から育まれた理念は、直接・間接を問わず、介護保険や地域包括ケアなど、今日の社会福祉政策の方向性にも大きな影響を与えてきたといえる。

終章となる本章では、大都市横浜において、地域の生活者である女性たちを先駆者として、新しい助けあい活動が生まれてきた背景と土壌、それらの実践が切り拓いた地平を展望し、これからの地域福祉が目指すべき方向性を検討してみたい。

第一節　大都市における地域福祉の課題と横浜市の暮らしの変化

仮に政令指定都市と東京を合わせて大都市とすると、それは全国の人口のおよそ三割を占める。今日の日本において、多数派の暮らしのスタイルは大都市にあるといっても間違いではないだろう。その大都市の生活は、消費中心、個人主義的で、近隣の人間関係が希薄というイメージを著者を含めて私たちは抱いており、だからこそ、地域福祉を実体化させる必要性が強いと感じている。

大都市の暮らしの特徴

大都市には、経済的な機能が集中し、生産を担う製造業があり、消費の中心としての商業地が集積し、十分な雇用労働がある。都市中心部からスプロール状に住宅地が郊外に広がり、公共交通網が整備され、公共施設や医療機関など生活に必要な基礎的インフラは地理的にも配置がしやすい。人口密度が高いため、ニーズを持つ人びとも集中しており、サービス提供主体にとっては効率的な事業展開が可能となる基礎的条件がある。

横浜市の人口は二〇一五（平成二七）年に三七〇万人を超え、二〇一七（平成二九）年には三七三万人に達している。面積は四三七・四九平方キロメートルで、人口密度は八五〇〇人を超える。これほどの人口集積は地域を小地域に区分した時に、その対象エリアが徒歩圏ほどにコンパクトになることを意味する。市内には二〇一七（平成二九）年時点で、二五六の地区社会福祉協議会があまねく組織されているが、一地区平均の人口はおよそ一万五〇〇〇人、面積は一・七五平方キロメートルであり、これは一キロ四方よりもやや広い程度で、徒歩による日常生活圏といえる。横浜市の地域福祉保健計画においては、この地区社協を単位とした地区別計画がそのうち二五四地区で策定され推進されている。

一方、社会の近代化に伴って仕事と家庭の分離が起きるが、それは都市において顕著に進展する。職住が分離されることは、通勤を要することを意味する。通勤時間の全国平均は二七・六分であるが、都道府県別でもっとも長時間なのが神奈川県の四八・〇分、都市別では、さいたま市五一・一分、横浜市五一・六分、川崎市四九・三分、名古屋市三〇・七分と大都市圏では通勤時間も長くなる（総務省統計局、二〇一三）。自ずと住まいのある地域で過ごす時間は短くなるので、住民の地域社会への愛着が希薄になる。当然、子育てや介護などのケアを支える家族の力も脆弱になりやすい。こうして、家族や地域社会の相互扶助機能の低下が問題となるために、他の地域以上に大都市には「子育ての社会化」「介護の社会化」の必要性が高いといえる。

人口の高齢化の傾向では、高齢化率の全国平均（二六・七％）（総務省統計局、二〇一五）より高い指定都市は五市のみで、平均すると高齢化率はまだ低いものの、都市内部で深刻化する地域も増えており、今後の高齢化の伸展は確実で、二〇二五年には横浜市は、高齢人口だけで一〇〇万人に達すると見込まれている。

単独世帯（一人暮らし）の割合は大都市部でおおむね高く、横浜市の一世帯当たり人員は二・二六人（同前掲）で過去最小となり、世帯の小規模化が一層進んでいる。三世代世帯の割合は横浜市ではわずか二・九％。全国平均七・一％の三分の一程度であり、高齢者世帯のうち、一人暮らし高齢者（高齢単独世帯）は全国で二四・二％であるが、横浜市は二七・一％で（同前掲）、大都市部では、高齢単身世帯が多く、孤独死・孤立死に代表される社会的孤立が深刻な問題になりやすい。

近隣関係の指標ともいえる住宅形態を見ると、持ち家率は全国で六一・九％あるが、全国平均より高い指定都市は、新潟、浜松、静岡の三市のみで、横浜市は五八・八％となっている。そのうち、一戸建住宅の比率は全国が五五・七％なのに対し、横浜市は三八・〇％。一方、共同住宅の割合は横浜市で六〇・一％、全国は四一・六％である（総務省統計局、二〇一〇）。大型・高層マンションなどの都市住宅の構造や、職場・住居・余暇活動の空間が分離され、交通網で結ばれる機能的な都市構造は、コミュニティが生まれにくいものになっている。

自治会町内会などの地縁団体の加入率は、日本全体では依然として高いものの、大都市部においては減少傾向にあり、加入していても実際に活動に参加している人の割合は減少し、空洞化が懸念されている。横浜市では、二〇一五（平成二七）年で七五・五％（横浜市市民局、二〇一七）と比較的高い割合を維持しているとはいえ、近年は一貫して減少を続けている。同様に老人クラブの加入率も長期的な減少傾向にあり、六〇歳以上の人口に対して全国で一五％程度。都道府県別でもっとも低いのが神奈川県でわずか四・八％にすぎない。

こうした地縁組織の空洞化が大都市部において顕著に進んでいる。また、このような近隣関係の希薄化とも世帯の小規模化とも関連すると考えられるが、大都市部では生活保護率が高いという特徴も見られる。生活保護の平均保護率（厚生労働省、二〇一五）は全国で一・七一％であるが、政令市のなかで全国平均を下回っているのは五市にすぎず、横浜市は一・九二％とやや高く、もっとも高い大阪市の割合は五・四九％に達している。

福祉サービス提供面での課題

大都市には福祉サービス提供面においても課題がある。大都市においては地価が高いため、用地確保の困難や費用負担等の問題があり、施設整備にあたっては多額の初期投資が必要となる。実際に高齢者人口あたりの入所介護施設の整備率は低く、高齢者施設の待機者問題、保育所の待機児童問題の直接の要因にもなっている。

地価水準と強い相関があると推察されるが、福祉資源の形態として、土地や施設の確保、拠点の整備が必要となるサービスの割合が相対的に低くなる傾向が見られる。実際に、二〇一四（平成二六）年度の介護保険給付費のサービス種別の割合は、全国平均の割合が「訪問系サービス」が一三・六％、「通所系サービス」が二二・四％であるのに対して、横浜市の割合は「訪問系サービス」が一六・七％と約三％高く、「通所系サービス」は一八・〇％と四％ほど低くなっていることにも表れている。大都市部で訪問系サービスの割合が高くなるのは、利用者側のニーズ要因というよりは、施設設備の整備、初期投資コストが高くなるという事業者側の経営事情によるところが大きい。

一九八〇～九〇年代に介護保険を導いたと考えられる運動の高まりを見せた福祉活動として、地方では宅老所やグループホームなどの高齢者の小規模施設型のケアがある。こうした活動は大都市部には多くは見られず、生協運動やそこから生まれてきた訪問型のワーカーズ・コレクティブに代表される住民参加型在宅福祉サービスが発展したという活動形態の違いにも現れている。

こうした大都市の状況をまとめると、施設中心の福祉よりも在宅福祉・地域福祉の必要が高く、同時にそれが効果的・効率的でもあるために、そこにいっそう大きな役割を期待することになる。それだけに、本書で取り上げた女性たちが発展させてきた、地縁組織とボランティア・ＮＰＯ、当事者グループなどのテーマ型組織とが縦糸と横糸となって、大都市社会が内包する課題を克服する手当の布として織りなされていく地域福祉のスタイルの、さまざまな可能性を考慮していく必要があるだろう。

横浜市の女性の就業率と地域福祉活動

本書で紹介した五人の女性たちは、高度経済成長期の一九六〇～七〇年代にかけて横浜での生活の営みを始め、子育てをしてきた専業主婦であったが、その枠に収まらない、専業社会活動家ともいえる存在として、地域活動に自分の生活もまるごと関与し、格闘し、そして今も走り続けている。その時代は横浜の都市としての

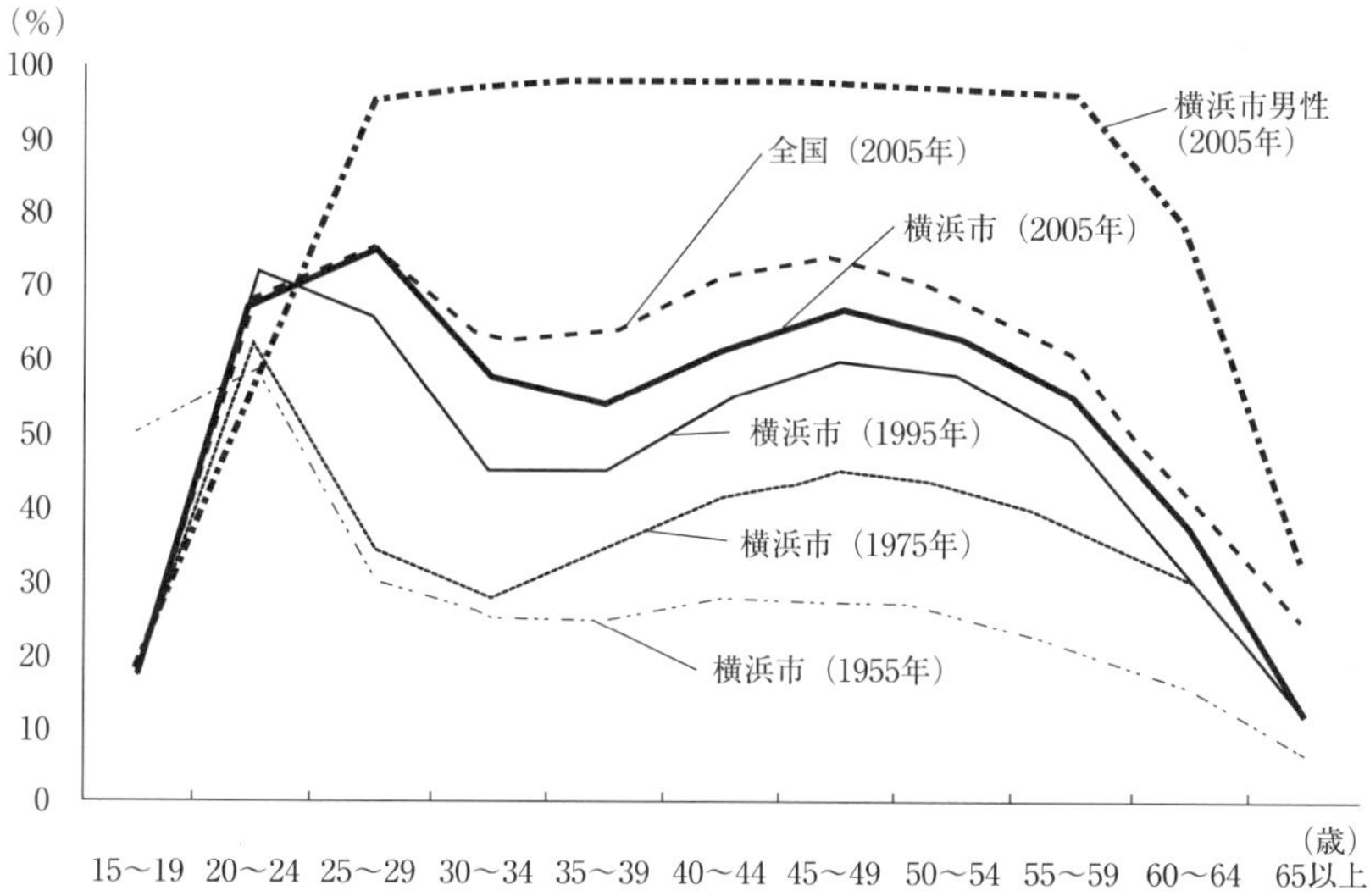

図 6-1　年齢階級別女性の労働力率の推移（横浜市、全国）（横浜市政策局、2009）

発展の時期に重なる。一九六〇（昭和三五）年以降、毎年おおむね四％以上のペースでの人口増加があり（横浜市政策局、二〇〇九）、自然増加、社会増加がともに拡大し、とくに社会増加が顕著で、地方から大都市圏への急激な人口流入がその主な要因となり、横浜は東京、首都圏のベッドタウンとして発展してきた。

その後、少子高齢化の進行により人口の自然増加は止まり、社会増加が中心となる。自然増のもとになる合計特殊出生率は、横浜市の割合は全国に比べて一貫して低く、二〇〇八（平成二〇）年の合計特殊出生率は全国で一・三七、横浜市はわずか一・二五となっている。

家制度や緊密な農村共同体から解放されて、他人に迷惑をかけない限り、自由でプライバシーが守られる暮らしを求めて農村から都市圏へ働く世代が移り住んだ、東京の典型的な郊外が横浜であった。しかし、高度経済成長期は、当時〝ニューファミリー〟と呼ばれた核家族が、明るい郊外の生活を享受でき、家族のケアをあまり心配しなくてよかった時代。それは子どもと老人の人口（従属人口）が少なく、生産年齢人口が多い状態で「人口ボーナス期」ともいわれる。豊富な労働力により、都市化の進展、工業化による所得増、消費の活発化により高い経済成長が実現できる時期であるが、日本の人口ボーナス期はこの間のわずか二〇数年間といわれる。

この時期の地域福祉の性格を考える時、手がかりとなるのは女性の就業率である。大都市横浜は、全国平均と較べると女性の就業率がきわめて低く（専業主婦率が高く）、女性が住民主体の福祉活動を支える中心的な力であった。

図6-1に見られるように、結婚・出産を迎える二〇代後半から三〇代にかけて、女性の就業率の低下（谷間）があり、典型的な深い「M字カーブ」を示してきた。しかし、横浜市においてもその谷は徐々に浅くなってきており、横浜市の女性の就業率は一九七五（昭和五〇）年に三六・〇％だったものが、二〇〇五（平成一七）年には四七・一％に上昇している。

時代とともに働く女性が増え、生協のような地域社会を基盤にした協同活動を担ってきた世代は、現在では地域ではなく職場にいる時間が長く、次第にその力が弱くなるのは避けられない流れといえる。労働力化していない女性、すなわち主婦が横浜市では主要な地域福祉・市民活動の担い手であったが、もはやそれを頼りにすることはできなくなってきている。ただ、女性の就業率は高まってきてはいるものの、働く女性の半数以上は非正規雇用であり、非正規雇用率が高い水準で推移していることにも注意をする必要がある。

戦後の日本の社会保障の特徴

戦後日本の社会保障制度は、専業主婦を意図的に優遇し、家族を「福祉の含み資産」とした日本型福祉社会の考え方によって形成された。

高度経済成長期には、政府の公共事業による雇用創出が男性世帯主の終身雇用と年功序列の賃金を約束し、男性世帯主が仕事に専念する一方で、子育てや介護などは専業主婦の役割を期待し、優遇する政策を採り、雇用中心の福祉推進体制を補完したのである。フルタイムの男性被用者は長時間労働や頻繁な転勤など、生活（ライフ）よりも仕事（ワーク）を優先することを余儀なくされたが、「二四時間戦えますか？」というコマーシャルに象徴されるような仕事への専念が可能だったのは、結婚・出産を機に専業主婦となった女性が「夫の役割は仕事、妻の役割は家事」という性別役割分業意識に基づいて、育児や介護など家族の養育・ケアを担ったからである。

こうした戦後日本の社会保障政策のもとで、生産と生活を家族が別々に分担することで社会が機能してきたが、今はその前提が生活のなかに孤立や困窮をつくりだし、少子化を招いている。もちろん、少子化は大都市だけの問題ではないが、大都市ほど出生率は低く、こうした働き方と生活のスタイルの変革の必要性はより高いといえる。

地域福祉活動を支える横浜市の福祉政策

米岡さんの地区にほど近い、横浜市西区、みなとみらい地区を望む小高い野毛山公園に、旧野毛山配水池がある。現在は閉鎖されているが（隣接地に「野毛山配水池」が造られている）、戦前から横浜の都市としての発展を支えた近代水道の遺構として保存されている。水は遠く相模川上流から約四四キロの道のりを運ばれてきていた。現在この道のりの一部は水道道《すいどうみち》と呼ばれている。

都市の発展に水の確保と配水が欠かせないように、生活を支える福祉の充実には「公」の政策がカギを握る。横浜市は全国でもっとも人口の多い巨大な基礎自治体として、きめ細かなサービス提供の仕組み、住民自治につなげる分権化が要請され、これまで一八ある行政区には、「個性ある区づくり推進費」（一九九四〈平成六〉年度から）、「区福祉保健センター」（二〇〇一〈平成一三〉年度から）など、区役所の機能強化、地域支援機能の強化が図られてきた。また、横浜市は市民や民間との「協働」を市政の方針とし、「横浜コード」の原則（対等、自主性尊重、自立化、相互理解、目的共有、公開）に基づいて、公益的・社会貢献的な活動を行う多様な主体同士が協働の取り組みをすすめてきた。福祉政策の点では、市民活動への支援・助成制度、待機児童ゼロ、子育て支援施策などに特色があり、福祉行政の独自性という点では、「地域包括支援センター」のモデルとなった「地域ケアプラザ」がある。

地域ケアプラザは、一九九一（平成三）年に設置が始まり、中学校区に一館、目標一四五か所に対して、一三七か所が整備されている。子ども・障がい者・高齢者など分野を限定しない市民に身近な、福祉保健の総合相談窓口であり、地域包括支援センターの機能を持ち、保健師、社会福祉士、主任介護支援専門員の専門三職種に加え、横浜独自の「地域活動交流コーディネーター」と「所長」を配置してきたが、二〇一六（平成二八）年度からは、新しい総合事業の二層を担当する生活支援コーディネーターが新たに配置され、最低六人の専門職が配置されている。なかでも地域コミュニティにかかわる専門職が、横浜市内一八区社協の職員以外にも市内に二八〇人以上活躍していることは特筆に値する。

横浜における地域福祉活動の充実と発展には、こうした行政施策（公）の面での積極的な「水」の供給がそのカギとなっていることも見逃すことができない。

第二節　五人の女性の地域福祉実践に学ぶ

地域の原風景のなかにあった「つながりの実感」

介護保険制度が始まったことで、助けあい活動はその勢いを失ったといわれる。しかし、女性たちは制度や時代の流れとうまくつきあいながら、必要（ニーズ）から出発する活動を発展させてきた。介護保険の荒波をくぐりぬけてこられたのは、子どもの頃の地域の記憶のなかに「つながりの実感」があったから。幼い頃、彼女たちが目の当たりにしていたのは人びとが助けあう姿だった。現代のように家電もまだまだ普及しておらず、福祉制度や公共サービスも整っていないので、「自分たちでどうにかしなくちゃいけない」「やるしかない」「人ごとではない」状況が常にあった。自分の家族が誰かを助けたり、家族ではない誰かから自分が助けられたり。大人も子どもも、みんながができることを持ち寄りながら、やりくりする暮らしは、自分が何かの輪につながっている実感を得るのに十分だった。地域は「可塑的」、つまり固定化したものではなく、住民が主体的につくり上げていける、「私」もその一員であり、現実の地域社会に働きかけることで、その形はいくらでも変わりうる、という手ごたえを確かに女性たちは感じている。それは、「地域」という言葉で記憶される原風景であり、帰るべきふるさとであり、また未来に向けて実現すべき理想的なコミュニティでもあった。そして、子ども時代に醸成された「地域」への信頼は、生活を営む横浜の足元の都市地域に引き継がれて、今度は自分の子どもたちが生まれ育つ地域に、助けあう原風景をよみがえらせようという働きの原動力となった。

まるごと生活を支える視点

女性たちは自らの活動を語るとき、「ボランティア」ではなく「助けあい」という言葉を使う。「ボランティア」という言葉を知るずっと前から、生活のなかにあった「つながり感」を表現するには、「助けあい」の方がしっくりくるからなのかもしれない。

そして、主婦ならではの「生活を支える」視点にも注目したい。「安全なものを家族に食べさせたい」「暗い夜道を子どもたちに歩かせたくない」など、家族の食卓をあずかる主婦として、子どもたちの帰りを家で待つ母として、夫の世話をやく妻として、衣食住の生活をまるごと見ている女性ならではの視点が活動に対する細やかさやたくましさに結びついている。

私的領域の生活全般をマネジメントするのが「家事」だとすると、生活自体を分割したり、仕事のようにマニュアル化したり、切り分けるわけにはいかない。家事、育児、介護、看護、養育……言葉にすると多様な側面があるが、生活全般がトータルにまるごと捉えられて、その全体が「ぜんぶつながっている」という感覚でマネジメントされている。

「地域」にはいろいろな人が生活しているというのが基本的な前提であり、「障がい者」や「高齢者」という捉え方や、救済や慈善の対象とする考え方は生じない。生活のうえで困難を感じる場合も、その人は個性を持ち、尊厳を持って生きる存在であり、同じ地域に暮らす一人の人間であると考える。「放っておけない」という気持ちは、自らも生活の当事者であるところからくる自然な感情で、活動の領域を限定しないところも共通している。

こうした包括的な生活者である女性たちの生活へのまなざしは、福祉や医療の専門職とは大きな違いがある。専門職は、専門領域に関する知識・技術を持ち、ニーズを持つクライエントの状態をアセスメントし専門的な援助を行うが、その際にはクライエントの利益を最優先する倫理を持つ。女性たちは専門職ではなく、専業主婦、専業の生活者といえる。プロではない。生活感覚を持ち、生活の困難を抱える人を自分たちの問題、その困難を助けることは私たちの利益でもあるという共感が助けあう純粋な動機となっている。「わが事・まるごと」という近年の地域福祉政策の理念の萌芽はすでにここにある。

この感覚は行政とも大きな隔たりがある。女性たちは、ニーズに対して法律や法的根拠に基づいた公平なサービスを提供するという原則を持たない。自分の必要でもあるから助けあう。だから、従来の福祉のあり方には違和感を強く感じ、それを直接批判することよりも「今、必要なんだ」と、まず行動を起こし、活動をつくりだすことによって行政や福祉制度に対する提案を行ってきた。

また、五人の女性たちに共通する自らの性格のとらえ方に「楽天家」ということがある。「なんとかなる」「まず、やってみる」「考える前に動く」それから話しあいながら考えていくという姿勢がある。「おせっかいであること」が自然、「世話焼き」することが当たり前。「おせっかい」は、相手の意思を配慮しない過剰な関与という否定的な文脈で語られることが多いが、福祉の支援においては、相手からの申し出を待っていては支援が届かない場合も少なくない。援助する側から積極的に出向いていく必要がある。この出向いていく援助方法を福祉の用語では「アウトリーチ」というが、それが専門職の方法としてではなく、住民としてのごく自然な姿勢として生きている。そこには、当事者の力を信じる心があり、セルフヘルプ（自助）を発揮させる関係性がある。

このセルフヘルプの力は「ヘルパーセラピー原則」ともいわれる。援助を必要とする人が同じ立場の人の援助をすることによって、「援助をするものがもっとも援助を受ける」という意味である。同じような問題を持つ人のことで悪戦苦闘するなかで、自分の問題を客観視して見る機会が得られ、同じ当事者にそれを教えるこことがもっとも自らの学びにつながる。自分と他者との間で平等なギブアンドテイクを行うことができ、自らの対人関係の資質が向上し、社会的承認を受けたと感じられる。五人の女性たちの経験や活動上の思いに共通する原則といえる。

生活と活動が一体化している

フェミニスト運動のスローガンに「個人的なことは政治的なことである」という表現がある。ごくプライベートなことだと思っていたことが、実は社会構造に埋め込まれた問題であるという発見は、孤立した個人をつなぐきっかけになり、関心を社会に、さらに「公」のあり方に向け、社会を変えることにつながるという意味である。女性たちの活動には、生活のなかで個人的だと思われていた困りごとを、地域で、「私たち」で助けあっていくことによって、社会をも変えていこうとする性質がある。

そして、その活動は「仕事」だとはとらえられていなかった。たとえば「ぜんぶつながっている」と米岡さんは表現した。生活と社会的な活動（仕事）とが混然一体となっている。濱田さんは、「公私混同」の最たるものと語ったが、仕事とプライベート、「公」と「私」を明確に区別する概念は近代社会の特徴でもあって、私たちがそれに囚われすぎているのかもしれない。「地域活動であって仕事ではない」「地域活動が楽しかったから、リフレッシュすることなんて考えたことがない」という松本さんの姿勢は今日の時代感覚からは新鮮に感じられた。その活動は〝世のため人のため〟であるが、自分のためでもあるから、肩肘を張ったところがなく自然体で、「私たち」意識が社会を変える原動力になってきた。

アメリカの地域福祉推進の方法に「コミュニティ・オーガニゼーション」（地域組織化）がある。この手法を用いて、元アメリカ大統領のバラク・オバマが二〇代の頃（一九八〇年代）、三年余りコミュニティ・オーガナイザーとして働いていたことは実はあまり知られていない。

若きオバマがシカゴ南部の貧困地域においてとった方法は、住民の個人的関心事（セルフインタレスト）から、地域の具体的な「問題」を見出し、共有された利益・関心のもとに人びとを結集させ、特定の課題や目標を設定し、問題解決のために行政当局に対して直接的な集団行動をとるソーシャルアクションだった。その活動のなかで、オバマは住民の個人的関心事が、ともすれば自己利益だけに向かいがちな傾向を、コミュニティの共通の利益（コモンインタレスト）を共有する方向へ発展させようとした。お互いが孤立した状態から共通の価値、共同の目標を共有し、希望を見出し、コミュニティ意識の形成を力の源泉とする。そして、多様な社会資源をつなぎあわせ、橋を架けるようなネットワークを形成することで、共通の土台をつくりだす手法を得意とした。若きオバマの活動とほぼ同時代に、日本の横浜という大都市で女性たちが実践してきた地域福祉活動は、自己の関心ごとからコミュニティ共通の目標を見つけ、異なる団体の間に橋を架ける取り組みであり、そこには驚くほどの共通性を見出すことができる。

とことん話しあう民主主義の体現

女性たちが活動を継続してきた長い歴史のなかでは、活動を有償にするか無償にするか、介護保険に参入するかしないか、障がいのある子どもたちをどこまで受け入れるかなど、さまざまな決断を迫られる場面があった。ともに活動を支えるメンバーのなかでは、それぞれに譲れない意見も出てくるが、多数決ではなくとことん話し合うことも、女性たちのグループの共通項の一つである。

「異なる意見を大事にすることが組織を強くする」「行き詰まったら、勉強会をしたり他の事例から学んだり違う角度から見る」という視点を持ち、本人や家族の苦しさを受けとめ、さまざまな葛藤を共有し、最後は

「困っている当人」を話しあいの真ん中におくことで乗り越えてきた。

「少数意見の尊重」が大切であることは一般論としては了解できる。少数者（マイノリティ）を排除しないこと、包含する社会をつくることは福祉の基本的な理念ではあるが、「民主主義は多数決」という認識も依然として支配的といえる。そのなかで、職場であったり、協同組合であったり、地域コミュニティであったり、「私たち」が実感できる規模の集団における、直接的な話しあいによる民主主義が、その社会全体の民主主義の達成に重要な意味を持つとすれば、彼女たちの会の運営のスタイルにこそ手がかりがあるといえる。

女性たちのリーダーシップは権威的ではなく、謙虚さがあり、常に「みんなで」という問題の共有（シェア）意識があり、「私たちの問題を私たち自身の手で主体的に取り組む」という住民自治の原理に立っている。その話しあいの精神が会員相互の、さらには地域住民との協働と信頼をつくってきた。

弱いからこそ、他とつながる

女性たちの活動は、区であったり、団地であったり、半径五〇〇メートルという範囲であったり、一定の地理的なエリアがこだわりを持って意識されている。その地域のなかで、自分たちの力の限界も感じている。だから、不完全な、自分たちの会だけですべてをやろうとはしない。助けあえるのは自分が弱いからであり、弱いからこそ助けあう余地がある。地域のなかの話しあいにおいて協力しあえる場をつくってきたし、より広域のネットワークにも積極的に参加し、問題を社会化させる動きに積極的に関与してきた。

それは地域の課題を共有するためであり、その課題は自分たちの会の活動で解決できることも多いが、どこか他の団体であったり、違うサービスの力を借りることもある。そうすることで課題が広く認識されたり、解決のための資源やサービスがつくられる原動力になることもある。

それぞれの会やネットワークで、勉強（研修）会を行っている点も共通している。常に地域の課題を把握し課題解決のための学びに熱心であり、学びを通した新しい出会いに貪欲である。地域にこだわりつつも、外からの風、視点を大事にしている。活動が惰性に陥らないよう、視野が狭くならないよう、自らの実践を相対化すべく、俯瞰できる視点を持つような心がけがあって、簡単に行き詰まって、活動が停滞したり停止することがない。自分たちの船の針路を常に見定めている。

大都市に新しい縁を結び、紡《つむ》ぐ

制度やサービスが充実してきた現代では、それらをうまく使うことで、周りとのつながりがなくても生活が成り立ちうる。一方で、たくさんの人びとがインターネットやスマートフォンを通じたやりとりに多くの時間を費やす姿からは、「つながり」を失いたくないという思いも感じられる。実際に私たちはＳＮＳなど、きわめて狭い人間関係のなかのコミュニケーションの手段としてインターネットを使っているという現実がある。

女性たちから学んだことは、人間のなかに助けあいの気持ちを生み出す源が、人と人との「つながり感」を実感できる経験にあるということ。私たちの周りにも、目に見えていないだけで実際には「つながり」はたくさん存在している。だから、誰もが小さな「つながり」を実感できる、そうした原風景を持てるようにしていくことが重要で、女性たちは、大都市に新しい縁《つながり》を結び紡ぎだすコーディネーターといえる。

「助けあいは人を育ててきた」と清水さんは語る。それは活動によって助けられた経験が、次の活動を起動させるスイッチにもなっているのである。人は助けられる一方の存在ではいられない。山尾さんの「要らない人はいない」という言葉に象徴されるように、人間は「人の間」で生き、それぞれの役割を果たし、行為や気持ちをやりとりする。そのやりとり＝交換は、一対一の関係で完結するのではなく、また商いのように売って買って支払っておしまいの関係ではなく、「わらしべ長者」の物語のように、交換が次々と繰り返され循環していく。

現代社会は資本主義社会であり、商品もサービスもそれを提供する労働でさえ市場で売り買いされる性質があり、地球規模で市場は一貫して拡大し、グローバル化が進展している。働くという行為ですら労働市場で売買され、私たちは損得を勘定に入れながら、仕事を選択し働いている。

助けあい活動は、家庭に隠されていたシャドウワークである無償の労働を外部化させて、対価を伴う有償「労働」に転換させ、相互の助けあいを経済活動のなかに位置づけたということになる。女性の労働の場をつくりだし、安定した活動を提供するために有償労働でサービスを提供する仕組みは、ともすれば、その活動＝労働が仕事の対価＝お金として価値が計られるようになると、それまでの精神的報酬との間にギャップが生じるようになる。しかし、助けあい活動の「人のことをしてあげられる幸せ」という精神的報酬はなくならずに生き続ける。

はじめに、助けあいの会の小さなコミュニティに交換が生まれ、それが徐々に地域や社会という大きなコミュニティに互恵的な交換が拡大していく。そうした関係のなかで生きることに人間的な成長があり、また幸福感が高まっていくような感覚が共有される社会が現出すること、それが大都市のなかにも可能であることを女性たちの実践は教えてくれる。

第三節　介護保険が市民活動に与えた影響

「介護の社会化」を理念とした介護保険制度は、人口の高齢化がすすむ日本の社会に大きな構造的ともいえる変化を招いた。助けあい活動も、介護保険の影響の圏外ではありえなかった。

有償ボランティアからの動き

一九八〇年代には、有償による相互の福祉サービス提供団体が各地に登場したことで「有償ボランティア」が議論の的になった。サービスが「有償か、無償か」の議論はボランティア団体の性格や方向性を決定づける。一方、福祉行政は「福祉見直し」の時代でもあり、在宅福祉、とくにホームヘルプのニーズの増大に対して、財政支出抑制への圧力があり、常勤のホームヘルパーの雇用が難しく、しかし無償のボランティアでは安定したサービス供給ができないことから「有償ボランティア」に関心が向けられた。自治体の先行事例としては一九八一（昭和五六）年の武蔵野福祉公社の事業開始があるが、一九八五（昭和六〇）年の横浜市ホームヘルプ協会の事業開始も大きな影響を与え、多くの自治体でこうした仕組みの導入が図られていく。

この「有償ボランティア」という言葉を当時、批判したのが全国社会福祉協議会（以下、全社協とする）である。「ボランティアは無償である」という原則を外れている、語義矛盾であるというのが主な論点である。そこで、全社協は「有償ボランティア」に替えて「住民参加型（在宅）福祉サービス」という名称を提示した。活動を広げていた各地の団体は、一九九〇（平成二）年に住民参加型在宅福祉サービス団体全国連絡会を組織する。

国は一九八九（平成元）年の消費税導入時に策定されたゴールドプラン（高齢者保健福祉推進一〇ヵ年戦略）によって、在宅福祉に大きく舵を切った。在宅福祉サービスの量的拡大を目標とし、主要な目標であるホームヘルパー一〇万人達成のための方策として、有料ではあるが低額、ボランティア精神のある住民による「住民参加型在宅福祉サービス」への期待が強まっていく。

この住民参加型サービスを支えるには担い手が必要となるが、その振興策は一九九三（平成五）年策定の「福祉活動参加指針」と、それを受けてまとめられた意見具申「ボランティア活動の中長期的な振興方策について」（中央社会福祉審議会・地域福祉専門分科会、一九九三）に示された。

答申は、ボランティアは「慈善」や「奉仕」に基づくものから、生きがいの追求や自己実現など「互酬性」に基づく動機に変化しており、「助けあいの精神に基づき、受け手と担い手が対等な関係を保ちながら謝意や経費を認めあうことは、ボランティアの本来的な性格からはずれるものではない」とした。

審議会の委員を務めた阿部志郎氏は、「互酬性」と表現し、地域社会において不可欠な「香典―香典返し、結婚祝い金―引き出物、中元、歳暮の風習」などの互酬の行為は、その基盤は失われつつあるものの、新たに「協同組合、農協、労働組合、福祉公社、時間貯蓄等」「相互に有料で利用し、有償でサービスを提供する」「市民参加型福祉サービス」に互酬の近代化が見られることを積極的に評価した（仁平、二〇一一）。「自発性・無償性・社会性」を原則としたボランティア活動から、住民参加型福祉サービスへの参加を促すための思想として「互酬性」が登場することとなったのである。

その後、これらの団体の多くは新たなNPO法（一九九八〈平成一〇〉年）の下で、NPO法人格を取得し、介護保険事業に参入することになる。二〇〇〇（平成一二）年以降は、「福祉NPO」「介護NPO」というとらえ方をされるようになるが、近年は市民団体を出自とする非営利団体を対象とした調査研究もほとんど見られなくなり、その用語枠組み自体に特別な意味はなくなってきているといえる。

互酬性の助けあい活動がもたらすもの

住民参加型の助けあい活動が介護保険前史において量的な広がりを見せ、その後の社会福祉改革や介護保険制度の理念に影響を与えた背景には、互酬性に基づく相互のサービス活動の仕組みに、他者からの援助を受ける抵抗感を減じ、利用者の尊厳を尊重し、権利を擁護する性格があったと考えられる。

生活のなかで困ることが生じ、自分ではできないので誰かに頼みたい。それは誰にも起こりうることだが、誰かに助けを求めるときには抵抗感や負担感が生じる。抵抗感の一つの正体は、社会福祉の専門用語を使うならば、そこに「スティグマ」（他者や社会集団によって個人に押し付けられた負の表象・烙印）があるからだ。誰かの助けを借りることが、人間の尊厳を傷つけることにはならないはずなのに、そのように感じてしまうのは、それまでの「措置制度」に問題があり、福祉の給付を受けることを恥ずかしいと感じる意識が生じていたからだと考える。権利としての福祉が確立されていない社会においては、負担感が伴わない程度の金額を支払うことで、援助を受けることの抵抗感を減じることができ、サービスの受け手は、単にサービスの消費者で終わらずに、次の助けあい活動につながっていく、サービスの大きな相互の交換の環のなかにあるという感覚を抱くようになる。清水さんは、「人に手助けしてもらったら自分も手助けする、それが基本で、交換すれば〝バーター〟になる」と表現しているが、こうしたケアを受ける立場の人が気がねしないための互酬に基づく仕組みは、社会福祉の理念にも大きな影響を与えていく。

また、清水さんは「『たすけあい』の基本的な思想は、生きるものすべて、赤ん坊で生まれ老いて死ぬということです。多少の例外はあるにせよ基本的に人は弱者に始まり弱者で生を終えるのです」とも言う。こうした理解は、今日の「障がい」の理解に用いられる国際生活機能分類（以下、ＩＣＦとする）の概念とも通じあっている。

ＩＣＦは「障害者というと障害しか持っていない、患者というと病気しか持っていないのではなく、すべての人間は、健康の衰退を経験しており、それゆえ、何らかの障害を経験している。障害とは特定のマイノリティに起こることではなく、ＩＣＦは障害の経験をメインストリームとして、また普遍的な人間の経験」（世界保健機関・障害者福祉研究会編、二〇〇二）ととらえる。人間はみな平等であり、誰もが未熟で弱いところを持ち、それゆえ何らかの障がいを抱えている状態は特別ではなく、普遍的な経験ととらえるのである。

だからこそ、社会のなかで個人ができないところを助けあうことは、恥ずかしいことでも何でもなく、当たり前の行為であることが、助けあいが目指す「地域福祉の原点」といえるが、こうした人間理解は、利用者の尊厳、権利擁護として、社会福祉基礎構造改革のなかで議論され、行政処分による「措置」制度から、利用者がサービスを選択できる利用制度による福祉の普遍主義への方向転換の誘因となったことは間違いない。

介護保険による社会の変化

二〇〇〇（平成一二）年にスタートした介護保険制度は、介護が必要になっても尊厳を保持し、その人らしく自立した生活を営むことができるよう、それまで主に家族が担っていた介護を社会全体で支えていく社会保険の仕組みとして構築された。当初、利用はそれほど進まないだろうという大方の見通しを裏切って、サービス利用は飛躍的に拡大することとなった。

介護保険は、高齢者福祉の領域に限らず、社会政策、社会全体へのインパクトも非常に大きかった。

その影響はまず家族に現れる。介護保険は一定の家族介護力の存在を前提にしたが、介護保険の仕組みそのものがその前提を切り崩し、家族による介護の実質が大きく変化した。従来の介護は「嫁の責任」から、嫁よりも娘、別居の娘よりも同居の夫や息子へ、同居規範が支配的になるという変化が予想を超えるスピードで起きている。夫婦間介護では「老老介護」や「認認介護」など家族介護者自身が介護力を持たないケースが増え、娘や嫁の場合も別居を前提にした通勤介護が増加、夫と息子の介護は家族介護者のうちの男性割合を増やし、家族介護者の三人に一人は男になり（内閣府、二〇一六a）、もはや介護は「女の役割」とはいえなくなっている。このように介護保険は日本の家族の姿にも大きな変化を与え続け、従来の家族・市場・国家の福祉ミックスにおいて、脱家族化と市場化が進行するなかで、NPOなどの非営利セクターへの期待を高める状況をつくりだしてきたといえる。

NPO事業者としてのゆくえ

二〇一五（平成二七）年一〇月、居宅サービス事業所のなかで、NPOが実施主体になっている割合は、訪問介護（ホームヘルプ）で五・一%、通所介護（デイサービス）で四・〇%、居宅介護支援（ケアマネジメント）で三・三%を占める。このNPOのシェアは介護保険制度開始の二〇〇〇（平成一二）年から徐々に増え、二〇〇九（平成二一）年頃に訪問介護で五・九%、通所介護で五・四%となるが、それ以降は漸減し、現在は大きな割合を占めているとは言い難い（厚生労働省、二〇〇九）。介護保険制度のもとでは、運営主体によって居宅サービスの質が変わる、労働力の定着に違いが起きるという現象は見つけにくい。セクター（サービス供給主体）別の実施主体割合（シェア）を議論すること自体にあまり意味がなくなってきているのである。

住民参加型団体の全国調査（全国社会福祉協議会・地域福祉部／全国ボランティア・市民活動振興センター、二〇一六）によれば、一団体あたりの収入額平均で、「助けあい活動の利用料収入」四六七万円（五・七%）に対して、「介護保険に関わる収入」四五一八万円（五六・〇%）、「障害者総合支援法制度等収入」一一一三万円（一三・八%）、「行政からの事業委託収入」八一六万円（一〇・一%）となっており、公的なサービスに伴う収入が大きな割合（七九・九%）を占めている。現状の収支だけから見れば住民参加型団体は、介護保険を含む公的なサービスの供給主体＝事業者であるということ以外の役割は見出しにくくなっているといっても言い過ぎではないだろう。

介護保険事業に参入した住民参加型の団体は介護報酬という安定的な収入を得て、経済的基盤を固めることになった。しかし、一方で介護保険制度の多元的なサービス供給システム（公私の多様な経営団体の参入を促進するシステム）のなかで、一サービス供給組織（一事業者）になることによって、住民参加型団体の出発点にあった独自性や政策提案性といった特質が、望む望まざるとにかかわらず弱まることとなった。

介護保険は、日本の社会にとって壮大な社会実験であり、また、今もあり続けている。制度がもくろんだ福祉多元主義は、十分に民間企業や非営利セクターの参入を喚起し、介護保険市場は一〇兆円を超え、保険者である市町村の介護保険財政の規模は、その地域の主要な産業規模に達しているところすらも存在する。法制定から二〇年が経過したが、まだ実験結果は出ていない。急速な高齢化と費用の増大に対して、近年は支出を抑制しようとする政策ばかりが目立つが、「介護の社会化」という理念、介護保険財政の「持続可能性」は、人類史上初めての問いであり、福祉ミックスのなかでの最適なあり方という解答は世界最高齢社会である日本のなかから見出さなければならないだろう。

第四節　大都市の地域福祉の未来へ

大都市への人口集中は首都圏を例外としてストップし、多くの指定都市では人口減少が始まっている。横浜市においても、西部、南部の区では人口減少が静かに、しかし着実に進行している。

そして、社会のあらゆる場面に、止まらない「個人化」の傾向が観察されている。家族の縮小、養育機能の低下、孤食、虐待などの「家族の個人化」、自治会・子ども会等の組織率低下、マンションの増加などに現れる「地域の個人化」、家族主義経営の衰退、不安定雇用増加などの「職場の個人化」、情報化、個人のライフスタイルの重視などに見られる「消費の個人化」が進行している。戦後の社会保障の大前提であった家族、地域社会、雇用が脆弱化し、日本型社会保障モデルを維持しえなくなっている。大都市の「個人化」傾向は地方に先行し、問題が顕在化しやすい。大都市における福祉問題に対する取り組みは、大都市の地域福祉のヒントになるだけでなく、他の地域の実践への示唆となりうる。女性たちの経験からさらに、その実践知というべき手がかりを学びたい。

次世代へのバトンリレー

メンバーの高齢化、世代交代の難しさは、多くの地域活動・ボランティア団体が抱える共通の課題でもある。女性たちは団体のリーダーを続けながら、次の世代へのバトンタッチを常に意識し、さまざまなやり方を工夫し、また駆使して、その時期・タイミングを計っている。

社会全体の人口構造は少子高齢化という、ゆるやかな、しかし確実な変化のなかにあり、時代を一気に巻き戻すことはできない。人口ボーナスがなくなり、オーナス（負荷）期に突入した今の時代には、家族のケアの役割に、また地域活動の担い手に、主婦だけをあてにすることはできず、また適切でもない。

しかし、人は一朝一夕に育つわけではない。助けあい活動を通して「人を育ててきた」女性たちの実感からは、やはり参加者自身が何らかの助けや学びを他者から、またコミュニティからもらっているという経験から、今度は誰かの役に立ちたいという気持ちが生まれ、それが人間的成長になっていることを見逃すわけにはいかない。

これからの子どもたち、次の世代の担い手の育ちをどのように支えるかを考えると、自ずと学校教育の役割を期待することになる。ただ、女性たちが実践のなかで感じているように、学校の授業のなかの特別な設定から福祉を導入されることが、自然な出会いを遠ざけてしまう懸念もある。学校は地域社会のなかに存在するから、学校教育の場面だけでなく、地域に育ちあう場があること、「障がい者」「高齢者」を対象として理解するのではなく、普段の自然なつきあいのなかで、一人の人間として出会い、関係を結ぶ機会（小さなつながり）をつくることが重要になると思われる。

「支える」「支えられる」からの脱却

社会保障を支える側である働く世代が困窮に陥っており、非正規の労働者の広がりが指摘されている。非正規雇用は一九九〇年代から一貫して増え続け、二〇一五（平成二七）年、厚生労働省によれば、パートや派遣などのいわゆる「非正社員」の占める割合が初めて全体の四〇％に達した。安定した終身雇用、年功賃金を守られる層は限られ、働く環境の悪化が格差を広げている。現在、日本では所得が平均的な水準の半分以下の「相対的貧困」の割合が上昇し続け、一六・一％（厚生労働省、二〇一五）に達している。日本の雇用の特徴として、年齢別所得格差と男女別所得格差が大きいといわれ、特に現役世代の単身女性は三人に一人が相対的貧困状態にある。それが支えあいや頑張りにつながるのではなく、逆に社会的孤立やあきらめを生み、ますます貧困から脱却できなくなるという悪循環が起きている。

こうした貧困の連鎖を断ち切るための対策として、二〇一五（平成二七）年には、生活困窮者自立支援法が制定され、地域のなかで公私にわたる支援体制を構築し、自立相談支援事業、住居確保給付金の支給、就労準備支援事業、学習支援事業などが実施されている。

この就労支援のなかでも重要だと思われる取り組みは「中間的就労」である。この「中間」は職業訓練と一般的就労の中間という意味で、実際に働きながら知識や技能を身につけたり、コミュニケーション力を高める支援で、ひとり親や障がいのある人の就労に高い効果が期待されている。

「ゆい」が実践してきた母子家庭の就労支援にも、ひとり親の子どもたちが置かれている苦境のなかで、中間的就労の場があることで、孤立しがちな母親に社会的居場所の感覚が生まれている。援助の仕事に携わることによって、自分が必要とされ、相手からの承認を得て、自分自身への有用感・尊重感が生まれる。それが大きな力になって、経済的自立だけでなく、社会的自立を実現できるようなエンパワメント支援が行われている。

高齢者の活躍を制度的にも応援する仕組みも考案され、定着しつつある。横浜市では、よこはまシニアボランティアポイント制度が二〇〇九（平成二一）年度から始まり、すでに一万五〇〇〇人が登録している。この仕組みは高齢者の健康増進や介護予防、社会参加や地域貢献を通じた生きがいをつくり、また、受入施設と地域との交流や在宅ボランティアの活動により、高齢者の生活の質を高めることに貢献している。高齢期の人生は、少なく見積もっても平均して二〇年以上、一〇万時間があるといわれるが、定年後の人生を社会に生かし、地域で働き、また地域の活動で活躍する力は、その人にとっても、コミュニティにとっても大きな力となることは間違いない。

このように、働き支える側を支え、支えられる側がアクティブになるような仕組みが、これまで以上に必要とされている。

ワークライフバランスの実現

「個人化」する社会において、地域福祉を創り出していくためのもう一つのカギは、日本人の働き方を柔軟にすることであり、働く世代の男女のワークライフバランスを実現することである。

ワークライフバランスとは、「仕事と生活の調和」であり、「国民一人ひとりがやりがいや充実感を持ちながら働き、仕事上の責任を果たすとともに、家庭や地域生活などにおいても、子育て期、中高年期といった人生の各段階に応じて多様な生き方が選択・実現できる」（内閣府、二〇一七）ことを指す。仕事（ワーク）と生活（ライフ）のアンバランスは、出産・育児の際に最大化する。男性の育児休業の取得を促進させるなど、柔軟な働き方を許容しワークライフバランスを実現することは、少子化対策の重要な柱と認識されるようになってきた。

男性の働き方も変えていく必要がある。週間就業時間六〇時間以上の男性雇用者の割合は、子育て期と重なる三〇歳代や四〇歳代で高い。変わらぬ長時間労働の実態があり、横浜のような大都市では加えて通勤時間が長いだけに、この苦境をさらに厳しいものにしている。

少子高齢化、現役世代の減少というオーナスのなかで日本社会が持続的に発展していくためには、従来のように「仕事」か「家庭生活」かを男女で分担するのではなく、双方が仕事をもち、家庭生活のケアを分担しあう必要がある。この場合の「仕事」（ワーク）は、賃金労働だけでなく、中間的就労や地域でのボランティア活動などのアンペイドワークも含めて考えたい。地域のなかで、従来の雇用、福祉の制度的な枠組みをゆるやかにつなぎ、現役世代が「仕事」か「家庭生活」かの二者択一を迫られないで、多様な選択肢が可能になるような社会資源をつくりだし、コーディネートをシステム化していくことが求められるだろう。

地域社会の課題に取り組む社会的企業

働き方の柔軟化、多様化につながる働き方の場として「社会的企業」が注目を集めている。「社会的企業」とは、営利を目的とせず、事業を通じて社会的な目的の達成を目指す企業体、環境や福祉、教育など社会的課題の解決に経営やビジネスの手法をもって取り組む事業体である。営利企業だけでなく、NPOや協同組合、社会福祉法人などの非営利団体も含まれる。病児保育に取り組むNPO法人「フローレンス」や、知的障がい者の自立支援の仕事としてワイン製造販売に取り組む有限会社「ココ・ファーム・ワイナリー」などが有名だが、こうした社会的企業が事業を拡大することは、雇用創出にも貢献することになる。福祉的就労、中間的就労を含めて、地域で雇用と福祉をつなげ、結びつきを強めることが期待されている。

ドリームハイツで紹介した「おやこの広場　ぽっぽの家」は、地域子育て支援拠点の「ひろば型」であり、二〇〇二（平成一四）年度から制度化された「つどいの広場事業」の事業委託を横浜市から受けて運営されている。この「つどいの広場事業」は、二〇〇〇（平成一二）年、港北区菊名に誕生した「びーのびーの」が制度化のモデルであり、この制度の発祥の地もまた横浜である。

親と子が集う活動の場には、人と人とが出会い、ある種の居場所になり、活動の楽しさや親同士の関係づくり、サービスや場での「助かった」という声によって活動の意義が確認され、それが活動の担い手の自信になっていく。「びーのびーの」の活動からは、広場への参加者がスタッフに成長していく過程も報告されている。場のなかで形成された人と人との関係性のなかで利用者（当事者）の自信が深まり、力がついていくエンパワメントは、広場事業の重要な側面でもある。こうした活動の制度化によって、全国に親子の居場所と常勤職員の雇用が広がり、社会の（ソーシャルな）課題に取り組む雇用の場の拡大が図られている。こうした地域社会の場が、制度の枠にとどまるか、その枠を超えて、社会的企業の役割を果たすことができるかは、これからの取り組みにかかっている。

社会福祉法人への期待

地域課題の解決に取り組む社会的企業には、老舗の社会福祉法人も含まれる。「たすけあい　ゆい」はNPO法人格を取得し、その後、施設運営をきっかけに社会福祉法人「ゆい」を設立した。こうした市民主体の社会福祉法人は、社会福祉法人の誕生の経緯から見れば、稀有な存在といえる。

社会福祉法人は、歴史的には日本国憲法と一九五一（昭和二六）年の社会福祉事業法を根拠に、強い公的な規制のもとで社会福祉事業の運営をほぼ独占的に行う組織体であった。措置制度のもとで、安定した措置費を財源に社会福祉施設を運営してきた社会福祉法人は、税制上の優遇や、多額の内部留保金に強い批判を受けることになり、社会福祉法人のあり方の検討が行われた。

二〇一六（平成二八）年、社会福祉法が改正され、社会福祉事業のサービス供給の中心的な役割を果たしてきた社会福祉法人には、他の事業主体では対応が難しい福祉ニーズを充足させ、地域社会に貢献する役割を果たす、公益性の高い事業運営が求められている。

こうした期待が高まる今日、社会福祉法人こそ、障がい者雇用や高齢者の雇用継続、ひとり親の就労支援などのモデル事業体となり、女性の活躍の場を広げてワークライフバランスを取り入れる法人内部のマネジメントを行い、さらには子どもたちの職場体験の場となり、施設機能を社会化・地域化し、利用者のエンパワメントをすすめる福祉事業の総合的推進モデル法人としての意識改革と新たな事業へのチャレンジを期待したいところである。

社会福祉法人「ゆい」が行っている施設利用者の自立に向けた支援には、施設内支援の限界への挑戦がある。多様な事業展開を行い、多彩な専門性をもつ社会福祉法人にあっても、法人内部の資源は万能ではない。それぞれの施設の機能、専門性を地域社会に提供しながら、地域社会に根ざす社会的企業の一つとして、同じ地域の他の法人、他の地域の団体とも連携し、新たに生起し、変化しつつある課題に取り組んでいくこと、そのためのネットワークづくりが求められるだろう。

つながりのなかでベストミックスを模索する

大都市における地域福祉の未来図として、次世代への地域福祉教育、現役世代への支援と当事者のエンパワメント、柔軟な働き方（ワークライフバランス）、さらには社会的企業、なかでも社会福祉法人への期待を取り上げてきた。

横浜市は、二〇一〇（平成二二）年の社会福祉審議会において、横浜における持続可能な福祉社会の構築に関する検討を行い、答申として「自助・共助・公助のあるべき方向性」と、「二〇二五年への提言」（つながり方、働き方、住まい方）を提案した。「つながり方」では、「新たなおせっかい」を、「働き方」では、新たなワークスタイルとして、地域の雇用ニーズを創出し、地域の人材を供給する〝地産地消〟型の労働市場をつくることを提言し、これらを横浜市らしい公共私のベストミックスで実現しようという提案である。

ミックスのあり方は、公共私（公助・共助・自助）の配分バランスだけを意味するわけではない。単なるまぜこぜでなく、それぞれのセクターが他のセクターとの関係で役立ち、貢献できることである。社会の現状への危機意識を共有し、議論する関係性のうえに、専門職と地域住民（生活者）との協力・協働を具体化できる地域のマネジメントが求められる。

横浜の活動的な住民は、地域ケアプラザ（地域包括支援センター）の専門職と気軽に相談できて、本音で語りあえ、動きだせる関係をつくっている。地域団体やボランティア団体の間は、社会福祉協議会がコーディネートする。市民セクターのＮＰＯや社会的企業が新たな時代の、また社会の課題に先駆的に取り組むことができる条件づくりを中間支援組織が担う。行政は調査を通して社会環境やニーズを分析し、必要な情報を提供し、地域福祉保健計画や地域包括ケア、協議体を通じて、地域に出向きつつ、当事者を含めた多様な社会資源が助けになる働きができるようなイネーブラー（後押し）の役割を果たす。こうした働きを促進させるファンドも重要になるだろう。

こうした公共私のミックスによる地域福祉を推進するエンジンはやはり住民の力である。「困窮者をなんとか支えなきゃ」「子育てをみんなで協力しあおう」「孤立しがちな高齢者に声をかけあおう」など、地域の課題から関係がつくられる「必要縁」と表現できるような、新たな形で結ばなければいけない「縁」の必要性が共有される、福祉はその結び目になる。「弱さ」「つらさ」「悩み」「不安」を受けとめ、共有し、「私たち」の課題にするところから、助けあいが動きだす。「福祉の」まちづくりではなく、「福祉で」まちづくりとも表現できる。その「私」発の心配や不安を、お互いに開き、孤立させずに、「私たち」のものにしていく、そのための考え方や方法や生活の上の知恵というものを、私たちは女性たちの実践のなかから学んできた。

それらを手がかりとして、これからの地域福祉の実践を積み上げていくことで、未来の私たちの社会は望ましい姿に変換させていくことが可能になるだろうか。

唐突だが、「ドラえもん」の誕生は二一一二年である。

今から九五年後の地域社会では、「ひみつ道具」が当たり前に使われているのだろうか。夢想してみると、「タケコプター」は、マンガのなかの荒唐無稽な夢の道具だと思っていたが、「ドローン」の登場によって、その夢の一部は現実のものになってきている。日本の各地で、高齢者の移動の問題が深刻化し、交通弱者は七〇〇万人とも言われる。その中でバスや自動車の「自動運転」が現実味を帯び、「どこでもドア」のように高齢者の移動の問題をも解決してくれる可能性も膨らむ。科学技術だけでなく、地域福祉計画のなかに書かれた、地域福祉の願い＝「ひみつ道具」が実現し、未来の私たちの暮らしに役立っているかは、これからの私たちの取り組みにかかっているといえるだろう。

二〇一四年公開のドラえもんの映画の主題歌に、秦基博が歌う「ひまわりの約束」がある。「どうして君が泣くの」から始まる歌である。

「君のために出来ることが僕にあるかな」という問いから、女性たちの助けあい活動はスタートした。その必要性（ニーズ）は同じ地域の住民として「そばにいる」からこそ感じることができた。寄り添って支援することで「ちぐはぐだった歩幅がひとつのように重な」り始める。仲間が増え、活動が広がる。そして、「ひまわりのようなまっすぐなその優しさを全部」届けたいと思い、受け取った優しさを今度は「全部返したい」と願う。

そんな「まっすぐな優しさ」を持った女性たちを突き動かしてきた思いを私たちは届けられただろうか。そこにあるつながりの実感（互酬性）から生まれた、さまざまな形と重さの「ここにある幸せ」に気づくことができただろうか。

私たちは、都市に暮らし、人の近くで仕事をし、生活をしていても、心理的には個人同士が離れて、「孤」になって暮らしているのかもしれない。

「もしも僕らが離れても」、五人の女性たちが歩んできたように、それぞれの地域で自分の足で一歩ずつ歩いていきたいと思う。

きっといつかどこかの「その先で出会えると信じて」。

「遠くでともる未来」への私たちの「ひまわりの約束」を果たすために。

参考文献

安立清史「高齢者支援とNPO——介護保険のもとでのNPOの展開」『現代社会学研究』第一六巻、二〇〇三年、三一—二四頁。

一本松まちづくり協議会『まちづくり、10年のあゆみ　一本松まちづくり協議会の記録』一本松まちづくり協議会、二〇〇五年。

上野千鶴子『ケアの社会学——当事者主権の福祉社会へ』太田出版、二〇一一年。

上野千鶴子「介護保険以降のワーカーズ・コレクティブ（1）　社会的文脈の変容とそのインパクト」『社会運動』第四一四号、二〇一四年、九一—一〇七頁。

大江守之・駒井正晶編『大都市郊外の変容と「協働」——「弱い専門システム」の構築に向けて』慶應義塾大学出版会、二〇〇八年。

株式会社三菱総合研究所「『豊かな公』を支える資金循環システムに関する実態調査」二〇〇七年、http://www5.cao.go.jp/keizai2/2008/0623yutakanaooyake/　二〇一七年七月二〇日アクセス。

加山弾・杢代直美「地縁型組織とテーマ型組織の連携に関する研究——団地住民のNPO創出および自治会・管理組合との連携を事例として」『東洋大学福祉社会開発研究』第二号、二〇〇九年、五五—六四頁。

川辺満・大平裕里香「『地域運営』の現在（3）　ドリームハイツ——住民主体の地域運営からみえるもの」『横浜市調査季報』第一六六号、二〇一〇年、四〇—四五頁。

久保紘章・石川到覚編著『セルフヘルプ・グループの理論と展開——わが国の実践をふまえて』中央法規出版、一九九八年。

グループたすけあい編『グループたすけあい会報　第四号』一九八六年。

グループたすけあい編『グループたすけあい会報　第五一号』二〇一七年。

グループたすけあい編『横浜発　地域福祉のメッセージ』第一書林、一九九五年。

県ドリームハイツ自治会長期ビジョン特別委員会生活環境部会「県ドリームハイツ長期ビジョン　答申」二〇〇〇年。

厚生労働省「平成二六年度　介護給付費等実態調査の概況」二〇一四年、http://www.mhlw.go.jp/toukei/list/45-1b.html　二〇一七年七月二〇日アクセス。

厚生労働省「介護サービス施設・事業所調査」（平成一二年～二七年）二〇〇九年、二〇一二年、http://www.mhlw.go.jp/toukei/list/24-22-2.html　二〇一七年七月二〇日アクセス。

厚生労働省「相対的貧困率等に関する調査分析結果について」二〇一五年、http://www.mhlw.go.jp/seisakunitsuite/soshiki/toukei/tp151218-01.html　二〇一七年七月二〇日アクセス。

厚生労働省社会・援護局保護課「生活保護制度の状況等について」二〇一六年、http://www.mhlw.go.jp/stf/shingi/2r9852000029cea-att/2r9852000029cj2.pdf　二〇一七年七月二〇日アクセス。

国立女性教育会館編『キャリア形成にＮＰＯ活動をいかした女性たち』朝陽会、二〇〇五年。

妻鹿ふみ子「住民参加型在宅福祉サービス再考——『労働』と『活動』の再編を手がかりに」『京都光華女子大学研究紀要』第四八号、二〇一〇年、一一七—一四五頁。

市民福祉情報オフィスハスカップ編『おかしいよ！　改正介護保険』現代書館、二〇〇六年。

神野直彦・宮本太郎・井手英策『調査研究報告書（平成二〇年度 全国知事会 自主調査研究委託事業）地方分権型の「ほどよい政府」を——21世紀日本の福祉国家と地方政府』二〇〇九年、http://www.pref.mie.lg.jp/common/content/00019537.pdf　二〇一七年七月二〇日アクセス。

世界保健機関・障害者福祉研究会編『ＩＣＦ国際生活機能分類　国際障害分類改定版』中央法規出版、二〇〇二年。

全国社会福祉協議会・地域福祉部編『地域福祉型福祉サービスのすすめ——小規模、地域密着の可能性を探る』全国社会福祉協議会、二〇〇六年。

全国社会福祉協議会・地域福祉部／全国ボランティア・市民活動振興センター「平成二六年度住民参加型在宅福祉サービス団体活動実態調査報告書」二〇一六年。

総務省統計局「平成二二年国勢調査結果」二〇一〇年、http://www.stat.go.jp/data/kokusei/2010/index.htm 二〇一七年七月二〇日アクセス。

総務省統計局「平成二七年国勢調査結果」二〇一五年、http://www.stat.go.jp/data/kokusei/2015/kekka.htm 二〇一七年七月二〇日アクセス。

総務省統計局「平成二五年住宅・土地統計調査　調査の結果」二〇一三年、http://www.stat.go.jp/data/jyutaku/2013/tyousake.htm 二〇一七年七月二〇日アクセス。

武川正吾『福祉社会——包摂の社会政策』有斐閣、二〇一一年。

武川正吾『連帯と承認——グローバル化と個人化のなかの福祉国家』東京大学出版会、二〇〇七年。

たすけあい有為『有為ニュース』第一号～第四一号、一九九二年、一九九三年、一九九六年、一九九八年。

田中尚輝・安立清史・浅川澄一『介護系ＮＰＯの最前線——全国トップ16の実像』ミネルヴァ書房、二〇〇三年。

地域福祉実践の効果的な展開手法及び評価に関する研究委員会「地域が支えるその人らしい暮らし　地域福祉型福祉サービス事例集」社会福祉法人全国社会福祉協議会、二〇〇四年。

中央社会福祉審議会・地域福祉専門分科会「ボランティア活動の中長期的な振興方策について」（意見具申）、一九九三年、http://www.ipss.go.jp/publication/j/shiryou/no.13/data/shiryou/syakaifukushi/475.pdf 二〇一七年七月二〇日アクセス。

内閣府「仕事と生活の調和とは（定義）」二〇一七年、http://wwwa.cao.go.jp/wlb/towa/definition.html 二〇一七年七月二〇日アクセス。

内閣府「平成二八年版高齢社会白書（全体版）」二〇一六年ａ、http://www8.cao.go.jp/kourei/whitepaper/w-2016/zenbun/28pdf_

index.html　二〇一七年七月二〇日アクセス。

内閣府「男女共同参画白書平成二八年版」二〇一六年b、http://www.gender.go.jp/about_danjo/whitepaper/h28/zentai/

二〇一七年七月二〇日アクセス。

西尾敦史「ＮＰＯと政策過程――『民の公共』の創出過程をめぐって」『沖縄大学人文学部紀要』第一二号、二〇一〇年、一―一六頁。

西尾敦史『地域がもっと元気になる日常術――コミュニティワーカースタイルブック』横浜市社会福祉協議会、二〇〇六年。

西尾敦史「バラク・オバマのコミュニティ・オーガナイジング」『日本ボランティア学会学会誌』二〇〇九年度、二〇〇九年、一三六―一五〇頁。

西区・西区社会福祉協議会「第3期にこやかしあわせくらしのまちプラン（西区地域福祉保健計画）」西区・西区社会福祉協議会、二〇一六年。

仁平典宏『「ボランティア」の誕生と終焉――「贈与のパラドックス」の知識社会学』名古屋大学出版会、二〇一一年。

原田謙・高橋勇悦「住民参加型在宅福祉サービス団体の形成過程とその介助関係――サービス生産協同組合『グループたすけあい』を事例に」『総合都市研究』第六九号、一九九九年、一一九―一三五頁。

福岡県「男女でともに取り組む自治会活動アンケート調査報告書」二〇一五年、http://www.pref.fukuoka.lg.jp/uploaded/attachment/10268.pdf　二〇一六年六月二〇日アクセス。

宮垣元『ヒューマンサービスと信頼――福祉ＮＰＯの理論と実証』慶應義塾大学出版会、二〇〇三年。

宮垣元「福祉ＮＰＯの社会学的理解に向けて――住民参加型在宅福祉サービス団体の組織特性」『福祉社会学研究』第二号、二〇〇五年、三三―五〇頁。

宮本太郎『生活保障　排除しない社会へ』岩波書店、二〇〇九年。

横倉節夫『共同と自治の地域社会論』自治体研究社、一九九八年。

横浜市港南区社会福祉協議会「平成二七年度横浜市港南区社会福祉協議会事業報告書」二〇一六年、http://kounan-shakyo.

jp/work/pdf/h27_houkoku.pdf　二〇一七年七月二〇日アクセス。

横浜市政策局「二〇〇九（平成二一）年版　横浜市男女共同参画年次報告書」二〇〇九年、http://www.city.yokohama.lg.jp/seisaku/danjo/nenjihoukoku/21/　二〇一七年七月二〇日アクセス。

横浜市市民局「平成二〇年度　横浜市自治会町内会・地区連合町内会アンケート調査報告書」二〇〇九年、http://www.city.yokohama.lg.jp/shimin/tishin/jitikai/tyosa/　二〇一七年七月二〇日アクセス。

横浜市市民局「平成二八年度　横浜市自治会町内会・地区連合町内会アンケート調査報告書」二〇一七年、http://www.city.yokohama.lg.jp/shimin/tishin/jitikai/tyosa/　二〇一七年七月二〇日アクセス。

横浜市政策局「横浜市市民生活白書二〇〇九」二〇〇九年、http://www.city.yokohama.lg.jp/seisaku/seisaku/hakushyo/2009/　二〇一七年七月二〇日アクセス。

横浜市政策局「横浜市市民生活白書二〇一三　コミュニティから横浜の未来を拓く」二〇一三年、http://www.city.yokohama.lg.jp/seisaku/seisaku/hakushyo/　二〇一七年七月二〇日アクセス。

横浜市社会福祉協議会『市民活動・ボランティア活動情報誌　福祉よこはま』第一七四号、二〇一四年。

横浜市社会福祉審議会「横浜における持続可能な福祉社会の構築について　自助・共助・公助の新しい関係構築に向けて――答申書」横浜市、二〇一一年、http://www.city.yokohama.lg.jp/kenko/syafukushin/tousinn-zennbunn.pdf　二〇一七年七月二〇日アクセス。

横浜市西区「第三期西区地域福祉保健計画（平成二八年度～三二年度）地区別計画リーフレット　第4地区」二〇一六年a、http://www.city.yokohama.lg.jp/nishi/kuyakusho/hukuho/pdf/3ki-4chiku.pdf　二〇一七年八月二九日アクセス。

横浜市西区「横浜市西区ふれあい福祉推進事業ご案内」二〇一六年b、http://www.city.yokohama.lg.jp/nishi/kuyakusho/fureaikai/pdf/fureaikainogoannai.pdf　二〇一七年七月二〇日アクセス。

おわりに

本書に収められた原稿は、二〇一六（平成二八）年の一月から八月にかけて横浜市内の各地で行ったインタビューがもとになっている。出向いたのは五人の女性の活動場所や施設、ご自宅などのいわばホームグラウンド。それぞれ数回に分けてお話をうかがった。市社協の担当者と区社協の職員も参加してくれたので、地域福祉にかかわる若い世代にこれだけは伝えていきたい、地元の社協と協働で活動をすすめていきたいという意志が強く感じられた。

筆者は聞き手・綴り手として、よどみなくあふれ出てくるような言葉と、確かな実践に裏付けられた生活の思想とでもいうべき地域福祉のエピソードや歴史の数々にじっと耳を傾け、できるだけ正確に記録することに努めた。共通しているのは、すでにふれたように「地域」にこだわり、「地域」をよりどころにすること。以前はテーマ型の市民活動と地縁型の地域活動が対立するようなイメージで捉えていたが、最初からそんな区別は存在しなかったのかもしれない。地域は人びとの生活と関係そのものであり、地域に暮らす人びとの生活の基盤の分割しえない総体である。話される主語は「私」から、やがて「私たち」になる。地域に暮らす人びとの間の生活の困難、思いの共有、葛藤を含んだ連帯のなかからつくられた豊かな言葉の手触りを、読まれた方も強く感じられたのではと思う。筆者が、伝道師の言葉を記録する使徒の役割を果たせたかどうかははなはだ心もとないが、読者の判断に委ねたい。

筆者自身はこれまで横浜に一〇年住み、二五年の間仕事をした。福祉の仕事にたずさわることになったのは、港北区菊名にあるＹＭＣＡのプールで視覚障がいのある子どもたちの水泳教室を担当したことがきっかけ。一九八三〔昭和五八〕年には横浜から原宿にある日本社会事業学校に夜間通って社会福祉の勉強をしていた。品川区の児童館でアルバイトをしていた夏休みに、学校の薄暗い玄関ホールの壁に一枚の求人の貼り紙を見つけた。横浜市社会福祉協議会に一人欠員があり、中途採用の求人だった。応募すると、幸い採用されることになった。六七人目の職員だった。今では常勤職員だけで四〇〇人以上の、おそらくは日本最大の社協組織に成長している。

筆者が社会福祉協議会の職員として働いた一九八〇年代から二〇〇〇年代の時期は、やはり女性たちが地域活動を展開し広げていた大都市横浜の発展の時期に重なる。一九九〇年頃からは、地域ケアプラザの立ち上げにかかわり、実際にコーディネーターや所長として働き、阪神淡路大震災が起きた一九九五〔平成七〕年からは、ボランティアセンターでボランティア・市民活動を支援する働きを担った。一九九八〔平成一〇〕年にはNPO法ができ、二〇〇〇〔平成一二〕年には介護保険が始まった。市民の力の高まり、大きな時代のうねりともいえるなかで、女性たちがリーダーを担う団体ともさまざまな場面で〔福祉のまちづくりや市民セクター、活動助成制度など〕、時には行政以上に行政的な社協の働きへの批判など、緊張も伴う場面も少なからずあった。立場は違うが、しかし、地域福祉を進めたいという思いは共通していたかもしれない。その頃の接点を多少なりとも覚えてもらっていたことも、今回の聞き書きの時間が旧交を温めるような親しみのある雰囲気になることに一役買ったかもしれないとも思う。

その後、二〇〇三〔平成一五〕年に私は横浜を離れ、栃木、沖縄、静岡と生活と仕事の場所を変えてきたが、横浜に居た時には見えなかったことがよく見えるようになった。外から見ることで、袋小路から脱出できたような新しい発見もあった。離れてみて始めて、相手のよさに気づかされることは、ふだんの人間関係のなかにもありうることだが、それは地域性や、地域の成り立ちなどにもあてはまる。本書に記録された地域の実践やそれに基づく大都市の地域福祉への考察が横浜の地域福祉の新たな側面の発見に多少なりともつながっているとすれば、それはリーダーの方がたが持っている俯瞰するまなざしを共有できたおかげかもしれない。

この間、とりわけ二〇〇〇年代以降は、少子高齢化の進展や人口減少のなかで、地域福祉の重要性が強調され、また地域福祉への期待が声高に叫ばれるようになった。一方で、時代は次第に窮屈に、また社会の空気はギスギスすることが多い世間になってきたような気がする。その理由はよくわからない。それとこれとはうらはらの関係にあるのかもしれない。こればかりは、同じ社会に、同じ時代に生きる私たちが、無意識にせよ、何らかの形で加担してきた結果としかいいようがない。こうした時代にあって、地域福祉を牽引してきた女性たちの自由でしなやかで大胆な生活実践が、次の世代の、必要以上に自己責任と孤立を強いられて委縮しがちな心に火をつけ、もう一度、時代に風穴をあけるような役割を本書が担うことができればこれにまさる喜びはない。

編集にあたっては、地域社会を基盤に住民主体で活動するすべての人が、その意味や推進の意義、また実践的な方法や達成に向けたヒントとでもいうべきものを数多く見出せることができるように留意した。マニュアルやガイドブックというような実用本位とは言い難いものの、生活に根ざした地域福祉の精神というべきものを感じとってもらえたはずで、自らの生活課題に地域福祉で取り組んでいきたいという思いを持つ方がたにしっかり届くようにした。当然、地域福祉や地域包括ケアや福祉・保健・医療などの専門職にとっても、その協働、パートナーシップを形成するためにはなくてはならない連携やネットワークづくりに資することになるものと確信している。

本書は、大都市の地域福祉実践を発信しようと企図した横浜市社会福祉協議会の企画監修によるものである。取り上げるリーダーを五人に絞ることは、大変困難な選択であったと推察する。横浜には、さまざまな分野で、また地域で活躍する数多くの（一〇〇冊を費やしてもまだ十分ではない）リーダーがいることだけは間違いない。そして、出版を着想した芳賀宏江常務の発想力がなかったら、こうした本という形にはならなかった。横浜市の福祉行政の立場で、横浜市ホームヘルプ協会の創設に携わり、その後の在宅福祉、地域福祉の時代をリードした政策推進者としての思いが、これ以上ない強力なエンジンとなった。

また、この編集プロジェクトを担当してくれた渡辺麻希（二〇一七年度から足立亮子）、川崎博子、松橋暁の三人のスタッフの実践に裏付けられた力がなかったら、粘り強く説得材料を集めてわかりやすく提示する地道な仕事ぶりがなかったら、やはり本書はこうして日の目を見ることはなかっただろう。第六章の女性たちの実践のポイントの多くは三人のスタッフがまとめてくれた気づきが元になっている。この作業もまた、地域福祉と同じように異なるものをもつものたちのコラボレーションの一つといえる。ここに記し深く感謝したい。

おわりに、本書の意義を受けとめ、出版を決断され、刊行に至る過程において、粘り強く叱咤し鼓舞いただいたミネルヴァ書房の三上直樹東京支社長、編集の林志保さんに、この場をお借りして、心からお礼申し上げます。この他にもお名前を挙げきれないほどの、多くの方がたとの対話によって本書が生まれました。本当にありがとうございました。

西尾敦史

用語説明

・生協（生活協同組合）

「協同組合」の一つ。消費者一人ひとりがお金（出資金）を出しあい組合員となり、協同で運営・利用する組織。原則として利用は組合員に限られる。食品等の共同仕入れや小売りといった共同購買活動（店舗販売、宅配）が事業の中心ではあるが、それ以外にも共済事業や福祉・介護などの各種サービスなど、多岐にわたって展開されている。消費生活協同組合法に基づいて設立されており、全国に九五五組合があり、組合員数六四三三万人が参加している。組合数は一九七五（昭和五〇）年から減少が続いている。

※「協同組合」は、共通する目的のために集まった個人や中小企業者等が組合員となり、組合員の願いを実現するために、ともに経済活動などを行う非営利の相互扶助組織。

・コープ

生協の略称。「協同組合」を表す「Co-operative（コーペラティブ）」の「Co-op」を日本語読みにしたもの。

・横浜コード

「横浜市における市民活動との協働に関する基本方針」のこと。市民活動と行政が協働して公共的課題の解決にあたるため、協働関係を築くうえでの基本的な事項を定めている。横浜市は全国的に見ても市民活動が盛んに行われており、市民と行政のパートナーシップが先進的に試みられてきている。こういった背景をもとに、一九九七（平成九）年一〇月に設置された「市民活動推進検討委員会」での検討を経て、提案された方針。

・市民セクターよこはま

一九九九（平成一一）年に設立。横浜市内のさまざまな地域で、自ら福祉などの活動を実践している人・団体のネットワーク組織。二〇〇三（平成一五）年にＮＰＯ法人格を取得し、二〇一二（平成二四）年に認定ＮＰＯ法人に認定された。横浜市から指定管理を受け、横浜市市民活動支援センター（公設民営）の管理運営を二〇〇九（平成二一）年度から行っている。

・地域ケアプラザ

横浜市独自に設置されている施設。「市民の誰もが地域において健康で安心して生活を営むことができるように、地域における福祉活動、保健活動等の振興を図るとともに、福祉サービス、保健サービス等を身近な場所で総合的に提供する」ことを目的としており、横浜市内に二〇一七（平成二九）年八月時点で一三七館が設置されている。指定管理制度を導入しており、社会福祉法人などが指定管理を受け、運営している。一九九七（平成九）年から、国事業の在宅介護支援センター機能が付加されており、区役所のソーシャルワーカーと保健師が派遣されていた時期がある。

・地域包括支援センター

高齢者が住み慣れた地域で生活を続けられるよう、介護の悩みや相談の窓口として、横浜市では地域ケアプラザなどに設置されている。保健師・社会福祉士・主任ケアマネジャー（主任介護支援専門員）など専門のスタッフを配置し、各種相談や介護予防のケアプラン作成などに応じる。

・地域包括ケアシステム
団塊の世代が七五歳以上となる二〇二五年を目途に、重度な要介護状態となっても住み慣れた地域で自分らしい暮らしを人生の最後まで続けることができるよう、住まい・医療・介護・予防・生活支援が一体的に提供されることを目的としたシステム。

・在宅医療連携拠点
横浜市では、横浜市医師会と協働し、在宅医療を担う医師への支援や、在宅介護を担うケアマネジャーなどに対する医療的支援を実施する「在宅医療連携拠点」を全区で整備・運営し、在宅医療・介護連携を充実・強化している。

・介護保険、介護保険法
高齢化の進展に伴い、要介護高齢者の増加、介護期間の長期化など、介護ニーズはますます増大する一方で、核家族化の進行、介護する家族の高齢化など、要介護高齢者を支えてきた家族をめぐる状況も変化してきた。国では、こういった現状を背景に、高齢者の介護を社会全体で支えあう仕組み（介護保険）を創設するため、一九九七（平成九）年に介護保険法が制定、二〇〇〇（平成一二）年に施行された。

・介護報酬
介護報酬とは、事業者が利用者（要介護者又は要支援者）に介護サービスを提供した場合に、その対価として事業者に支払われるサービス費用をいう。

・ケアマネジャー（ケアマネ）
ケアマネジャーは、利用者が可能な限り自宅で自立した日常生活を送ることができるよう、利用者の心身の状況や置かれている環境に応じた介護サービスを利用するためのケアプランを作成し、そのプランに基づいて適切なサービスが提供されるよう、事業者や関係機関との連絡・調整を行う。

・居宅サービス

介護保険における居宅サービスには、訪問介護、看護、入浴介助等のサービスがある。訪問介護は、利用者が可能な限り自宅で自立した日常生活を送ることができるよう、訪問介護員（ホームヘルパー）が利用者の自宅を訪問し、食事・排泄・入浴などの介護（身体介護）や、掃除・洗濯・買い物・調理などの生活の支援（生活援助）を実施する。

・デイサービス（通所介護）

利用者が可能な限り自宅で自立した日常生活を送ることができるよう、自宅にこもりきりの利用者の孤立感の解消や心身機能の維持、家族の介護の負担軽減などを目的として実施する。

・指定サービス事業者

都道府県知事の指定を受けて介護サービスを行う事業所のこと。

・社会福祉協議会（社協）

社会福祉法第一〇九条に基づき、全国・都道府県・市区町村等で組織されている。民間としての「自主性」と広く住民や社会福祉関係者に支えられる「公共性」という二つの側面を併せ持つ。福祉施設、地域住民、当事者団体、ボランティア団体等の会員から成り、相談や情報提供、啓発事業などの実施を通じ、誰もが住みやすい福祉のまちづくりを目指している。横浜市においては、以下のとおりとなっている。

▼市・区社会福祉協議会　社会福祉法人として専任職員と事務局を持つ。

▼地区社会福祉協議会　住民主体の任意団体で、概ね連合町内会エリアで活動。横浜市内には、二〇一七（平成二九）年六月末時点で二五六の地区社会福祉協議会がある。

・自治会町内会

一定の地域で、地域の課題解決や住民相互の親睦を目的に自主的に組織された住民団体。住民なら誰でも加入でき、親睦のためのイベント、清掃などの環境整備、防災等に関することなどさまざまな事業を行う。

▼班・班長　自治会町内会のなかに班があり、各班の班長が自治会費の徴収や回覧板の管理などを行う。

▼地区連合町内会　自治会町内会が集まって構成され、相互の連絡調整や、地域住民の福祉増進のために広域的な事業を実施する。

▼区連合町内会　区内の地区連合町内会で構成され、相互の情報交換や自主的な活動を行う他、行政や学校、企業との情報交換や連携、広域的な問題に対しての活動を行う。

・老人クラブ

概ね六〇歳以上の高齢者が加入する、地域を基盤とした高齢者の自主的組織。生きがいや健康を高める活動や、ボランティア活動など地域を豊かにする活動等により、高齢者自身のネットワークづくり、社会参加活動に大きな役割を果たしている。名称は、シニア会、シルバークラブ等さまざま。

・友愛活動員

老人クラブの会員などにより組織され、高齢者宅の訪問など地域における福祉の実践活動や情報の伝達を行う。友愛活動員は横浜市老人クラブ連合会理事長から委嘱を受けている。

・子ども会
地域を基盤とした子どもたちの集団と、それを支える指導者、育成者を含めた総称。仲間と活動することで、望ましい成長を目指した活動を行う。横浜市内では、自治会町内会や地区連合町内会のなかに位置付けられていることが多い。

・民生委員・児童委員、主任児童委員
地域に住む福祉の相談役として住民の生活をサポートするボランティアであり、厚生労働大臣から委嘱を受けている非常勤特別職の公務員でもある。民生委員は児童委員を兼ねている。主任児童委員は、児童福祉に関することを専門的に担当する民生委員・児童委員のこと。二〇一七(平成二九)年、制度創設一〇〇周年を迎えた。

・民生委員児童委員協議会(民児協)
▼地区民生委員児童委員協議会　民生委員法第二〇条に基づき地区ごとに設置され、すべての民生委員児童委員が所属する一番基礎的な単位である組織。民生委員自身が自主的に運営を行っている。
▼区民生委員児童委員協議会　横浜市では一八区内の地区民児協で構成され、相互の情報交換や会員間の研鑽を目的とした研修会等を行っている。

・住民支え合いマップ
五〇世帯程度の範囲で、地域に詳しい「世話焼きさん」とともに地域住民の状況や関係性を地図に載せ、その結果をもとに近所での支えあいを進めるために話し合うもの。住民流福祉総合研究所の木原孝久氏が提唱。

・地域福祉保健計画
社会福祉法第一〇七条に市町村が策定すると定められている。横浜市では、誰もが安心して自分らしく健やかに地域で暮らせるように、住民、事業者、公的機関が協働し、支えあいの仕組みづくりを目指し、行政と社協が事務局となって策定・推進している。市、区だけでなく、すべての地区（概ね地区連合町内会エリア）で策定・推進されていることが横浜市の大きな特徴。

・サロン

全国社会福祉協議会が、一九九四（平成六）年に、住民であるボランティアと利用者が主体となって企画・運営し、仲間づくりをする場として「ふれあい・いきいきサロン」を提唱したのが始まりと言われる。その後、障がい者、子育て中の親を対象としたものや、誰でも参加できる居場所などの幅広い活動へと広がっており、実施主体や開催形態などもさまざまである。

・認知症サポーターキャラバン

「認知症を知り地域をつくるキャンペーン」の一環として始まったもので、「認知症サポーター」を全国で養成し、認知症になっても安心して暮らせるまちづくりに取り組む運動。

▼認知症サポーター　認知症について正しく理解し、認知症の人や家族を温かく見守る応援者。

▼認知症キャラバン・メイト　地域住民、お店等の職員、学校の生徒等を対象に「認知症サポーター養成講座」を開催し、「認知症サポーター」を養成する講師役。

《企画・監修》

社会福祉法人　横浜市社会福祉協議会

社会福祉協議会（以下，社協）は，社会福祉法第109条に基づき，地域福祉の推進を図ることを目的に全国・都道府県・市区町村のそれぞれに組織されている。地域住民や社会福祉関係者等の参加・協力を得ながら活動することを特長とし，民間の「自主性」と広く住民や社会福祉関係者に支えられる「公共性」という２つの側面を併せ持った公益性の高い民間団体である。

横浜市社協は，「誰もが安心して自分らしく暮らせる地域社会をみんなでつくりだす」という活動理念のもと，さまざまな活動を展開，市内18区の社協とともに横浜の地域福祉を推進してきた。

地域を基盤とした切れ目ないサービス提供体制づくりと，地域の福祉力を高めていくため，協議体としての総合力を発揮し，住民一人ひとりの生活課題の解決から，地域活動の支援，横浜市と協働しての地域福祉保健計画の策定推進，福祉保健人材の育成や手引き類の出版など多岐に渡り取り組んでいる。

《著者紹介》

西尾敦史（にしお・あつし）

静岡福祉大学 社会福祉学部教授。

1956年富山県生まれ。筑波大学第２学群比較文化学類卒業，日本社会事業学校専修科卒業。1979年から横浜 YMCA，1983年から横浜市社会福祉協議会に勤務し，地域福祉，地域ケアプラザ（地域包括支援センター），市民活動・ボランティアなどを担当。2004年から福祉関係の教育・研究活動に従事。福祉思想・福祉政策，コミュニティワークなどを研究領域としている。宇都宮短期大学，沖縄大学をへて現職。

著書に『地域がもっと元気になる日常術――コミュニティワーカースタイルブック』（単著，横浜市社会福祉協議会，2006年），『沖縄で学ぶ福祉老年学』（共著，学文社，2009年）などがある。

趣味は旅，音楽，トライアスロン。

JASRAC　出　1710542-701

横浜発 助けあいの心がつむぐまちづくり
——地域福祉を拓いてきた５人の女性の物語——

2017年10月31日　初版第１刷発行　〈検印省略〉

定価はカバーに
表示しています

企画・監修　横浜市社会福祉協議会
著　　者　西　尾　敦　史
発 行 者　杉　田　啓　三
印 刷 者　藤　森　英　夫

発行所　株式会社　ミネルヴァ書房
607-8494　京都市山科区日ノ岡堤谷町1
電話(075)581-5191
振替01020-0-8076

亜細亜印刷

ISBN978-4-623-07852-3
Printed in Japan